| 目 录 |

Contents

中小学积极道德教育
目标构建及实现

王 爽 著

中国人民公安大学出版社
·北京·

图书在版编目（CIP）数据

中小学积极道德教育目标构建及实现／王爽著．—北京：中国人民公安大学出版社，2022.8

ISBN 978-7-5653-4520-3

Ⅰ.①中… Ⅱ.①王… Ⅲ.①中小学—德育—研究 Ⅳ.①G631

中国版本图书馆 CIP 数据核字（2022）第 075596 号

中小学积极道德教育目标构建及实现

王爽 著

出版发行	中国人民公安大学出版社
地　　址	北京市西城区木樨地南里
邮政编码	100038
经　　销	新华书店
印　　刷	北京市科星印刷有限责任公司
版　　次	2022 年 8 月第 1 版
印　　次	2022 年 8 月第 1 次
印　　张	17.75
开　　本	787 毫米×1092 毫米　1/16
字　　数	328 千字
书　　号	ISBN 978-7-5653-4520-3
定　　价	75.00 元
网　　址	www.cppsup.com.cn　　www.porclub.com.cn
电子邮箱	zbs@cppsup.com　　zbs@cppsu.edu.cn

营销中心电话：010-83903991

读者服务部电话（门市）：010-83903257

警官读者俱乐部电话（网购、邮购）：010-83901775

公安业务分社电话：010-83905672

本社图书出现印装质量问题，由本社负责退换

版权所有　侵权必究

前　言

积极道德教育是积极心理学理论、方法和成果在道德教育领域的延伸和应用，用以探索新的德育思维模式和实践策略，在某种程度上体现了对德育理论的创新。积极心理学的研究集中在美德、积极情绪体验、积极支持系统和积极关系这几个方面，并且这些方面相互联系、相互作用。基于积极心理学视角，厘清积极道德教育的内涵和特征，对积极道德教育的目标进行理论构建和实证验证，在此基础上探寻通过德育课程实现积极道德教育目标的方式，不仅可以丰富积极道德教育理念，使积极道德教育有可能成为德育新理论，更重要的是对某些问题的探讨可以为落实"立德树人"根本任务作出一定贡献，同时也为提高学校德育实效性提供新的思路。

本研究采用量化和质性相结合的研究范式，综合采用文献研究法、问卷调查法、内容分析法、课堂观察法和访谈法等研究方法，整体遵循"是什么""怎么样""如何做"的逻辑框架，探讨积极道德教育的总体目标和具体目标是什么，积极道德教育目标对应的中小学生积极道德品质发展现状怎么样，如何通过德育课程实现积极道德教育目标这三个基本问题。

在文献研究和理论分析的基础上，尤其是基于积极心理学的研究和社会建构论，探讨了"消极"和"积极"的关系，厘清了积极道德教育的内涵，并提出积极道德教育具有积极性、体验性、关系性、转化性和可操作性的特点。

本研究对积极道德教育的目标进行了理论构建，提出积极道德教育以培养和发展学生的积极道德品质为总体目标。理论上将积极道德教育的具体目标体系设定为6大美德。进而通过量化研究的方法，在专家评定和访谈基础上对自编《中小学生积极道德品质问卷》进行实证研究，使用 SPSS22.0 和 AMOS21.0 软件进行了探索性因素分析和验证性因素分析以及信效度分析，逻辑地验证了6大美德24项积极道德品质的结构，形成积极道德教育的目标体系。

在对6大美德24项积极道德品质进行实证验证的基础上，采用正式形成的《中小学生积极道德品质问卷》对 1200 名小学一年级到高中三年级学生施测。发现并分析了当前中小学生积极道德品质发展的现状：个体层面上男女生的积极道德品质在某些维度和内容上差异显著。家庭层面上由不同抚养者抚养的学生在仁爱维度和审慎方面差异显著；独生子女和非独生子女仅在宽容方面差异显著，独生子女宽容度显著高于非独生子女；父母职业不同、学历不同的学生的积极道德品质在某些维度和内容上差异显著。学校层面上重点学校和普通学校学生的积极道德品质在某些维度和内容上差异显著。总体上看，中小学生的道德品质发展整体良好，但是从小学到高中呈下降趋势，同时在小学二年级、初中一年级和高中二年级出现道德品质发展的低谷。

本研究通过德育课程内容对实现积极道德教育目标的路径进行了系统研究。基于积极道德教育积极性、体验性特点，以培养学生积极道德品质为目标，激发学生的积极情绪体验促进积极道德品质发展的角度，德育课程内容在选择和组织上的应然状态是要涉及积极道德品质，编排和呈现方式要能够激发学生的积极情绪体验，使教材成为以学生体验为主的"学材"。通过内容分析法对新旧两版德育教材里积极道德品质词语的频数和编排方式进行分析，了解德育课程内容在选择、组织和编排方面的实然状态，发现旧版教材道德品质呈现不均，好学、好奇心、善良、领导力、审慎、谦虚、审美、善良、宽容、共情等道德品质词语出现较少，且具有指导性强的特点，体现着教材有助于教师采用"说理论证"模式进行讲授的"教材"特性。同时学生的积极道德品质发展与旧版教材总体上相关显著。新版《道德与法治》教材体现出编排方式多样、内容丰富、采用绘本叙事等特点，凸显出关注道德品质内涵、注重学生情绪情感体验等积极的视角，但同时存在教材审美缺失的问题。要使以教师教授为主体的"教材"转变为学生体验和对话为主体的"学材"，实现积极道德教育目标，就需要把握道德品质内涵，注重学生积极情绪体验，建立以当前主流德育理念倡导的学生生活世界为外在线索，以积极道德教育下的积极道德品质为内在线索，以激发学生积极情绪体验为情感线索的"内、外、情"一体的线索体系，实现德育课程内容螺旋式上升，以此通过德育课程内容实现积极道德教育目标。

德育课堂教学师生关系是实现积极道德教育目标的基本路径。师生关系具体分为两个方面：师生互动和师生冲突。从师生互动方面，基于积极道德教育关系性、体验性的特点，通过建立积极关系，激发学生积极情绪体验促进积极道德品质发展的角度，德育课堂教学的应然状态是以学生为中心，积极开展课堂互动和交流，使德育课堂成为以学生"体验"为主的课堂。通过课堂观察法分析两位德育课个案教师的课堂教学行为，并进行课后访谈，发现德育课堂的实然状态是德育教师以完成教学任务为目标，忽略了学生的情绪情感体验，同时教师也忽略了自身的积极情绪体验，教师共情能力有待提高，师生互动过程中教师提问、倾听、赞赏等能力有所欠缺，德育课堂以教师"讲授"为主。要使德育课堂从以教师"讲授"为主转变为以师生"体验"为主的对话、互动、生成性课堂，应明确以学生为中心的教学理念，提高教师的提问、倾听、赞赏等对话能力，着力培养德育课教师的共情能力，以此通过德育课堂师生互动实现积极道德教育目标。

从师生关系的另一条路径师生冲突方面，基于积极道德教育具有转化性、可操作性的特点，教师应对课堂师生冲突的应然状态是要具备从"消极"到"积极"转化的视角，通过转化性语言的使用，积极有效应对德育课堂中有可能引发师生冲突的行为或事件。采用访谈法对 7 名德育课教师和 3 名中小学生进行了结构化访谈，了解德育课堂师生冲突的实然状态。发现德育课堂师生冲突多由学生课堂纪律引起，多表现为师生间言语冲突，教师往往采用批评教育的方式，少数存在教师体罚学生的现象，课堂师生冲突使教师和学生都产生负面情绪体验，并对学生的道德品质产生影响。师生冲突产生的根本性原因在于教师"问题"取向的"消极"德育理念、教师德育专业化水平不高和教师缺少冲突应对技能，以及学生追求公平和关爱等情感需要没有得到满足、学生心理发展处于不同阶段等方面，同时与德育课程边缘化以及家庭、社会等因素有关。要从"消极"转化为"积极"来应对师生冲突，需要加强师德建设，教师要建立积极的视角，学习相应的转化性语言，采用诸如正面意图法、情境改变法、聚焦结果法、共情理解法、关系信任法、叙事解构法等方法和策略，以此通过有效应对师生冲突实现积极道德教育目标。

基于有效选择和组织德育课程内容、从师生互动和师生冲突两个方面建立积极师生关系来实现积极道德教育目标的路径与策略，本研究提出教育行政和管理部门、各级学校和教师、家长应重视培养学生的积极道德品质；在教材的选择、组织和编排方面应重视积极道德品质的内在价值，建立"内、外、情"一体的线索；重视建立积极的师生关系；在师生互动中重视激发学生积极情绪体验；积极应对师生冲突；加强德育教师情绪体验和对话能力培训，重点加强教师共情能力培训；重视德育课程的学科地位；促进家校合作等建议。

第一章 绪 论

一、研究缘起

（一）对"立德树人"关键问题的探讨

道德教育一直以来是教育理论研究和实践关注的焦点，学校是实施道德教育的重要场域，各项推进学校德育工作的政策陆续出台。《国务院关于基础教育改革与发展的决定（2001）》提出要"切实增强德育工作的针对性、实效性和主动性"。小学德育课程随之于2001年被列入全国基础教育课程改革议程。从2002年《品德与生活》《品德与社会》新课程和新教材实施以来，已有十多年的时间。2016年秋季起，义务教育阶段《品德与生活》《品德与社会》《思想品德》更名为《道德与法治》。《国家中长期教育改革和发展规划纲要（2010—2020年）》提出"育人为本，德育为先"。党的十九大报告再次强调："坚持教育为社会主义现代化建设服务、为人民服务，把立德树人作为教育的根本任务，培养德智体美全面发展的社会主义建设者和接班人。"2014年《教育部关于全面深化课程改革落实立德树人根本任务的意见》颁布，这是教育部落实"立德树人"根本任务的重大举措，标志着新一轮基础教育课程改革全面深化阶段的到来，全面深化课改阶段要着重实现三大目标，与此对应面临着五项任务。这三大目标之一是要基本建成高校、中小学各学段上下贯通、有机衔接、相互协调、科学合理的课程教材体系。[①] 学校德育工作是落实"立德树人"任务的重要方式，同时学校德育课程也是开展德育工作的重要形式。对于建立上下贯通、有机衔接的课程教材体系，从德育课程的角度来说，德育课程的内容衔接是当前德育课程改革工作的一大要点。课程内容的选择、

---

① 田慧生.落实立德树人根本任务·全面深化课程教学改革[J].课程·教材·教法，2015（1）：3-8.

组织和编排是考察中小学德育课程衔接最具体和直观的方面，德育课程在各学段的衔接情况也成为考量德育整体构建的关键点。要实现德育内容的衔接，就需要不同学段的课程内容既要适当，又要有一定的区分度，而且还要辩证递升，形成螺旋式上升的形态。在当前德育课程生活论的视角下，德育课程以生活实践为导向，着力改变以往唯知识论的课程理念，引导人们学习过一种有道德的生活，把道德看作是生活形态的存在，将德育课程建立在生活经验的基础之上。德育课程以学生生活的经验为其内容和资源，道德学习的过程就是在教育的引导下不断积累、丰富、扩大生活经验和反思经验的过程。① 所以德育课程的内容编排是从学生的生活世界出发，课程以"一条主线，点面结合，综合交叉，螺旋上升"为设计思路，将学生社会生活的几个要素作为"点"，将学生扩大的生活领域作为"面"。遵照学生从"自我、家庭、学校、社区、国家、世界"的逻辑架构，从小世界逐渐走向大世界，实现内容上的螺旋上升，逐层递进。但是一个不可忽略的事实是，在儿童的真实生活世界里，儿童与自我、他人、家庭、国家、世界的关系并不是一个螺旋上升的关系，而是并列平行的关系，它们并存于儿童的生活世界，同时与学生发生着交互并产生作用。从系统论的角度来看，儿童在日常的交往中不可避免地与他人、家庭、社会、国家、世界发生着各种联结和互动，儿童的发展深受其影响，同时也对其产生影响。所以仅从生活世界的角度难以实现德育课程内容本质上的不断深入和螺旋式上升。要实现德育课程内容的螺旋式上升，就需要寻找一些内在的德育价值和要素，这些德育价值和要素需要随着学生的年龄增长和道德心理发展水平的提高不断深化，使学生在道德实践的过程中不断内化，最终形成学生自觉自为的道德行为和道德人格。德育课程内容的螺旋式上升必然包含道德教育的某些核心精神和永恒要素不断复现。② 德育的许多主题是恒长并且是常学常新的，采用螺旋循环的编排方式就存在某些道德品质，诸如诚实、关爱、尊重、公平、正义等反复出现，并且在深度和广度上逐渐提升，当这些反复循环出现的道德品质之间的区分度明显时，就产生有意义的重复。有意义的重复表现为在内涵上逐步扩展、加深、巩固的过程，这样有助于学生道德品质的发展。所以，德育课程内容的衔接需要寻找一些内在线索，来实现内容的不断深入和螺旋式上升。德育课程内容衔接相关的研究亟须创新性的思路，以便将各个阶段

---

① 鲁洁．德育课程的生活论转向——小学德育课程在观念上的变革［J］．华东师范大学学报，2005（3）：9-16.

② 朱小蔓，王慧．关于大中小学德育课程衔接的思考［J］．课程·教材·教法，2014（1）：44-49.

的德育目标与手段有效衔接起来。①

为了进一步落实"立德树人"根本任务，不断增强和加大中小学德育工作的实效性和针对性、号召力和吸引力。2017 年，教育部印发的《中小学德育工作指南》（教基〔2017〕8 号，以下简称《指南》）进一步推进落实"立德树人"根本任务。《指南》明确了中小学德育工作的德育目标、德育内容、德育落实和德育保障。提出"为深入贯彻落实立德树人根本任务，加强对中小学德育工作的指导，切实将党和国家关于中小学德育工作的要求落细落小落实，着力构建方向正确、内容完善、学段衔接、载体丰富、常态开展的德育工作体系，大力促进德育工作专业化、规范化、实效化，坚韧形成全员育人、全程育人、全方位育人的德育工作格局，特制定本指南"。同时将德育目标明确为"培养学生爱党爱国爱人民，增强国家意识和社会责任意识，教育学生理解、认同和拥护国家政治制度，了解中华优秀传统文化和革命文化、社会主义先进文化，增强中国特色社会主义道路自信、理论自信、制度自信、文化自信，引导学生准确理解和把握社会主义核心价值观的深刻内涵和实践要求，养成良好政治素质、道德品质、法治意识和行为习惯，形成积极健康的人格和良好心理品质，促进学生核心素养提升和全面发展，为学生一生成长奠定坚实的思想基础"。同时还在总体目标的基础上明确了各学段德育目标，其中小学低年级学段的德育目标是"教育和引导学生热爱中国共产党、热爱祖国、热爱人民，爱亲敬长、爱集体、爱家乡，初步了解生活中的自然、社会常识和有关祖国的知识，保护环境，爱惜资源，养成基本的文明行为习惯，形成自信向上、诚实勇敢、有责任心等良好品质"。小学中高年级学段的德育目标是"教育和引导学生热爱中国共产党、热爱祖国、热爱人民，了解家乡发展变化和国家历史常识，了解中华优秀传统文化和党的光荣革命传统，理解日常生活的道德规范和文明礼貌，初步形成规则意识和民主法治观念，养成良好生活和行为习惯，具备保护生态环境的意识，形成诚实守信、友爱宽容、自尊自律、乐观向上等良好品质"。初中学段的德育目标是"教育和引导学生热爱中国共产党、热爱祖国、热爱人民，认同中华文化，继承革命传统，弘扬民族精神，理解基本的社会规范和道德规范，树立规则意识、法治观念，培养公民意识，掌握促进身心健康发展的途径和方法，养成热爱劳动、自主自立、意志坚强的生活态度，形成尊重他人、乐于助人、善于合作、勇于创新等良好品质"。高中学段的德育目标是"教育和引导学生热爱中国共产党、热爱祖国、热爱人民，

---

① 郑敬斌，王立仁．德育衔接问题研究述评［J］．上海教育科研，2012（2）：18-21.

拥护中国特色社会主义道路，弘扬民族精神，增强民族自尊心、自信心和自豪感，增强公民意识、社会责任感和民主法治观念，学习运用马克思主义基本观点和方法观察问题、分析问题和解决问题，学会正确选择人生发展道路的相关知识，具备自主、自立、自强的态度和能力，初步形成正确的世界观、人生观和价值观"。同时，在德育的实施途径方面强调要"严格落实德育课程。按照义务教育、普通高中课程方案和标准，上好道德与法治、思想政治课，落实课时，不得减少课时或挪作他用。要围绕课程目标联系学生生活实际，挖掘课程思想内涵，充分利用时政媒体资源，精心设计教学内容，优化教学方法，发展学生道德认知，注重学生的情感体验和道德实践"。将德育课程作为开展德育工作的重要途径。

《指南》的出台对德育工作落实"立德树人"根本任务作出了规划和要求，明确了德育总目标及各分段目标，为多年来困扰学校德育工作目标不明确的问题指明了方向。可以看到，德育目标不仅仅局限于如何服务于政治需要和维护社会稳定需要，还在此基础上着力培育学生良好的心理品质和道德品质，促进学生全面发展，使德育工作既有助于政治的稳定和社会的良好运转，又有助于学生健康成长，为学生一生健康成长强本固基，奠定坚实的基础。① 从德育目标也可以看出德育工作重视学生积极品质发展的积极的视角，《指南》在总体目标和分段目标里提到要培养学生"自信向上、诚实勇敢、有责任心""诚实守信、友爱宽容、自尊自律、乐观向上""尊重他人、乐于助人、善于合作、勇于创新""自主、自立、自强的态度和能力"这样一些品质。值得思考的是，《指南》里提到的这些品质是否涵盖学生道德发展所应具备的道德品质？为了回应《指南》中提到的"培养学生道德品质和心理品质"，研究亟须从积极的视角探索学生道德品质发展的相关问题。

综上所述，从落实"立德树人"关键问题的角度，需要思考和探索两个方面：探寻德育课程内容的线索，实现课程内容衔接的螺旋式上升；对学生道德品质作出研究，完善《指南》关于德育目标的相关阐述。

（二）学校道德教育实效性低下的现实困境

近年来，校园各种恶性极端事件频发。新闻媒体上频频曝出关于校园霸凌、校园杀师等极端事件，师生关系紧张，矛盾和冲突屡有发生，这些极端事件刺痛了公众的心灵，不仅使教育者陷入痛苦的反思，整个社会也指向对学校

---

① 俞国良．中小学德育工作指南的心理学解读［J］．基础教育参考，2017（19）：7-9.

道德教育的问责，学校教育承担着"德育失败"的评价和指责。

道德教育不仅是教育界的一个重大议题，而且也是整个社会关注的重要方面。各项德育工作的通知、纲要以及具体实施办法陆续出台，一系列做法得到了教育理论研究者和教育实践工作者的积极支持，但是道德教育的实效性却不强。2009年北京师范大学举办的"教育学博士论坛"针对我国当代中小学道德教育中的一些问题进行了集中研讨。关于中小学道德教育的效果问题，学者们普遍认为是低效、无效、缺乏实效的。[①] 所谓德育缺乏实效，是指没有能够对年轻一代的道德状况产生应有的教育影响，导致学生的道德状况下滑。[②]

道德教育通过三种要素影响人的品德，即道德教育目标、道德教育内容、道德教育方法。要使受教育者成为一个"有道德的人"，应包含道德价值论、知识论和方法论的统一。学校道德教育通过国家教育方针和政策统一安排、指导和监督，道德教育的目标和内容具有规范性、严肃性和系统性等特点，同时学校道德教育高度重视德育方法，对人的品德形成和发展影响最大。[③] 德育实效性低下，也反映在德育目标失效、德育内容失真和德育方法失当这三个方面。[④]

1. 德育目标失效

（1）德育目标重社会规范，轻个体美德。

道德教育强调学生被动接受既定的社会道德规范体系，把学生单方面看成社会规范的遵守者，认为掌握社会规范就意味着达到了道德教育的目标。忽视或无视个体主体性，把道德教育视为对人的行为的限制与规范，把学生单纯视为道德规范的受动者，追求整齐划一的德育效果，将"听话"视为学校德育的成功，将"听话道德"视为学校德育的最高境界。一方面对学生灌输各种道德规范，另一方面通过强硬的纪律和严厉的惩罚措施作为保障，严格控制学生的道德行为和道德成长过程。这种道德体系下以"独语"和"听话"为主要特征，进行绝对化内容灌输的道德教育是失效的。[⑤] 对学生有较高道德理想化要求的同时，却注重考查学生对于道德知识的学习情况，忽略学生的道德生

① 焦金波."生活理解"道德教育研究［D］.北京：中国矿业大学，2014.

② 陈桂生.聚焦"德育目标"［J］.教育发展研究，2008（15）：1-6.

③ 高德毅，宗爱东.从思政课程到课程思政：从战略高度构建高校思想政治教育课程体系［J］.中国高等教育，2017（1）：43-46.

④ 钱广荣.不良品德形成与道德教育的相关因素分析［J］.合肥师范学院学报，2009（4）：76-78.

⑤ 辛治洋.道德内容的绝对性与相对性——兼论道德教育中"对话"的基本内涵［J］.教育研究，2012（6）：44-48.

活实践；强调学生认同道德义务和道德责任，而无视义务与权力的对等；① 关注学生的行为是否合乎标准和规范，忽视学生内在情绪情感的表达，这也就意味着忽略了道德教育所具有的情感性和丰富性。注重教条主义、形式主义和命令主义，使得德育课程缺乏创造性思维和强有力的生命力，课程拓展的难度增大，使道德习惯养成的形式和内容趋于组织化、行政化、单一化，道德行为规范难以成为学生持之以恒的学习与生活原则，因而失去对学生的吸引力，无法有效调动学生主动参与道德实践的积极性。② 注重社会规范的道德教育将学生塑造成循规蹈矩、单向服从的客体，不仅使学生缺乏创造力、独立性和主动性，缺乏自主、自控、自律能力，同时人为地破坏了师生关系，导致师生冲突，使师生都处于受伤害的境地。从 2017 年教育部颁布的《中小学德育工作指南》中关于德育目标的阐述可以看出，当前德育工作力图重视和加强美德与积极品质的培养，但长期以来"重规范，轻美德"的德育价值取向依然需要在新的理念或理论的引导下进行深入探讨。

（2）道德教育重"问题"矫正的消极取向。

"当代社会，在德育乃至教育学、心理学研究仍以病态的人性观为逻辑前提和以人的负向人格为参照物。"③ 道德教育往往从防范学生出现道德问题的角度入手，在道德教育过程中把"禁止""预防""防堵"作为立足点，"有则改之，无则加勉"成为道德立场，教育者普遍关注受教育者身上存在的各种问题，重点关注如何预防和防止学生产生品德问题，甚至容易将学生在成长和发展过程中面临的各种困惑、困难以及适应问题拔高到道德评价的层面，出现"泛道德化"现象。例如，将学生在青春期渴望独立自主的心态理解为"目无尊长"，将学生渴望得到异性关注的情感需求理解为"不学好"，将学生自由表达的愿望理解为"忤逆父母"等。当过分关注学生身上的问题时，道德教育就默认要消除学生身上的不良品德，矫正学生的"恶习"，而对学生身上的各种积极品质和发展潜能关注不够。因此，容易形成重视矫正"问题"，忽视培养美德的消极教育取向。④

---

① 肖川. 主体性道德人格教育：概念与特征［J］. 北京师范大学学报（社会科学版），1999（3）：23-28.

② 王沛. 道德人格的社会认知观及其对德育实践的启示［J］. 安徽师范大学学报（人文社会科学版），2013（6）：698-705.

③ 冯铁山，栗洪武. 论先秦儒家的诗意德育［J］. 教育研究，2009（8）：97-103.

④ 周围. 积极道德教育——积极心理学视域下的道德教育［M］. 北京：中国文史出版社，2014：50.

2. 德育内容失真

（1）学校道德教育的知识化。

杜威在《教育中的道德原则》中区分了"道德的观念"和"关于道德的观念"。"道德的观念"是指影响并改善品行使之变得比其他情况下更好的观念，"关于道德的观念"是关于诚实、纯洁或仁慈的信息，它们没有自动地把这样的观念转化成良好品格或良好品行的性质。[1] 道德教育中花了大量时间来培养"关于道德的观念"，而在发展"道德观念"方面却建树不多，导致道德教育的效果日益遭到质疑和诟病。[2] 道德教育过分注重知识化，使学生死记硬背各种道德律条，或者对各种道德律条生拉硬扯，这样的道德教育使本应具有生命力、美感和价值感的德育走向刻板和僵化。学校道德教育还把道德知识进行客观化处理，把人的德性所蕴含的主体因素逐出知识之外，使它失去有血有肉、鲜灵生动的生命活动的特征。[3] 同时知识化的德育专注于客体化的精神，师生在德育过程中无法展开交互的、内在深层的精神性活动。[4]

（2）德育教材的组织和编排不合理。

德育课程强调课程的综合性，综合性不仅仅体现在某一册教科书内容的综合化，更体现在具体每一节课的逻辑组织上是否体现了对不同问题的综合理解。当前在教科书内容中就道德谈道德，就法律谈法律的情况还是占据着相当的比重，如何加强内容的有机整合需要进一步研究。德育内容的有机整合涉及德育内容的整体衔接问题，这是导致德育实效性低下的原因之一，也是前文提到的落实"立德树人"的重要任务之一。

此外，德育内容失去真实性，难以引起学生相应的道德情感体验，鲁洁教授举例德育课程教材里《我和父母的关系》一文提到一个孩子说："一次下雨，我没带雨伞，妈妈送伞给我，一路上雨下得很大，我和妈妈同撑一把伞，妈妈总是把伞撑向我这边，到家时，她的身上却淋湿了……"此类例子旨在通过唤起受教育者的感动来达到感恩的目的，可是这样的内容编排能否真正唤起学生真实的情感体验？在德育教材中充斥着"学生生病，老师背去医院看病，同学轮流去探望"等学生生活中的小概率事件，这些事件难以引起学生

---

① Dewey, J. *Moral Principles in Education* [M]. Boston: Houghton Mifflin Co, 1909: 164.

② 王晓莉. "立德树人"何以可能——从道德教育角度的审思与建议 [J]. 全球教育发展, 2014 (2): 63-71.

③ 鲁洁. 边缘化　外在化　知识化——道德教育的现代综合症 [J]. 教育研究, 2005 (12): 11-14.

④ 钟晓琳, 朱小蔓. 德育的知识化与德育的生活化：困境及其"精神性"问题 [J]. 课程·教材·教法, 2012 (5): 91-98.

基于真实生活经验而产生的情感共鸣，因而也失去了德育的价值。

3. 德育方法失当

从德育方法的角度来看，传统上，人们把德育方法作为实现道德教育目标的手段和实施道德教育内容的方式。事实上，在道德教育过程中，方法除了是实现道德教育目标的手段和传授道德教育内容的方式以外，同时方法本身也是道德教育目标和道德教育内容的要素，表现为"用什么样的方法进行道德教育，就是在培养具备什么样的道德品质的人"。方法自身的道德教育意义并没有引起足够重视。英国教育哲学家彼得斯在《伦理和教育》一书中提到"教育应该具备三类内在标准：知识和理解力，以及某种并非僵死而无活力的认知洞见，并排除某些传授程序，即那些使学习者缺乏自觉和自愿的传授程序"。[①]因此，"教"不仅仅是为了使学生成为了解道德知识的人，更要使他们对所学的内容产生兴趣和好奇心。教育活动的方式本身所具有德育的意义和价值被忽略了。综合来说，德育方法失当主要表现在两个方面。

（1）忽略师生关系在德育中的作用。

以师生之间的平等互动关系为前提，德育才能真正进入并触动学生的内心世界。社会心理学家凯尔曼提出了态度改变阶段理论，他认为品德的发展是一个从他律到自律的过程，从一开始依从于外在规范，到在思想、情感、态度和行为上主动接受他人的影响，对他人产生认同，在此基础上将自己认同的思想和自己原有的信念、观点相融合，进行内化，形成完整的价值体系。在依从——认同——内化的过程中，沟通发挥了重要作用。按照沟通改变态度理论，在彼此进行充分的沟通交流基础之上，能够接受并且认同对方的观点，接着内化为自己的意识乃至行为。教师在课堂上往往没有和学生建立起平等的互动关系，缺少与学生的沟通和交流，而是将道德教育作为有限时间内要完成的一项教学任务去完成。对学生而言，道德教育成为空洞的说教，这种冰冷的德育方式难以使学生产生情感共鸣，使学生对德育课堂的形式性和虚假性产生厌倦心理，影响了德育的有效性。教师在课堂上采取的各种行为都有可能对学生产生影响，教师往往关注主要教学行为对学生的影响，至于表扬、赞赏、提问、反馈等对学生会产生何种影响则被忽视。同时教师在教学过程中忽略了学生课堂上的情绪情感反应，使得德育课在培养学生情感态度价值观方面的效果大打折扣。

---

① Peters. R. S. Ethics and Education［M］. London：Allen and Unwin Ltd. 1966：63.

（2）德育方法消极化。

当学生表现出道德"问题"时，教育者多采用批评、指责、挑剔、训斥、惩罚、辱骂等消极方式应对。消极的应对方法恶化了道德教育关系，难以让学生感受到被尊重，同时从效果上来说降低了教师正面教育的影响力，妨碍了学生良好品德的培养，这些消极的应对方法往往未必能产生积极的效果。许多教师谈到积极的德育方法，自然地认为只要不打不骂就是积极的方法，所以在德育过程中往往采用讲道理式的说服教育，德育所惯用的说服教育从根本上来说是控制性的也是病理性的，教育者往往并未全面准确地向被说服者展示相关信息，仅仅靠讲"道理"来引导对方发生行为上的变化。其出发点不是帮助受教育者理解，而是钳制受教育者的理解，通过对道理加以引导，从而达到改变对方行为的目的。当学生遇到困境或者困难，渴望被理解的时候，教育者往往忽视了学生的情感需要，通过讲道理力求使学生认同其观点，并使其作出行为改变，当教育者在理性和行为层面工作时，学生的情感需要难以得到满足，产生的效果是微弱并且有限的。

综上所述，从德育目标失效、德育内容失真和德育方法失当这三个方面探讨了长期以来困扰学校的道德教育实效性低下的原因，从这些现实的困境可以看到，总体上当前德育工作中缺失了积极的视角，学校德育工作亟须从积极的角度探索提高德育有效性的理念和方法。积极道德教育正是对这些困境和问题作出了很好的回应，积极道德教育从德育目标、德育内容和德育方法的角度试图从积极的角度对道德教育要"培养什么样的人、如何培养"作出新的探讨。

（三）积极道德教育将成为德育新理论的可能性

自古至今，由东到西，道德教育理论探索不断深入，各种德育理论和道德思想从德育目标、德育内容和德育方法的角度对"培养什么样的人？如何培养？"等问题作出了深刻的探讨。孔子强调以"仁"为核心的德育，提倡"仁者爱人""克己复礼"，将德育目标分为社会教化和个人修养，把道德教育作为社会教化的有效手段，从个人修养方面认为德育的目的就是成为有德君子，最终形成圣贤人格。德育方法总结为"言传身教""因材施教"。孟子则强调"性善"意指人有向善的可能，德育的目的是将这种向善的可能变为现实，通过道德教育对人固有的良能良知"扩而充之"，而德育的根本方法就是自求自得，"君子深造之以道，欲其自得之也。自得之，则居之安；居之安，则资之深；资之深，则取之左右逢其原。故君子欲其自得之也。"二程认为要以"圣人"为目标，做到"仁、义、忠、孝、礼、智、信"。朱熹重视德育，提出道德品质对人的重要性，以"明人伦"为德育目的，强调人应具有社会性道德，去除私欲。而陆九渊反对朱熹"理""欲"的对立，强调主客体合一，将培养仁、义、理、智作为道德教育的目标。王阳明同样反对将"心""理"进行二元割裂，强调知行合一，将培养道德人格作为德育目标，认为人有道德主体性，道德教育就是要使每个人能够自觉遵守道德规范，使其心"纯乎天理"、行"依于良知"，将儒家倡导的伦理纲常和道德规范作为德育内容，强调激发儿童兴趣，反对对儿童的约束和惩罚，保护儿童的积极性。

　　古代西方的德育理论和思想也是在传承与批判中不断创新和发展。苏格拉底著名的命题"美德即知识""知识即美德"揭开了探求道德理性基础的序幕，德育目标是通过教育使人成为具有高尚道德的人，而高尚道德指的就是古希腊四大美德：智慧、勇敢、节制和正义。采用道德谈话法，即"产婆术"法和道德内省法——"认识你自己"进行道德教育；柏拉图进一步发挥了苏格拉底的思想，认为对善的科学知识的学习能使人的意志坚定，强调对智慧、勇敢、节制、正义这些美德的培养，德育目标就是培养理性的人，重视早期教育、游戏以及艺术教育在道德教育中的作用；亚里士多德认为德行可教，重视美德对人的重要意义和价值，将追求德性与幸福作为教育目标，将美德分为理智德性和道德德性两部分，强调要培养人的理性，使人获得中庸、节制、勇敢、宽容和公正等美德，同时他强调道德实践的重要性。夸美纽斯吸收了柏拉图和亚里士多德的德育思想，认为道德教育主要培养人诸如智慧、节制、坚忍和正直这些德性，培养儿童节制和俭朴以及尊敬长辈、服从、诚实、公道、仁慈、勤奋、沉静、忍耐、良好的礼仪、谦逊和顺从这些品质。[1] 提出"德行是在做正当的事情中学到的"。[2] 强调通过实践养成良好的德性。英国教育思想家洛克提出德性关系到人今后的幸福，道德目标是培养人获得美好前途和幸福生活，认为教育应该涉及德性、智慧、礼仪和学问以及适当的宗教教育，强调家庭教育的重要地位，使用"符合儿童能力和理解力"的说理的方法，重视奖励和惩罚的作用。卢梭的自然主义教育和道德教育以自然人性为出发点，强调教育要尊重儿童的天性。康德认为自律是道德教育的唯一目的，应采用苏格拉底的方式开展理性教化。赫尔巴特认为道德教育，即训育，目的是形成"性格的道德力量"，即意志的坚定性，强调采用管理、控制和强制的方法，采取威胁、命令、禁止、惩罚的手段来预防"道德上的罪恶"，"造成一种受

---

① 檀传宝，王啸. 中外德育思想流派［M］. 北京：人民教育出版社，2015：205.
② ［捷］夸美纽斯. 大教学论·教学法解析［M］. 任钟印译. 北京：人民教育出版社，2006：194.

秩序的精神。"① 同时他也强调德育过程中陶冶、感染的作用，采用多种方法达到训育的目的，形成和发展学生的品格。

20世纪初，随着社会的剧烈变迁，诸多西方德育思想在西学东渐的过程中对中国道德教育产生了重要影响。涂尔干将社会学方法引入道德领域，采用实证法探寻理性道德教育的基本要素，认为道德教育要培养人纪律精神、奉献精神和自律、自主精神，主张教师的权威作用，德育过程中采用合理的惩罚以及强制、灌输的方法。凯兴斯泰纳强调公民教育，将培养具备公平和正义的思想，具有强烈民族感和道德自律感的公民作为道德教育的目标，关注道德体验的作用。杜威的实用主义道德观认为道德教育就是要给予学生用来指导行为的尽可能多的道德观念，学校德育要使各种道德因素统一、协调发展，形成道德人格，即"道德上受过教育的人"。杜威提倡培养道德观念，而不是关于道德的观念，并且要在更广的范围和间接、生活的领域，通过学校的一切机构、手段和材料促进儿童的品格发展。② 同时杜威提倡"儿童中心"，采用探究、讨论等方法来替代强制灌输的方法。此外，在东方，日本的小原国芳提出"全人教育"理念，认为教育要培养真、善、美、圣、健、富六种价值和谐统一的人，道德教育要培养追求真理、对公众事业毫无私心的人，在德育过程中强调教师的感化作用。

当代道德教育理论和思想的不断发展，对中国道德教育启示和影响也越来越大。雅思贝尔斯从存在主义哲学出发，认为教育的目的不是培养具备某种技能或能力的人，而是培养"整体"的人，教育要促进人的全面发展，道德教育就是要通过陶冶和交往来促进人的全面发展，"教育是人与人精神相契合，文化得以传递的活动。人与人交往是双方（我与你）的对话和敞亮，这种我与你的关系是人类历史文化的核心。可以说任何中断这种我与你的对话关系，均使人类萎缩。如果存在的交往成为现实的话，人就能通过教育既理解他人和历史，也理解自己和现实，就不会成为别人意志的工具。"③ 科尔伯格的理论横跨道德心理学、道德哲学和道德教育学，受到苏格拉底、柏拉图、亚里士多德、康德、涂尔干、弗洛伊德、杜威、麦独孤、鲍德温、黑尔、罗斯和罗尔斯等人的影响，④ 尤其是受到皮亚杰道德发展阶段理论的影响。皮亚杰提出了道德发展理论，认为道德教育的目的是发展，教育要促进和发展儿童的道德判断

---

① 张焕庭. 西方资产阶级教育论著选［M］. 北京：人民教育出版社，1979：268.
② ［美］杜威. 道德教育原理［M］. 王承绪等译. 浙江：浙江教育出版社，2003：9.
③ ［德］雅斯贝尔斯. 什么是教育［M］. 邹进译. 北京：生活·读书·新知三联书店，1991：2-3.
④ 檀传宝，王啸. 中外德育思想流派［M］. 北京：人民教育出版社，2015：381.

能力，他强调"儿童道德成长或发展的根源不在于单纯的外部环境，也不在于单纯的主体内部，而在于主体与其道德环境的积极交互作用——活动与实践，在于这种活动或实践引起的矛盾与思考"。① 拉思斯等人提出的价值澄清理论，认为德育的实质就是价值教育，通过价值澄清，让学生学会价值选择，促进学生价值观念的形成，德育方法主要采用澄清反应法，教师通过与学生就其关注的某一话题开展对话，帮助学生澄清其价值观。② 里克纳受传统美德伦理学的影响，倡导以尊重和责任为基础的品格教育，同时传授学生诚实、公平、宽容、审慎、乐于助人、同情、勇气等道德价值，将个体完整品格的培养作为道德目标，通过创建品格课堂、品格家庭、品格社区有效开展全方位的道德教育。诺丁斯从关怀伦理出发，从关怀的视角对道德教育重新进行审视，提出道德教育是要鼓励"有能力、关心他人、懂得爱人、也值得别人爱的人健康成长"。③ 学校的首要任务是关心孩子，道德教育方法主要有榜样、对话、实践和认可，通过这些方法培养学生的关怀能力、体现关怀关系。可以看出当代西方道德教育理论和思想在不停的反思与探索中越来越体现出关注人自身的积极、人本的倾向。

道德教育理论和思想体现着历史、时代的发展特征，伴随着改革开放的步伐，顺应社会政治、经济、文化发展的需求，我国道德教育研究也掀起了创新的热潮，道德教育的创新模式层出不穷，国内诸多学者和专家对德育理论做出了探索和思考。李伯黍等的品德心理学研究探讨品德教育过程中的心理本质，朱小蔓等人的德育情感教育论强调以感受体验为基础，以培养情感性道德人格为德育目标，着重培养四种品质：第一，从自身发展的角度，要培养自知自控、自尊自爱、自信自强的情感品质；第二，从与他人关系的角度，要培养同情关怀、仁慈宽容、理解体谅的品质；第三，从与自然关系的角度，要培养敬畏、爱恋、保护珍惜的品质；第四，从社会发展的角度，要培养亲和、公正、负责、风险等品质。④ 在德育方法上要求创设情境，重视学生的道德情感的培养和发展，建立以感受和情感共鸣为内在机制的情感反应模式，将道德认知和道德体验结合起来，发展学生的道德情感品质。

进入新世纪，在推进德育改革的进程中，西方学者"生活世界"的理念

---

① 郭本禹. 道德认知发展与道德教育 [M]. 福州：福建教育出版社，1999：189.
② 檀传宝. 德育原理 [M]. 北京：北京师范大学出版社，2007：36.
③ [美] 内尔·诺丁斯. 学会关心——教育的另一种模式 [M]. 于天龙译. 北京：教育科学出版社，2003：5.
④ 朱小蔓. 关心心灵成长的教育 道德与情感教育的哲思 [M]. 北京：北京师范大学出版社，2012：270-272.

开始引起德育界广泛关注。这一理念认为，以往的德育长期迷失了对学生生活世界的关照，只有回归生活世界，道德教育才能有实质性的改进。于是，"回归生活"成为德育研究的核心主题。新一轮义务教育品德课程改革课程追求的目标就是回归生活，回归生活的道德教育本质在于使德育回到人自身，在生活论的视角中，道德是人们所选定的特定的生活价值，道德教育的目的是帮助人把道德作为参照点来确定生活的方向和道路，引导人去建构的是一种更好的生活。有研究者进而提到德育的本质并不是"回归"生活，"无论什么样的德育都不能脱离生活，他本身就是一种生活。"① 生活不仅是德育的手段，而且是德育的根基，生活与德育具有本体的关系。所以，德育根本上是生活德育，是个体在完整的现实生活中以道德的生活方式，自觉建构一种道德生活。德育以生活为基础，最终要落脚到个体生活经验，个体生活经验是个体道德成长的基础，德育过程要关注并引导个体生活经验的不断丰富和扩展。② 与此同时，生活道德教育、生命道德教育、情感道德教育、主体性道德教育、体验道德教育、活动道德教育、欣赏型道德教育、和谐道德教育等诸多德育理念和模式相继推出，为我国道德教育的理论创新和实践探索提供了丰富的理论成果和多样的思维方式。无论是德育话题的广度，还是德育思想的深度，无论是理论的解释力还是预测力，都有了很大的进步。

可以看出，我国道德教育的理论发展积累了丰富的成果，不同的德育理论下德育目标和德育内容、德育方法也随着时代的发展越来越体现出关心人、重视情感的积极倾向。德育学科也在和社会学、心理学等学科不断交融、碰撞的过程中产生了新的理论和观念，推动了道德教育的发展。在德育理论的发展过程中，有研究者将视角投入积极心理学领域，并且得到诸多启发。1998 年，马丁·塞利格曼（Martin E. P. Seligman）作为美国心理学会主席，他针对"二战"以来心理学领域将心理障碍和心理问题作为主导研究的病理性取向，发起了积极心理学运动，提出以往的研究过分关注心理问题和心理障碍，忽视了人类自身所拥有的积极品质，而这会使心理学不能真正发挥它的价值，心理学关注的焦点应当是人类的积极品质，关注人类的潜能、优势和美德等积极心理。积极心理学基本的假设是"人们的美好和卓越，与疾病、混乱和悲痛同

---

① 冯建军."德育与生活"关系之再思考兼论——"德育就是生活德育"［J］. 华中师范大学学报，2012（4）：132-139.

② 钟晓琳，朱小蔓. 再论德育中的"知识"——基于义务教育品德课程改革的反思［J］. 课程·教材·教法，2014（6）：39-44.

样都是真实存在的"。① 在塞利格曼等人的引领下，诸多心理学家将注意力转移到那些能够促进个体获得"持续的幸福"的思维模式、关系模式以及感受模式的研究上面，积极心理学提出了 PERMA 模型，强调积极的情绪、参与感、人际关系、意义和成就的作用，同时积极心理学对美德做出了深入的探讨，提出了 6 大美德 24 项积极特质，并且在全球范围内取得了丰富的研究成果，成为"当代心理学两大最新进展之一"，越来越多应用到管理学、社会学、教育学等多个领域，积极教育也应运而生。积极教育是将积极心理学研究所涉及的因素结合起来，应用到学校的日常生活和学习之中。② 正如塞利格曼提到：

> 一百多年以来，对孩子的教育，主要是为了让他们在成年之后胜任本职工作而铺平林荫大道。我完全赞成"收获成功"、"读写能力超群"、"坚韧不拔"以及"遵守纪律"的重要性，但是我也敦促各位去设想，学校是否既可以教授取得成就的技能，亦可以教授获得幸福的技能，而且两者互不侵扰。我希望各位去设想"积极教育"的意义。

赫尔巴特认为教育的唯一工作和全部工作，都可以总结在"道德"这一概念中。积极道德教育就是受积极心理学的启发，同时从积极教育的角度，概括和提炼的一种道德教育模式，是针对长期以来以预防和矫正受教育者身上出现的道德问题的"问题"取向，以及以批评和惩罚等方法为主的"消极""负面"处理的德育过程中凸显的问题和弊端，而提出的道德教育的创新理念与实践策略。但是，目前我国积极道德教育理论研究和实践探索还处在初期阶段，无论是理论研究还是实践探索都有非常广阔的研究空间，有大量亟待研究的问题，包括积极道德教育本身还有尚未厘清的核心问题，积极道德教育批判以往"问题"取向的道德教育关注消除受教育者身上的问题，认为消除问题并不会导致积极道德品质的产生，积极道德教育强调激发人的积极情绪体验，在积极环境和积极关系的建立下培养和发展学生的积极道德品质。不过这是一种理想的状态，培养积极道德品质是积极道德教育的基本立场和目标，但是积极道德品质的培育和发展需要一个漫长的过程，当学生在现实的道德生活世界

---

① ［美］克里斯托弗·彼得森. 积极心理学［M］. 北京：群言出版社.2010：205.

② ［英］蒂娜·瑞伊，露丝·麦康威尔. 运用积极心理学提高学生成绩［M］. 北京：中国青年出版社，2017：35.

里，出现不符合社会期待的行为时，仅仅强调积极道德品质的培养和发展显然是不够的，这样会给教育者带来"掩耳盗铃"和"头痛医脚"的误解，使教育者在实践工作中难以操作。既然消除问题不能转向"积极"，那么除了培养和发展学生积极的道德品质，"消极"和"积极"之间应该建立怎样的关系？对这一问题的回答将从理论上丰富和明确积极道德教育的内涵。同时积极心理学研究6大美德24项积极特质，这些积极特质哪些是道德意义上的？也就是说积极道德教育要培养学生的哪些积极道德品质？在中国社会和文化背景下，这24项积极特质是否真正适用？积极道德教育目标的总体目标和目标体系是什么？对这些问题的思考和探讨是构建积极道德教育目标的关键所在。学校德育课程是开展道德教育最直接，也是重要的方式之一，那么从德育课程的层面来说，应该如何实现积极道德教育的目标？从德育内容和德育方法的层面去探索通过德育课程内容和德育课堂教学实现积极道德目标的路径和策略是必要且重要的。所以，对以上这些关键问题的回答是从理论和实践的层面对积极道德教育作出的深入探索，使积极道德教育成为一种新的德育理论与实践模式具有可能性。

（四）积极心理学对研究者个人的影响

研究者本科和硕士期间所学专业是心理学，毕业后在高校工作，从事心理健康教育和心理咨询工作。多年来积极心理学对研究者的学习、生活、工作和思维方式产生了非常大的影响，那么如何将积极心理学应用到教育实践领域去？积极心理学与教育学契合的点在什么地方？读博士期间，研究者想将积极心理学与道德教育结合起来，将积极心理学的理论与实践经验拓展到德育领域。积极心理学理论提出了6大美德24项积极特质，并且在每个特质方面开展了深入研究，取得了丰富的研究成果。这些研究对道德教育有着重要的启发作用。同时，在研究者以往的个人学习经历中德育课程一直被视为边缘课程，德育课程内容充满了教条和指导性，老师在课堂教学过程中以照本宣科的方式讲授，师生互动较少考虑学生的需要和心理发展特点。二十多年过去了，新课程改革也已经开展十多年了，当前学校德育课程内容是否符合学生发展的需要？德育课堂是否已经焕发出课堂活力？师生之间是否建立起积极良好的师生关系？研究者尝试借鉴积极心理学的研究成果构建积极道德教育的目标，并且在此基础上尝试探索提高德育课程内容系统衔接的方法，并建立基于积极情绪体验的课堂师生互动方式，和有效处理师生冲突的课堂师生关系策略，通过这些路径和方法来实现积极道德教育目标，并且以本研究为基础作为研究者未来研究的领域和方向。

二、研究问题

"立德树人"大背景下当前德育工作着力要推进的方面主要是：德育课程内容衔接性以及《中小学德育工作指南》中提到德育目标中关于要培养人的道德品质这两方面的思考；基于学校道德教育实效性低下的现实困境和对积极道德教育理论与实践创新的需要，结合研究者个人研究的兴趣。本研究尝试从积极心理学的视角出发，将积极心理学研究的启示引入积极道德教育领域，对积极道德教育领域待回答的诸多问题进行深入探索，涉及积极道德教育的内涵是什么，包括澄清积极道德教育"消极"和"积极"的关系是什么这一关键问题。积极道德教育有哪些特征？积极道德教育的总体目标和目标体系是什么？对这一问题的回答将明确积极道德教育究竟要培养学生哪些积极道德品质，依据构建的积极道德教育的目标，探讨当前中小学生积极道德品质发展的现状如何，结合当前中小学生积极道德品质发展的现状，思考怎样通过德育课程实现积极道德教育目标，德育课程有专设德育课程和隐性课程，从专设德育课程和隐性课程的角度，通过德育课程内容和德育课堂教学的师生关系实现积极道德教育的具体策略有哪些，等等，通过对这些问题的回答，厘清积极道德教育的内涵和特征，在此基础上构建积极道德教育的目标，探索通过德育课程内容、德育课堂教学实现积极道德教育目标的策略和方法。本研究采用质性和量化研究结合的方法，综合采用问卷调查法、内容分析法、课堂观察法、访谈法等方法，整体遵循着"是什么""怎么样""如何做"的逻辑框架，具体为"积极道德教育目标是什么？""目标对应的学生积极道德品质发展现状怎么样？""如何实现积极道德教育目标？"这样的思路，重点研究以下三大问题及相应的一些小问题：

第一，积极道德教育的目标是什么？

为了回答积极道德教育目标是什么这一大问题，需要对一些小问题作出探索，包括"消极"和"积极"的关系是什么？积极道德教育的内涵是什么？积极道德教育的特征有哪些？积极道德教育的总体目标和目标体系分别是什么？

第二，当前中小学生积极道德品质发展的现状怎么样？

第三，中小学如何通过德育课程实现积极道德教育目标？

为了回答中小学如何通过德育课程实现积极道德目标，需要从德育课程内容和德育课堂教学两条路径进行探索，回答如何通过德育课程内容实现积极道德教育目标，如何通过德育课堂教学中的师生关系实现积极道德教育目标，德育课堂教学中的师生关系涉及师生互动和师生冲突，具体来说分为如何通过德育课堂师生互动实现积极道德教育目标，如何通过应对德育课堂师生冲突实现积极道德教育目标。

这三大问题之间的逻辑关系为：对"消极"和"积极"的探讨是厘清积极道德教育内涵和特征的关键，积极道德教育的内涵和特征为探索积极道德教育目标是什么和如何实现积极道德教育目标提供了理论依据。对积极道德教育目标体系进行实证验证基础上形成的《中小学生积极道德品质问卷》探讨当前中小学生积极道德品质发展的现状，为实现积极道德教育目标提供了现实依据。从德育课程内容和德育课堂师生互动、应对德育课堂师生冲突三个方面分别探讨实现积极道德教育目标的有效路径和策略。

三、研究的目的与意义

（一）研究目的

本研究旨在通过对积极心理学视角下的积极道德教育的相关问题进行探索，主要通过理论思考丰富积极道德教育的内涵，并在此基础上明确积极道德教育的目标，构建积极道德教育目标体系，了解当前中小学生积极道德品质发展的现状，在此基础上力图通过德育课程内容和德育课堂教学师生关系（师生互动、师生冲突）来探索实现积极道德教育目标的路径和具体策略。遵循"是什么""怎么样""如何做"的逻辑思路，从宏观上思考积极道德教育要"培养什么样的人？如何培养？"这两个道德教育领域的关键问题。研究目的主要包括以下几个方面：

第一，在文献分析和理论研究的基础上，探讨"消极"和"积极"的关系，厘清积极道德教育的内涵，析出积极道德教育的特征。

第二，从理论上设定积极道德教育的总体目标，并且采用实证的方法，通过问卷调查的方法对积极道德教育的目标体系进行验证，确立积极道德教育的目标体系，完成对积极道德教育目标的构建。

第三，根据对积极道德教育目标体系进行实证探索和验证所形成的《中小学生积极道德品质问卷》对中小学生进行施测，了解当前中小学生积极道德品质发展的现状，为实现积极道德教育目标提供现实的依据。

第四，从德育课程内容的角度探索实现积极道德教育目标的路径和方法。在前期理论研究的基础上，依照积极道德教育的内涵以及积极道德教育积极性和体验性的特点，提出积极道德教育下德育课程内容的应然状态，采用内容分析法，通过对德育课程内容进行分析发现当前德育课程内容选择、组织和编排上的实然状态，并依此提出通过德育课程内容实现积极道德教育目标的策略。

第五，从德育课堂教学的角度探索实现积极道德教育目标的路径和方法，重点从德育课堂师生关系所涉及的课堂师生互动和课堂师生冲突两个方面进行研究。在前期理论研究的基础上，依照积极道德教育的内涵以及积极道德教育体验性和关系性的特点，提出德育课堂师生互动的应然状态，采用课堂观察法和访谈法分析当前德育课堂师生互动的实然状态，发现德育课堂师生互动中存在的问题，并进行原因分析，依此提出通过德育课堂师生互动实现积极道德教育目标的策略。

第六，从德育课堂师生关系的另一个方面即师生冲突的角度探索实现积极道德教育目标的路径和方法。在前期理论研究的基础上，依照积极道德教育的内涵以及积极道德教育转化性和可操作性的特点，提出德育课堂应对师生冲突的应然状态，采用访谈法了解德育课堂师生冲突的实然状态，发现应对师生冲突存在的问题，并进行原因分析，依此提出通过应对德育课堂师生冲突实现积极道德教育目标的策略。

第七，提出结论及具体建议。针对研究问题作出相应结论，并根据前文从德育课程内容、德育课堂教学师生关系（师生互动、师生冲突）提出的实现积极道德教育目标的策略出发，从更宏观的角度对德育研究者、德育行政管理部门、各级学校、教师、家长提出具体建议，以期更加全面有效地实现积极道德教育目标。

（二）研究意义

1. 对落实"立德树人"根本任务提供思路

本研究通过构建积极道德教育目标，了解当前中小学生积极道德品质发展的现状，从学校德育课程的角度探索实现积极道德教育目标的路径和方法。其中德育课程内容的选择、组织和编排是实现积极道德教育目标的路径之一，在这个过程中发掘德育内容衔接的内在线索。过去几年，大中小学的德育课程内容衔接问题引起了人们的重视。从积极道德教育目标指向的积极道德品质角度入手，以德性内涵为着眼点，将有利于为不同阶段德育课程衔接提供一个内在的线索，也为德育课程的综合性提供有价值的思路。① 所以，通过探讨实现积极道德教育目标的路径可以为落实"立德树人"重要任务里关于中小学德育课程衔接问题提供新的思路。2017 年教育部颁布的《中小学德育工作指南》是落实"立德树人"根本任务的重大举措，该指南里提到德育目标要"培养学生道德品质"，本研究为关于"培养学生道德品质"方面的内容提供更丰富的依据。在这里要强调的是对积极道德教育目标的构建并不是否定或推翻现有的德育目标，而是对积极道德教育这一新的道德教育理念中的德育目标作出探索，对积极道德教育目标的探索与现有的德育目标并没有对立，相反，是对《中小学德育工作指南》里关于德育目标的补充和丰富。本研究还回答了"培养学生哪些道德品质"，从这个层面来说，本研究具有较高的理论价值和意义。

2. 探讨提高德育有效性的方法

通过对积极道德教育目标的构建，并探索在德育课程方面实现积极道德教育目标的路径和方式。除了德育课程内容是实现积极道德教育的路径之一以外，从德育方法的角度来说，建立良好积极的德育课堂教学师生关系，分别涉及师生互动和应对师生冲突，也是实现积极道德教育目标的路径，在这个过程中探讨提高德育有效性的方法。2001 年国家教育部颁布的《基础教育课程改革纲要》明确指出"教师在教学过程中应与学生积极互动，共同发展"。② 课程实施的基本途径是课堂教学，在课堂教学过程中，教师的教与学生的学构成了教学的主要内容，"交往"和"互动"是教与学实质的有机统一。师生关系主要涉及师生互动和师生冲突两个方面，本研究从积极道德教育的角度探索在教学过程中教师如何与学生积极互动，形成课堂师生互动、相互交流、相互沟通、相互影响、相互补充的生动场面，建立积极美好的师生关系。同时从课堂师生冲突的角度，以积极的视角去理解学生，重视学生的个体主体性，探索在道德教育中如何不采用批评、责骂、惩罚的方式去应对学生身上出现的"问题"，使道德教育能够有效培养学生的积极道德品质，实现学生的道德社会化发展，从而提高德育的实效性。

3. 创新道德教育理论

道德教育目标集中体现了道德教育的价值和性质。道德教育目标统率整个德育理论与德育实践，德育的功能和价值都反映在道德教育目标中。而道德教育目标又直接决定着道德教育内容，道德教育内容体现着德育目标的要求，对

---

① 单晓红．新课标思想品德教材存在的共性问题及对策分析［J］．教育研究，2013（1）：32-37.
② 教育部．基础课程改革纲要．教育部门户网站，2011.

道德教育目标、内容的理解又决定着如何实施道德教育。所以，科学、合理地认识、理解德育目标问题具有重要的意义。从时代的发展和社会的变化看，重新审视德育目标，则更具迫切的现实意义。①

积极道德教育是积极心理学视角下对道德教育领域的创新，积极道德教育作为一种德育理念，在某种程度上可以自成一套体系。② 但是目前研究还处在初级阶段，还有太多亟待探讨的问题。例如，关于积极道德教育的内涵，积极道德教育的总体目标及目标体系，积极道德教育目标的实现方式，等等。本研究在积极心理学的视角下，对积极道德教育的内涵进行探讨，在此基础上构建积极道德教育的目标，并且探索通过德育课程实现积极道德教育目标的方法，从理论上将德育目标、德育内容、德育方法系统有机结合起来，充实和丰富积极道德教育理念，使积极道德教育成为德育新理论具有可能性。

四、相关概念界定

（一）道德

在古代中国，道德一词原本是"道"与"德"两个概念。老子和庄子强调"道"是宇宙的本质和规律。儒家将"道"作为政治理想准则和人生观，孔子提出"志于道，据于德，依于仁"。③ 认为"道"是人们的理想、志向和行为准则；"德"是为人处世的行为，是"道"在具体行为中的体现；"仁"是道与德如何发挥在于有没有仁心和爱心，是内在和根本。《荀子·劝学》中说："故学至乎礼而止矣，夫是之谓道德之极。"将"道"和"德"合并使用，形成"道德"的概念，认为道德的最高境界就是明理。《荀子·正论》中提到"道德纯备，智慧甚明"，是说道德纯洁高尚的人才能发挥其聪明才智，说明了道德是人们在各种伦理关系中表现出的道德品质。

在西方，"道德"和"伦理"是相关的，"道德"最初指社会风尚和个体的性格品质，后来被演化为规则、品质和善恶判断。"伦理"指品性、气秉、风俗和习惯。这意味着道德和伦理既可指个人，也可以指群体。柏拉图的《理想国》强调国家和社会的正义品性先于个人的正义品性。休谟和康德之后，对道德和伦理的含义的区别越来越明显，直到黑格尔，将"道德"和

---

① 班华. 德育目标应有的要求：民族精神与世界精神统一 [J]. 道德教育研究，2013（6）：54-58.
② 周晓宜. 积极德育理论的思维度分析及其启示 [J]. 北京青年政治学院学报，2013（2）：61-64.
③ 孔子. 论语 [M]. 北京：中国社会科学出版社，2003.

"伦理"这两个长期以来模糊的概念进行了清晰的厘定。黑格尔认为道德是主观意志的法，是内在法，具有自为的性质，道德的本质是精神；而伦理是主客观的结合，具有自在自为的性质。

现代社会对道德的界定有许多种，这是因为道德的层次具有丰富性，既有社会规范层次，又有美德层次，也有哲学角度的"人是人"的层次。现代社会，人们认为道德是由一定的社会经济关系决定的，通过社会舆论、传统习俗而形成人们的信念方式来维持，表现为善恶对立的心理意识、原则规范和行为活动的总和。① 作为一种意识形态，道德与宗教、法律、政治等意识形态相比具有自律性的特点。正如别尔嘉耶夫说："人悬于两极：既神又兽，既高贵又卑劣，既自由又受奴役，既向上超升又堕落沉沦，既弘扬至爱和牺牲，又彰显万般的残忍和无尽的自我中心主义。"② 马克思认为人是自然存在物，同时具有自然力、生命力以及具有能动性，人的身上具备力量、天赋、才能和欲望。所以，如果仅仅将道德理解为规范，就很难理解诸如仁爱、尊重、热爱、友善、利他等道德情感与道德行为，同时也弱化和忽视了人的道德情感和道德行为的自发性和自觉性，将道德定义为一种社会规范便窄化了道德的内涵。道德是人的实践活动的一个方面，道德行为和道德活动体现着人的主体性和主动性，在道德生活中，人们不仅是道德的接受者，同时也是道德的理解者、实施者和创造者。赵汀阳在《论可能生活》中指出道德表明的是生活本意的性质，道德是一个以存在论为基础的目的论概念，道是存在的有效方式，在人生问题上，道即人道，德是存在方式之目的性。③

于是，有人从利益关系的角度提出了道德是被主体自觉意识到的，在主体内化和外部原则、规范化的双重升华中，通过主体的良心自律和社会的导向作用所表现出来的一定时代的主体间的利益关系。④ 有人认为道德是基于人性完善和社会有序发展而凝结出的行为原则、规范以及与此相应的品行和情操，是规范、行为和品德的统一体。⑤ 可以看出将规范层次和美德层次整合在道德的概念中。有人提出道德不仅是调节社会关系的特殊手段，也是人实现自身统一、精神完善的特殊方式，使人不断形成和完善德性，从而获得自身存在的意义和价值。⑥ 这种视角也体现出将道德的规范和功利性以及道德的德性和超越

① 简明.伦理学词典［M］.兰州：甘肃人民出版社，1987.
② ［俄罗斯］别尔嘉耶夫.人的奴役与自由［M］.徐黎明译.贵州：贵州人民出版社，1994.
③ 赵汀阳.论可能生活［M］.北京：中国人民大学出版社，2011：16.
④ 杜振吉.近三十年来关于道德本质问题的研究综述［J］.道德与文明，2010（2）：135-141.
⑤ 王淑芹.美德与道德、德性之辨［N］.中国社会科学报，2016，10（18）.
⑥ 吕前昌.悖离与重建：走向生命关怀的道德教育［J］.理论月刊，2010（7）：87-90.

性有机结合起来。进而有人从哲学、规范、美德统合的角度提出道德是人的存在方式，不仅是人现实的存在方式，也是人超越的存在方式。① 本研究认为道德是人在社会实践过程中将社会规范内化为个体的人格特质和道德信仰，并自觉践行的实践智慧。

与道德相关的几个概念是道德品质、德性和美德。道德品质是个体在道德信仰支配下所表现出来的稳定的人格特质。德性是道德的主体化和人格化，分为社会成员要遵守的义务道德，即常德，和个体自由选择的愿望道德，即美德。有人认为美德即德性，本意是超越，其伦理意义是对道德的卓越追求。② 所以道德、道德品质、德性和美德既互相联系，又有所区分。本研究中涉及美德和道德品质的概念，认为美德是对道德的卓越追求，道德品质是追求美德所表现出来的人格特质，二者是抽象与具体的关系。

（二）道德教育

道德教育简称德育，顾明远提出"德育是形成受教育者一定思想品德的教育"。③ 檀传宝认为"德育是教育工作者组织适合德育对象品德成长的价值环境，促进他们在道德认知、情感和实践能力等方面不断建构和提升的教育活动，即促进个体道德自主建构的价值引导活动"。④ 从心理学的角度来看，德育是内在认识、情感和外在的行为等方面的统一体。⑤《中国大百科全书·教育卷》（1985）认为道德教育是"教育者按照一定社会或阶级的要求，有目的、有计划、有组织地对受教育者施加系统的影响，把一定的社会思想和道德转为为个体的思想意识和道德品质的教育"。⑥ 这一概念从转化的角度强调了道德活动的主动性和目的性。同样有人认为"德育是将一定社会或阶级的思想观点、政治准则、道德规范转化为个体思想品德的教育活动"。⑦ 有人更进一步从内化的角度认为"道德教育是教育者按照一定社会的要求，通过特定的教育活动，把特定的社会思想和道德规范内化为受教育者思想意识和道德品质的过程"。⑧ 这种内化的角度比转化的角度更进了一步，但是依然忽略了道

---

① 冯建军. 走向道德的生命教育［J］. 教育研究，2014（6）：33-40.
② 唐代兴. 道德与美德辨析［J］. 伦理学研究，2010（1）：6-12.
③ 顾明远. 教育大辞典［M］. 上海：上海教育出版社，1998：249.
④ 檀传宝. 德育原理［M］. 北京：北京师范大学出版社，2007：6.
⑤ 余光. 德育原理研究对象初探［J］. 华东师范大学学报（教育科学版），1987（4）：23-28.
⑥ 中国大百科全书出版社编辑部. 中国大百科全书·教育卷［M］. 北京：中国大百科全书出版社，1985.
⑦ 胡手棻. 德育原理［M］. 北京：北京师范大学出版社，1989：20.
⑧ 孙喜亭. 教育原理［M］. 北京：北京师范大学出版社，1993：290.

德主体的自主建构，从社会建构论的角度来说，人具有主动建构性，人可以在关系中主动建构自己的德性世界。也有人从道德教育过程的角度提出道德教育是教育者和受教育者在平等的交往中通过互动相互影响，使道德情感和道德行为得到提高的过程。① 综合以上这些概念，尤其从人的主动建构性和道德教育过程的角度出发，本研究认为，道德教育是教育者组织适合受教育者品德成长的价值环境，在教育者和受教育者交往中促进个体道德自主建构的价值引导互动。

（三）积极道德教育

积极道德教育是基于积极心理学的理论、研究和结论提出的德育理念，积极心理学的产生深受社会建构论的影响，强调人对世界的认识不是被动接受，而是在主客观的相互作用下，由主体主动建构的。② 所以基于道德教育的概念界定，以及积极心理学的视角和社会建构论的影响，本研究认为，积极道德教育是指教育者将积极道德教育目标下的道德教育内容、道德教育方法和受教育的成长过程有机结合，发展受教育者的道德品质，促使受教育者主动建构自己的德性世界，完善受教育者的道德社会化。

（四）积极道德教育目标

道德教育目标是对德育活动所要培养学生的思想品德所做的规定。③ 是教育者通过德育活动在促进受教育者品德形成发展上所要达到的要求或标准。④ 道德教育目标是一种预期的要求、设想或规定，是在道德实践中所要达成的价值追求。所以从这个角度来说，积极道德教育目标就是积极道德教育在道德实践中所要达到的价值追求。

（五）德育课程

德育课程的概念要基于课程的概念。课程既可以指一门学程，也可以指学校提供的所有学程。⑤ 课程的定义非常多，美国学者古德莱德按照课程在不同层次上产生的作用不同，把课程分为五种类型：理想的课程、正式的课程、领

---

① 檀传宝．学校道德教育原理 [M]．北京：教育科学出版社，2000：6．
② 杨莉萍．社会建构论思想与理论研究 [D]．南京：南京师范大学，2004．
③ 储培君．德育论 [M]．福州：福建教育出版社，1997．
④ 胡厚福．德育学原理 [M]．北京：北京师范大学出版社，1997．
⑤ 施良方．课程理论——课程的基础、原理与问题 [M]．北京：教育科学出版社，1996：3．

悟的课程、实行的课程以及经验的课程。① 廖哲勋对国内外关于课程的定义进行了总结和归纳，将其分为七种，分别是：课程是教育内容或教材；课程是所设计的活动计划；课程是预期的学习结果；课程是文化的再生产；课程是经验；课程是具体的课业；课程是进行社会改造的议事日程。国内对课程的定义分为六种：学科说，教学内容说，总和说（将学科说与教学内容说合而为一），教育内容说，经验说和计划说。② 这些关于课程的不同定义从不同的角度阐释了课程的某些方面和某种特点，分别反映了不同的课程研究的范式和视角。总体来说课程是学校教育系统的重要组成部分，是用以实现教育目标的主要媒介和手段，是在学校教育环境中，使学生获得促进其身心发展的教育性经验体系。

从课程的定义出发，可以对德育课程的概念进行界定。从课程开设目的角度来看，德育课程是对受教育者思想品德发展有影响作用的教育因素，是教育课程的有机组成部分。③ 从德育课程的内容来看，有人将德育课程定义为课程文本，也有人认为德育课程不仅是指德育课程的文本，而是在特定的道德场景中的生活事件、德育活动、道德规范等因素相互联结、相互影响、彼此沟通而呈现出的道德生活事件连续体。④ 从课程的形式来看，德育课程是道德教育内容与学习经验的组织形式。⑤ 可以说德育课程指教育者按照道德教育目标指导学生活动，有计划、有组织地编排道德教育内容和德育组织过程的总和。佘双好认为德育课程指的是学校作为一个整体提供给学生的思想道德方面的总和，是学校为实现德育目标，有组织、有计划地以各种方式使学生获得思想道德方面经验的教育内容和因素的总和。它包括了显性德育课程和隐性德育课程。⑥综合以上所述，本研究认为德育课程是学校开展的，依照道德教育目标，使学生获得道德经验的教育内容和因素的总和。

① J. I. Goodlad. Curriculum Inquiry：The Study of Curriculum Practice ［M］. New York：McGraw-Hill Book Company，1979：60-64.

② 廖哲勋，田慧生. 课程新论 ［M］. 北京：教育科学出版社，2003：31-36.

③ 班华. 现代德育论 ［M］. 合肥：安徽人民出版社，2001：157.

④ 王林义，龙宝兴. 重新认识德育课程 ［J］. 课程·教材·教法，2005（9）：62-65.

⑤ 檀传宝. 学校道德教育原理 ［M］. 北京：教育科学出版社，2000：116.

⑥ 佘双好. 现代德育课程论 ［M］. 北京：中国社会科学出版社，2003：26.

五、文献综述

（一）积极道德教育相关研究综述

1. 关于积极道德教育的研究综述

当前国内关于积极道德教育的研究还处在初期阶段，研究主要涉及几个方面：

（1）对积极道德教育目标的探讨。

孙伟认为积极道德教育是"对受教育者在德育方面所包含的潜在积极性为起点进行深刻认识，其道德能动性得到充分发挥，促进自我道德成长能力的全方位发展"。[①] 葛柏炎指出"积极德育是'育人为本'理念下指导的德育，是促进学生的品德天天有提高，提高自身的言行水平，使其生存在品德健康的状态"。[②] 周晓宜认为"积极道德教育是教育者遵循积极主动的干预原则，将德育目标指导下的德育内容与受教育者的成长过程有机契合，通过对受教育者自我道德成长能力的培养，加深并强化受教育者的积极德育情感体验，促使其道德社会化过程的完善"。[③] 周亚娟提出"积极道德教育的根本目标是培养道德品质，促进受教育者的良好品行的增长与发展，而不仅仅是消除或减少问题和不良品行，积极道德教育首先关注受教育者的优势，重点是培养美德，发掘潜能，通过发掘受教育者潜在的善良和美德，使受教育者在自我激励和自我发展的基础上形成良好的道德品行和积极的人生态度，获得幸福的能力"。[④]

（2）关于"消极"德育和"积极"德育的探讨。

苏奕提出所谓"消极"德育是类似于卢梭的自然主义德育观，指"道德教育者遵循自然生长的原则，在道德实践者有道德发展需求的时候，用自然而然的方式对学生实施的道德教育。一般情况下，在道德实践者有一定道德认知水平和道德判断能力时，应更多地采用消极德育"。而"积极"德育是指"道德教育者遵循主动干预的原则，在道德实践者尚未有道德发展需求的时候，用

① 孙伟. 积极德育价值取向初探——基于中学德育教师角度的思考 [D]. 北京：首都师范大学，2008.

② 葛柏炎. 构建积极德育体系 提高德育有效性 [J]. 江苏教育，2010：80-83.

③ 周晓宜. 积极德育理论的四维度分析及其启示 [J]. 北京青年政治学院学报，2013（2）：61-64.

④ 周亚娟，潘永惠. 积极心理学视域下的职业学校道德教育研究与实践 [J]. 江苏教育研究，2017（10）：3-6.

挖渠引水的方式对学生实施的道德教育。一般情况下，在道德实践者的道德认知水平不高或不足以判断道德是非时，应更多地采用积极德育"。① 但是值得思考的是，根据受教育者的道德认知和道德判断发展水平来确立采用"有为"还是"无为"的德育过于绝对化。有人提到"当前教育实践中的道德教育过多地关注于学生的问题方面，这种病理式的道德教育，使教育者更多地采用负面、病态等方式规划受教育者，对受教育者积极道德品质的形成起到妨碍作用"。② 这个论述符合积极心理学视角下对积极道德教育的理解。对积极道德教育阐述得比较清晰的是周围博士在其《积极道德教育——积极心理学视域中的道德教育》一书中对积极道德教育进行的研究，从积极道德教育的内涵特征、人性预设、根本目标、实现方式、内在机制、教育主体、教育关系、教育方法方面进行了系统研究，提出的消极德育不是卢梭的自然主义德育提出的"无为"，而是把以矫正"问题"作为德育理念和手段，认为积极心理学促进受教育者积极道德品质的培养，并在积极道德品质形成的过程中消除不良的道德品质，预防恶习的萌芽与产生。③

本研究认同诸多研究者提出的积极道德教育要培养受教育者的积极道德品质这一要点，但是对于要"消除不良的道德品质，预防恶习的萌芽与产生"这一点有不同的理解，这个视角依然停留在"消极"和"积极"对立的层面，"预防恶习"的视角回到以往"预防""防止"和"消除"问题的"消极"德育模式下，哪怕手段和方法是通过培养积极道德品质，但是从理念上依然没有跨出以往二元对立的模式。从社会建构论的角度来看，"消极""不良"和"积极"都是人建构出来的，关于"消极"和"积极"的关系需要作出深入探讨。

2. 与积极道德教育相关的研究综述

目前，积极道德教育相关的研究主要是积极心理学研究成果在道德教育中的应用。拉尔森关于积极青少年发展的研究强调了利用学校的结构性活动和非结构性活动，通过激发学生的内在学习动机来发展学生的主动性和创造力。④

① 苏奕. 从未成年人道德教育角度看积极德育与消极德育 [J]. 思想理论教育，2004（10）：47-50.

② 范丹，董海霞. 积极德育研究的基本现状与发展趋势 [J]. 商丘师范学院学报，2015（5）：129-132.

③ 周围. 积极道德教育——积极心理学视域中的道德教育 [M]. 北京：中国文史出版社，2014：14.

④ Larson Reed W. Toward a Psychology of Positive Youth Development [J]. American Psychologist，2000（1）：170-183.

戴西和瑞安提出的自我决定理论系统分析了个体的非动机状态、外在动机状态和内部动机状态，为积极的自我预防提供了理论基础。① 崔丽娟、张高产在研究积极心理学时提到积极心理学理论应该扩展到学校教育、家庭教养、人力资源开发等实践性较强的领域。陈海贤等人提出积极心理学以人的幸福促进、价值实现、人际和谐与潜能开发为目标，将其应用到思政教育中，从开展幸福教育、优势美德培养、积极社会心态培育、积极心理资源开发、人生意义教育这些方面和思政教育融合促进思政教育的发展。② 邓金云等人借鉴积极心理学对于积极情绪体验和积极组织系统的研究，提出在中学思想政治教育课程的开展过程中，要从课堂教学的情感、态度、价值观方面提高教学目标。③ 程玲从学生、教师、教学、课堂环境的角度提出在思想品德课堂教学中引入积极心理学理论的有效途径。④

综上所述，积极道德教育研究处在初期阶段，在对文献进行梳理之后，发现有三点需要引起思考，第一，以往研究对积极道德教育的内涵有不同的理解，本研究对以往研究者谈及的"消极"与"积极"的关系有不同理解，对这一问题的探讨和厘清对于丰富积极道德教育的内涵，以及如何实现积极道德教育目标具有指导意义。第二，关于积极道德教育的实证研究极为缺乏，以往研究都是从理论上对积极道德教育目标进行阐释，但是尚缺少从实证研究的角度对积极道德教育目标进行深入探索，没有回答积极道德教育具体要培养学生哪些积极道德品质这一关键问题。第三，以往研究未从德育课程的角度探索积极道德教育目标的实现方式和路径。

（二）德育课程相关研究综述

1. 对德育课程改革的反思的研究

陈光全和杜时忠回顾了德育课程改革的历程，分析了德育改革取得的成就，包括建构了生活化德育的基本理论，认为德育课改推动了德育教师的专业化发展，促进了学生学习方式的转变；德育教材开发进入新时代；学校整体德育面貌得到了较大的改革。同时也讨论了德育课程改革中教学目标虚化、教学

---

① Ryan. Richard M. Self-Determination Theory and the Facilitation of Intrinsic Motivation, Social Development, and the Well-being [J]. American psychologist, 2000 (1)：68-78.

② 陈海贤，张帆，梁社红等. 积极心理学在思政教育中的应用研究 [J]. 兰州教育学院学报，2014 (9)：59-61.

③ 邓金云，杨晓红. 积极心理学在中学思想政治教育中的应用 [J]. 社会心理科学，2015 (12)：16-19.

④ 程玲. 论积极心理学在初中思想品德教学中的运用 [D]. 重庆：重庆师范大学，2015.

设计偏颇、教材使用迷失以及忽视农村学生生活等问题，提出未来德育课程改革要坚持生活德育理论，提升德育课程的教学品质和研究品质，加强德育课程资源建设。① 韩华球从文化以及价值观的角度，分析了德育课程目标要体现民族精神；德育教材内容应反映传统文化的"仁义礼智信"的核心价值观，并与西方文化的核心价值相契合；德育课程实施过程中应超越"灌输"和"启发"的二元对立思维方式，建立"德育大课程观"。② 钟晓琳和朱小蔓对义务教育品德课程改革进行了反思，认为"回归生活"的德育要以主体性的道德知识的获得为根本；个体生活体验是个体道德成长的基础，德育过程要关注和引导个体生活经验不断的丰富，并提出了在个体生活经验的带入下可以获得道德知识，而个体生活经验的扩展需要道德价值的引导。③ 朱小蔓提出学校道德教育要抓住课程改革的机遇，强调道德教育要重视双向沟通、对话、伦理和代际交往，培育和发展人的情感。④ 李敏和朱小蔓认为德育理念新课改推动了初中思想品德课程的发展和完善，课程标准强化了师生的主体性，坚持学生的发展，重视德育衔接，确立情感体验在思想品德课中的地位，加强公民教育。⑤

2. 德育课程基本问题的研究

（1）德育课程理念。

刘黔敏在其博士学位论文中从德育学科课程理念到教科书，再到德育课程的运行，以及新课改背景下德育课程面临的挑战，对德育学科课程进行了全面的研究。⑥ 鲁洁提出基础教育课程改革中设立的《品德与生活》和《品德与社会》两门德育课程的根本目的是引导人们建构有道德的生活，德育课程不是传授知识的课程，而是反思经验的课程，要在师生、生生间的交往互动以及学生与教材等的对话中反思自我经验。⑦ 朱小蔓对中学德育课程标准进行了研究，提出中学德育课程以育人为本、坚持以核心价值观作为引导、以生活为基础整合课程内容，使学生的知识、能力、情感态度价值观相统一。⑧ 邓达从知

① 陈光全，杜时忠. 德育课程改革十年：反思与前瞻 [J]. 课程·教材·教法，2012（5）：83-90.
② 韩华球. 文化视域下我国德育课程改革反思 [J]. 教育学报，2014（2）：65-69.
③ 钟晓琳，朱小蔓. 再论德育中的"知识"与"生活"——基于义务教育品德课程改革的反思 [J]. 课程·教材·教法，2014（6）：39-44.
④ 朱小蔓，其东. 面对挑战：学校道德教育的调整与革新 [J]. 教育研究，2005（3）：3-12.
⑤ 李敏，朱小蔓. 德育进步与教育改革引领下的初中思想品德课程发展 [J]. 当代教育科学，2011（22）：13-16.
⑥ 刘黔敏. 德育学科课程：从理念到运行 [D]. 南京：南京师范大学，2005.
⑦ 鲁洁. 德育课程的生活论转向——小学德育课程在观念上的变革 [J]. 华东师范大学学报（教育科学版），2005（3）：9-16.
⑧ 朱小蔓. 当前中国中学道德教育课程标准及其创新方式 [J]. 全球教育展望，2004（4）：26-31.

识论的角度审视生活德育课程原型，提出生活德育课程原型从关照生活世界的人出发，通过个体道德叙事使个体产生对生活的道德觉解，促进个体道德知识的解放。①

（2）德育课程的特点。

檀传宝认为，学校德育课程目标在于确立价值观、改变态度、形成正确的道德信念和行为；德育课程的实施过程中要了解和尊重学生的主体；德育课程教学内容安排方面要注重活动课程、隐性课程在德育课程体系中的重要作用，以及德育课程教育活动方面缺少有效的讨论等特点。② 严仲连认为，学校德育课程具有特殊性，德育目标强调对多元价值的理解和尊重；课程内容上要结合儿童的现实生活和道德理想；在课程实施上要采用直接德育和间接德育的方法；在课程评价上要复杂与不确定并存。③

（3）德育课程分类。

魏贤超从人的全面发展的角度提出了"全息整体德育课程体系"，认为"全息整体德育课程体系"包括两类正规的显性德育课程和六类非正规的隐性德育课程。其中两类正规的显性德育课程为：作为全息整体德育课程体系之基础部分的认识性德育之显性部分；作为全息整体德育课程体系之主要组成部分的活动性德育课程之显性部分。六种隐性德育课程是：认识性德育课程的隐性育德因素，非德育认识性课程的隐性育德因素，活动性德育课程的隐性育德因素，非德育活动的隐性育德因素，体制的育德因素，气氛的育德因素。④ 佘双好将德育课程分为显性德育课程和隐性德育课程。显性德育课程分为学科德育课程、互动德育课程，学科德育课程又分为直接学科德育课程、间接学科德育课程，活动德育课程也分为直接德育课程和间接德育课程。隐性课程有显性课程中的隐性课程、学校环境中的隐性课程，以及学校文化中的隐性课程。⑤

3. 德育课程内容的研究

（1）德育教材内容特点。

教材是德育价值的直接体验，也是实现德育目标的主要方式，课程的本质、内容的设计和编排对于德育目标的实现起着重要的作用。鲁洁认为文本要

---

① 邓达. 生活德育课程原型：个体道德知识的生成与解放 [J]. 西南大学学报（社会科学版），2011（5）：133-137.

② 檀传宝. 学校道德教育原理 [M]. 北京：教育科学出版社，1999：118-119.

③ 严仲连. 德育课程及其特质 [J]. 湖南师范大学教育科学学报，2004（3）：25-28.

④ 魏贤超. 德育课程论 [M]. 哈尔滨：黑龙江教育出版社，2004：207.

⑤ 佘双好. 现代德育课程研究 [D]. 武汉：武汉大学，2002.

与读者进行对话，使"教材中的儿童"和"教室中的儿童"形成一种"我——你"之间的对话关系。① 解读与文本的对话是双向的，在这种双向互动的过程中，学习者得以超越自身经验的限制而发展。刘阅等人的研究认为，新课程实施以来德育课程内容发生了较大的变化，在德育课程内容的价值取向上关注个体发展，内容取向人本化；在德育课程内容的编排方式上，淡化了学科逻辑，注重内容编排的生活化；在德育课程内容的承载形式上，注重内容呈现方式多样化。② 孙彩平和赵伟黎采用话语分析的方法，分析了小学德育课程教材中的相关内容以及教学设计思路，提出以儿童现实生活事件为素材的生活化德育取得了较大的进步，但是依然存在着伦理立场唯"我"无"他"，生活思路的技术化和道德逻辑的功利化的问题。③ 郑经斌和王立仁对德育课程的内容进行了调查研究，发现德育课程内容改革中存在活动性内容设置过多、课程内容水平过低、内容设置逻辑系统性不足等问题，强调要吸纳各层次人员参与，完善德育课程教材体系。④ 孙彩平对1981年以来的6套小学德育教材进行了分析，提出小学德育教材中儿童的境遇发生了巨大的转变，从德育内涵即过好自己的生活，德育过程即学过自己的生活，教材设计即关注儿童现实生活问题的解决。⑤ 胡金木对近30年来的小学德育教材进行了文本分析，提出小学德育课程在价值导向上摆脱了政治化色彩，从关注个体政治品质，到引导学生过有道德的生活；课程类型上从知识化课程到关注学生情感体验的活动课；在内容素材的选择上，从英雄事迹到儿童之家的生活事件；语言呈现方式上表现出儿童化、形象化的生活语言。⑥

吴煜姗和高德胜对2016年秋季实行的统编小学《道德与法治》教材进行了分析，发现该教材体现了关注热爱的双重含义，理解和接纳儿童的负性行为，体现出见真、见善、见美的教育思想。⑦ 梁发祥研究了人教版初中《思想

---

① 鲁洁. 德育课程的生活论转向——小学德育课程在观念上的变革 [J]. 华东师范大学学报（教育科学版），2005（3）：9-16.

② 刘阅，张富国，郑经斌. 我国先行德育课程评价 [J]. 东北师大学报（哲学社会科学版），2014（3）：264-266.

③ 孙彩平，赵伟黎. 在"过好自己的生活"之后——深化小学德育课程与教材改革的新思路 [J]. 华东师范大学学报（教育科学版），2016（1）：24-30.

④ 郑经斌，王立仁. 德育课程内容改革误区及匡正 [J]. 中国教育学刊，2013（12）：86-89.

⑤ 孙彩平. 小学德育教材中儿童德育境遇的转变及其伦理困境 [J]. 华中师范大学学报（人文社会科学版），2016（3）：162-170.

⑥ 胡金木. 变革中的小学德育课程的文本分析 [J]. 教育研究与实验，2010（2）：51-56.

⑦ 吴煜姗，高德胜. 见真，见善，见美——谈统编小学《道德与法治》教材中所蕴含的教育思想 [J]. 中小学德育，2017（8）：5-7.

品德》教材人物选取的"去农化"倾向，提出这种倾向对学生的发展会产生负面影响，不利于学生的道德人格发展，应该加强教材的理论研究和完善教材内容的选取。① 申卫革通过对小学德育课程结构、课程标准、德育教材和德育课程实践进行分析，反思了德育政策的去成人化的重大转向。②

（2）德育教材内容衔接。

朱小蔓和王慧从课程目的、培养目标、课程性质、设计思路、课程内容的选择与编排的角度分析了当前德育课程衔接状况，提出从连续与相对独立、分化与综合、循序渐进和螺旋往复这几个角度，以更宽阔的课程观视角思考德育课程衔接问题。③ 王鲁宁、张金宝和陈文玲从方法论的角度对制定德育衔接方法的理论依据进行了相关研究，从德育衔接方法与德育衔接方法论的区别与联系、德育衔接方法的实质内涵及构成要素、德育衔接方法的内在结构几个角度对德育衔接的方法论问题作出了探讨。④

（3）德育教材内容构成。

高德胜依据依法治国的大背景，提出法律教育是德育课程的有机构成，应在德育课程的框架内加强法律教育。⑤ 沈贵鹏提出要采用德育的"视野"和"思想方法"，运用心理学的原理、方法和技术从而形成一门独特新颖、富有实效的课程体系。⑥ 班华提出心理品质与道德品质具有内在联系，一些品质既具有心理性，又具有道德性，既是心理品质，又是道德品质，从心理——道德教育的角度指导新课改初中思想品德教材。⑦ 詹建华提出要根据初中生的心理特点，从营造氛围、寻找结合点和适当移植三个方面探讨了初中思想品德教学如何渗透心理健康教育。⑧ 阎乃胜提出要将人权教育融入中学德育课程之中，回归学生生活，培养学生自由、平等的人权观，促进中学生健康成长。⑨

---

① 梁发祥. 人教版初中《思想品德》教材人物选取的"去农化"倾向及矫正［J］. 内蒙古师范大学学报（教科版），2008（12）：107-109.

② 申卫革. 我国德育政策的去成人化转向——基于小学德育课程的分析［J］. 教育科学，2012（1）：17-21.

③ 朱小蔓，王慧. 关于大中小德育课程衔接的思考［J］. 课程·教材·教法，2014（1）：44-49.

④ 王鲁宁，张金宝，陈文玲. 关于青少年学校道德教育衔接问题的方法论探讨［J］. 阿坝师范高等专科学校学报，2009（4）：111-115.

⑤ 高德胜. 法律教育与德育课程［J］. 课程·教材·教法，2016（2）：68-73.

⑥ 沈贵鹏. 对初中《思想政治》的课程论思考——兼谈心理教育课程设计［J］. 课程·教材·教法，1999（10）：18-21.

⑦ 班华. 对"心理——道德教育"的探索——兼论中国自己的心理教育之道［J］. 教育科学研究，2010（1）：25-33.

⑧ 詹建华. 初中思想品德课渗透心理健康教育探微［J］. 中小学心理健康教育，2009（8）：13-15.

⑨ 阎乃胜. 将人权教育融入中学德育课程之中［J］. 教育科学研究，2009（9）：73-75.

4. 德育课程实施的研究

在学校德育课程实施的研究方面，诸多研究者探讨了德育课程有效实施的教学方法。黄建忠从合作学习的角度探讨了从更新教学理念、课前准备、积极调控这几个方面如何提高思品课合作学习的有效性。① 严卫林从主题式案例教学的角度探讨了思品课中如何有效使用主题式案例教学法。许贵珍从德育实践课程的角度探讨了德育实践课程的内涵、开发价值、实施策略以及支持系统。② 鞠文灿从活动课程的角度研究了"模拟听证"法在德育课程中的教育价值。③ 李才俊基于地域文化对体验式的德育课程目标、课程内容和实施路径进行了设计，强调依托地方文化资源，通过体验式德育课程，引导学生感悟，诱发学生道德情感。④ 管云峰研究了思想政治课课堂提问的有效性。⑤ 此外，王嘉毅等人研究了西北地区思想品德课程实施的现状，从教师素质、课程领导、学校德育环境、课程文本、课程评价、教师发展、课程资源的角度分析了制约思想品德课程实施的因素，并提出相应的策略。⑥

六、隐性课程的研究

李克对高校隐性德育课程的目标指向进行了分析，认为隐性课程与正式德育课程的互补，其目标是发展情感态度价值观、信仰等深层次的心理与精神要素，隐性德育课程能够破解长期困扰学校德育的实效性等问题。⑦ 此外李克从隐性课程的角度对隐性德育课程的校本化进行了研究，提出从以学校为基础、以学生为本、在学校中的角度来思考，落实隐性德育课程的目标、内容和实效。

班华在《隐性课程与个性品德形成》一文中提出："隐性课程是课内外间接的、内隐的，通过受教育者无意识的、非特定心理反应发生作用的教育影响

① 黄建忠.思想品德课合作学习有效性探究［J］.思想政治课教学，2013（12）：26-28.
② 许贵珍.思想品德实践课程建设［J］.思想政治课教学，2015（10）：11-14.
③ 鞠文灿."模拟听证"在德育课程中的教育价值［J］.课程·教材·教法，2010（8）：70-73.
④ 李才俊.基于地域文化的体验式德育课程设计初探——"文化生活"综合实践活动课程的新视角［J］.课程·教材·教法，2010（7）：61-66.
⑤ 管云峰.浅论思想政治课课堂提问的有效性［J］.思想政治课研究，2009（5）：26-29.
⑥ 王嘉毅，李海月，曾云.西北地区思想拼的课程实施现状的调查研究［J］.课程·教材·教法，2013（7）：46-53.
⑦ 李克.高校隐形德育课程的目标指向分析［J］.广西民族大学学报（哲学社会科学版），2015（6）：185-188.

因素。对人的个性品质，包括思想道德品质的形成具有重要影响。"① 鲁洁认为"隐性课程对学生品德的形成和发展具有陶冶作用、导向和激励作用、规范作用"。② "道德应该在师生间、生生间的交往，与教材的对话，自我经验的反思中习得。"③ 金生鈜认为学生道德学习受多种媒介影响，这些媒介包括：各种知识内容，教师的解释，学生的理解，学生参与活动的意义，教师的整体人格，其他学生的整体人格，自我，环境氛围，班集体的氛围，交往的情境方式，学校的精神气质、道德风尚，学校的日常意识，处理道德问题的方式等。④ 朱小蔓从课程内容、教学方法、师生交往等角度分析了课程教学中可能蕴含的道德教育资源及其表达方式，唤起师生对课程价值的敏感和敬仰，激发教与学的兴趣及情感投入，挖掘、诠释课程中的道德教育价值，实现道德教育目的。⑤ 里克纳认为课程的道德教育价值不仅仅在于课程内容本身对学生的道德影响，而且教学过程中的各种因素如师生的人际关系、教师的观点态度等也在影响着学生。⑥

在诸多关于隐性课程的研究里，师生关系是对学生道德发展影响比较大的方面。师生关系的建立表现在师生交往和师生互动过程中。课程教学是学校的主要工作，学生的学校生活主要发生在课堂上，是在课程学习过程中度过的。教师与学生的交往与接触，教师对学生产生的影响主要是在课程教学中发生的，学生所感受、体验到的气氛与环境影响，以及同伴之间的相处也主要发生在课程学习过程中。师生关系是师生在教育教学活动中，在相互态度、认知和情感基础上，通过各种形式、性质和程度的相互作用而形成的多结构、多类型的稳定的人际关系体系。陈桂生认为师生之间实际上存在呈重关系，即社会关系、教学工作关系及自然的人际关系。这些人际关系或社会关系都是以一定教育结构为背景的，师生关系实际上是一种由教和学的活动联结起来的工作关系。⑦ 以往的研究从三个方面探讨师生关系：

第一个方面是师生关系的特点。Pianta 等人的研究指出小学低年级学生的

---

① 班华. 隐性课程与个性品德形成 [J]. 教育研究, 1989 (12)：19-24.

② 鲁洁. 德育社会学 [M]. 福州：福建教育出版社. 1998.

③ 鲁洁. 德育课程的生活论转向——小学德育课程在观念上的变革 [J]. 华东师范大学学报（教育科学版），2005 (3)：9-16.

④ 金生鈜. 全国中小学德育论坛 [C]. 2005：54.

⑤ 朱小蔓. 课程改革中的道德教育和价值观教育 [J]. 全球教育展望, 2002 (12)：3-7.

⑥ 托马斯·里克纳. 美式课堂：品质教育学校方略 [M]. 海口：海南出版社, 2001：152.

⑦ 刘建华. 师生交往论——交往视野中的现代师生关系研究 [M]. 北京：北京师范大学出版社, 2011.

师生关系结构具有三个维度：冲突性、亲密性和过度依赖性，不同年级、种族和经济地位的学生与教师的关系都表现出这三个方面的特征。①② 王耘的研究指出，小学三到六年级学生的师生关系具有三个维度：冲突性、亲密性和反应性，并且师生关系可以划分为三种类型：冷漠型、冲突型和亲密型。③ 张勉从教师对学生的态度、师生关系的亲密程度和信任程度等方面，探讨了中小学师生关系的特点。④ 将中学生的师生关系聚类为矛盾冲突型、亲密和谐型、疏远平淡型三种类型。矛盾冲突型的学生与教师交往具有较多的冲突和回避，与教师之间的依恋和亲密感也比较低。同时，矛盾冲突型和疏远平淡型师生关系的学生比例占65.2%。⑤ 从以上研究可以看到师生冲突是师生关系的重要方面，这提醒研究者在涉及师生关系的研究时要考虑对师生冲突的研究。

第二个方面是师生关系对学生道德发展的影响。良好的师生关系是促进学生发展和减少学生问题行为的关键因素，它有利于学生思想品德的养成、学业的提高、智能的培养以及身心的全面发展。而中学生的五类压力中，学习压力和师生关系的压力分别位居前两位，而且有五分之一的学生觉得师生关系紧张。⑥ 较之小学生，中学生报告的师生关系质量明显下降，中学教师更少支持、关心他们，态度更不友好。⑦ 也有研究发现影响师生关系的质量有五个要素：学生与教师彼此的理解、学生的解释风格、学生和老师彼此的接纳和相互尊重、彼此之间互惠关系的体验，以及这种关系可以持续的时间。⑧ 不良的师生关系，比如师生冲突可能使儿童产生孤独感和对学校的负面情绪，疏离师生的关系，使学生表现出退缩、攻击等行为。

可见师生冲突也是师生关系中影响力最大的因素。师生冲突的相关研究涉及师生冲突的原因等因素，如认为教师职业压力大，对某些问题学生有偏见，

---

① Pianta R C, Steinberg M, Rollins K. The First Two Years of School: Teacher-child Relationships and Deflections in Children's Classroom Adjustment [J]. Development and Psychopathology, 1995 (2): 295-312.

② Pianta R C. Adult-child Relationship Processes and Early Schooling [J]. Early Education and Development, 1997 (1): 11-26.

③ 王耘, 王晓华, 张红川. 3-6年级小学生师生关系：结构、类型及其发展 [J]. 心理发展与教育, 2001 (3): 16-21.

④ 张勉. 中小学师生关系的调查研究 [J]. 心理发展与教育, 1993 (4): 53-58.

⑤ 姚计海, 唐丹. 中学生师生关系的结构、类型及其发展特点 [J]. 心理与行为研究, 2005 (4): 275-280.

⑥ 邹泓, 屈智勇, 叶苑. 中小学生的师生关系与其学校适应 [J]. 心理发展与教育, 2007 (4): 77-82.

⑦ Heather A. Davis. Exploring the Contexts of Relationship Quality between Middle School Student and Teacher [J]. The Elementary School Journal, 2006 (3): 193-223.

⑧ 陶新华. 教育中的积极心理学 [M]. 上海：华东师范大学出版社, 2017: 46.

缺乏正确的学生观是导致冲突产生的主要原因。① 学生的不满情绪是冲突产生的直接诱因。学生不满情绪的压抑与累积是恶性冲突产生的直接原因。②

第三个方面是师生关系的动态反映，即师生互动。佐斌对课堂情境中师生互动的特点和主要影响因素进行了微观研究，认为影响师生互动的因素有：师生的认知特征、人格特征、班级心理气氛和校风、教学科目，社会文化，等等。③

总体来说，师生关系、师生互动、师生冲突是相互联系的。在教育学领域的研究者主要从师生关系角度来解释和理解师生互动。师生关系与师生互动相比较而言，师生关系更注重静态的描述和理论思辨，而师生互动则更注重动态的研究和实证分析。师生互动是师生关系的一种动态反映，是一种连续的并且不断变化的状态。总体而言，师生关系与师生互动相互影响。师生关系的建立、发展以及变化是在师生互动的过程中实现的，师生关系是师生互动的前提，同时也是师生互动的结果。有研究者从哲学认识论出发，认为师生在教学过程中是一种主客体的关系，分别提出教师主体说、学生主体说、师生双主体说以及主导主体说。此外，师生冲突也与师生互动密不可分。美国芝加哥学派的帕克等人主张把互动分为四个过程，即竞争、冲突、顺应与同化，认为冲突是互动过程中的一种类型，当双方认识或利益不一致时可能会导致冲突的产生。大部分研究者认同师生冲突是师生互动的一种形态，是"一种可能存在状态"。④ 所以本研究将师生关系作为德育课堂教学中的重要方面，将师生互动和师生冲突作为师生关系的动态方面，同时将师生冲突作为师生互动的一种形态来考虑。

综上所述，德育课程的研究涉及的面比较广，通过对德育课程改革反思的研究、学校德育课程基本问题的研究、课程内容的研究、课程实施的研究、隐性课程研究的综述可以看到当前德育课程研究的几个要点：继续坚持德育课程生活化理论；关注德育课程内容的衔接性；强调隐性课程在道德教育中的重要作用，尤其是师生关系、师生互动和师生冲突对学生道德品质发展的重要影响力。但是德育课程方面关于师生关系的研究相对较少，特别是德育课程的课堂师生互动和课堂师生冲突的研究更是少之又少。⑤ 那么在积极道德教育这样一

---

① 王后雄. 课堂中师生冲突心理因素分析及应对策略 [J]. 教育科学，2008（1）：45-50.

② 汪昌华. 小学课堂师生冲突产生的过程与机制 [J]. 中国教育学刊，2014（12）：67-72.

③ 佐斌. 师生互动论：课堂情境中师生互动的心理学研究 [M]. 武汉：华中师范大学出版社，2002：47.

④ 白明亮. 批评与反思师生冲突的社会学分析 [J]. 南京师大学报（社会科学报），2001（3）：85-89.

⑤ 李克. 基于校本视角下的高校隐形德育课程的思考和分析 [J]. 学术论坛，2016（9）：172-176.

个新的德育理念下，目前德育课程的相关研究必然是缺失的。从积极道德教育的角度去探索德育课程内容和德育课程课堂教学中的师生互动和师生冲突有其必要性和必然性。在这里要强调的是，从积极道德教育的角度探讨德育课程相关问题与当前德育课程生活化理论并不矛盾和冲突，积极道德教育是从积极的角度对德育理念作出创新，从某种程度上来说，对德育课程生活化理论起到补充的作用。

七、理论基础

（一）社会建构论

社会建构论的英文是 Social Constructionism，于 1966 年产生于知识社会学，从早期的知识论和认识论发展到后来的本体论和方法论以及人性论。社会建构论认为知识既不是来自客观世界，也不是来自于主观世界，而是来自于社会共同体的建构。伯格和乐格曼于 1996 年出版的《社会实体的建构》一书被认为是社会建构论的经典之作，在这本书中伯格和乐格曼夫妇基于反本质主义和反实在论的立场提出了"现实是社会的建构"这一命题，认为"社会是客观的现实"以及"社会是主观的现实"这两个论点看似矛盾，但实则是矛盾统一的，伯格认为"社会现实"是主客观融合为一的世界。社会建构的过程首先是人主观的意义客观化的过程，同时也是社会现实内化为主体内在的过程。这个过程是在"互动"中实现的，在互动中，尤其是在面对面的互动和言语互动中实现着客观化和内化，所以社会现实的建构是在多种因素的交互作用过程中不断滚动式发展的。

肯尼斯·格根（K. J. Gergen）站在后现代的立场，针对实证主义的心理学研究范式，对科学主义心理学的预设和危机进行了全面批判，从后现代的角度对关于"人""心理"还有"知识"等相关概念进行了重构，打破了现代心理学的主客思维和二元对立。他不仅认为知识是作为共同体的建构，更进一步强调关系的重要作用。"让我们放弃将知识作为个体拥有的与现实之间存在某种特权关系的心理状态的假定，转而将我们认同的知识视为某种关系过程的产物。通过联合行动，人们创造了一个真实的世界。"[①]

社会建构论是建构主义诸多理论中的一种。从认识论——本体论的角度，

---

① ［美］肯尼斯·J. 格根. 关系型存在：超越自我与共同体［M］. 杨莉萍译. 上海：上海教育出版社，2017：216.

建构主义被划分为"温和"和"激进"的建构主义。"温和"的建构主义仅从认识论的角度提出人们对世界的认识不是被动的反映或者接受，而是在主客观的相互作用下，由主体主动建构的。而"激进"的建构主义从后现代的立场出发，认为不仅知识是建构的，"现实"也是被建构的，具有对现代文化强烈的批判意识。社会建构论属于"激进"的建构主义。社会建构论内部也分为三种形态：以格根为代表的后现代社会建构论，强调意识和心理是一种社会建构，主要研究自我的社会建构；以英国心理学家赫尔为代表的实在论的社会建构论，强调语言在社会建构中的作用，主张通过话语分析，揭示人是如何被社会建构的；以肖特为代表的修辞——反应社会建构论，强调语言的修辞和反应特性。这三种社会建构论都有后现代主义倾向。

社会建构论观点众多，但是社会建构论者持有共同的信念：对人们认为理所当然的知识持批判的态度；认为人们理解世界的方式和使用的概念都有历史、文化的特性，精神实在是一种历史文化的建构，心理现象并不存在于人内部，而是人际互动的结果，是社会建构的产物。知识产生与社会互动，是在交往中创造的，是根植于历史和文化的人们交流、对话的结果，即知识是一种社会建构，"人类并不是发现（find）这个世界，而是通过语言创造（make）了它。"①知识的学习是一个积极主动建构的过程，而不是被动反映的过程，人际互动和共同协商决定了知识。社会建构论强调社会建构是受到语言这种符号系统影响的，并且是通过语言来实现的。社会建构论强调人类对世界的认知和解释，知识的获取、自我都是人类建构的。社会建构论代表的核心词汇"建构""关系""言语"对积极道德教育的启发有几点：

第一，从积极道德教育价值追求的角度，认为"积极"和"消极"是建构的，正如格根批判的以往关注个体的问题、缺陷和无能的病理性特点是被人们建构的，那么从道德教育的角度来说，所谓"道德问题""道德败坏""品质差""无可救药""坏孩子"等说法也是被建构的。格根在阐述人的自我是社会建构的这一观点时，举了一个"道德败坏的罗伯特"的例子。

罗伯特是个12岁少年，在商店偷东西被当场抓住，他的父母搜了他的房间，发现了他以前偷东西的证据。在和罗伯特谈话以后，父母发现儿子毫无悔意，他唯一关心的是他会为偷东西付出什么代价。父母非常气愤，从而认为"罗伯特是一个道德败坏的儿子"。罗伯特

---

① 赵万里. 科学的社会建构 [M]. 天津：天津人民出版社，2002：29.

的父母对牧师、自己的朋友还有法律顾问等人说了这件事，大家都认为罗伯特道德较低，应该对他加强道德教育。"罗伯特道德败坏"被认为是"客观事实"。但是"事实有可能不是这样"。如果牧师、朋友和顾问的说法是下面这种，罗伯特的父母的反映可能就会不同。

牧师："罗伯特本质上还是个好孩子，但是你们作为父母太忙于事业，他被严重忽视了，他内心感到缺少爱，所以心里有怨恨，他是在用这样的方式发泄他的怨恨。"

朋友："你们俩经常吵架，已经吵了两年了，罗伯特是个好孩子，但是他在家里感受到紧张的气氛，他在用这种方式寻求关注和帮助。"

朋友："罗伯特的朋友们想要什么就有什么，罗伯特比不上他的朋友，他心里很难过，他用这种方式得到他想的，使自己在朋友眼里还不错。"

顾问："12岁的孩子正处在比较困惑的成长阶段，他用各种方式在探索世界，了解自己是怎样的人，周围的环境是怎样的，这些很正常，他只是在考验和探索自己，你不用紧张，这是一个过渡阶段。"

经过这样的讨论，罗伯特的父母未必还认为罗伯特"道德败坏"是一个客观事实了。人是被社会建构的，同样人的自我也是被社会成就的。一旦对"罗伯特道德败坏"达成共识，就为罗伯特贴上了"道德败坏"的标签，从罗森塔尔的预言的自我实现的理论来说，罗伯特以后真的极有可能会破罐子破摔，成为一个道德败坏的人。就像肖特说的："我们把自己困在了自己制造的囹圄中，我们先是人为地制造了'问题'，然后更糟糕的是我们试图解决掉我们自己制造的这些'问题'，但事实上，如果我们把人当人看，而不是物化对方的时候，这样的问题根本就不存在。"

第二，从积极道德生成的角度，道德是人类在交往互动、关系中建构的。在道德构建的过程中要重视关系的建立，包括亲子关系、师生关系、生生关系等。道德的培养不是通过对不良行为的矫治、打压、压制、惩罚才能生成。"正是这种铲除邪恶的冲动使我们倾向于将原本可能只是'不良的善行'（evil virtue）视为'有道的邪恶'（virtues evil），借'除恶'之名严厉打击，而这些行为在另一些人看来可能纯粹是'善行'。"① 积极道德教育要注重积极关系的建立。

① ［美］肯尼斯·J. 格根. 关系型存在：超越自我与共同体［M］. 杨莉萍译. 上海：上海教育出版社，2017：316.

第三，从关系互动的角度，以有效的言语化的方式建立关系。道德能够被建构的原因在于进入哲学实践层面的"话语"能够建构出各种心理现实，道德教育的过程是教育者通过语言影响受教育者的道德塑造。这就意味着积极道德教育可以通过对话来建构积极的关系，进而实现受教育者的道德社会化良性发展。以往道德教育中使用批评、指责、命令的语言暗含着要消除"问题"的隐喻，也暗含着认为人是有"问题"的隐喻。伯姆在《论对话》一书中提出："我们传统的做法是先确定一个意欲解决的问题，然后通过系统的方法来找出解决方案。但是，一旦涉及事物之间发生相互关系和相互作用的范畴时，无论这种关系和作用是内部性的或外部性的，这种提出'问题'以待解决的做法就会造成根本性的矛盾。"① 积极道德教育要从积极的视角探寻积极、有效的言语的使用，来建立积极的关系。

所以，积极道德教育是一种基于积极的人性预设的建构，道德教育目标同样是在积极的视角下建构的，道德教育目标是人与人，教育者与受教育者在互动、交往的过程中，通过建构积极的关系实现的。积极道德教育目标的实现需要学校内外的整个社会的配合与协助。②

（二）积极心理学理论

1998 年，马丁·塞利格曼作为美国心理学会主席，在美国心理学大会上倡导并发起积极心理学运动以来，积极心理学迅速发展，2000 年塞利格曼和西卡森特米哈伊在《美国心理学家》杂志上发表了《积极心理学导论》一文，推动了积极心理学的发展。2002 年《积极心理学手册》出版，手册里对积极心理学所取得的研究成果做了系统总结，是积极心理学发展史上重要的里程碑，意味着积极心理学的正式独立。积极心理学已经从一场运动到完成独立，形成积极心理学的理论。积极心理学理论是对传统心理学的补充，主要涉及积极情绪体验、积极人格特质、积极支持系统和积极关系三个方面，而这三个方面对积极道德教育的产生有直接的影响。尤其是积极人格特质研究涉及的 6 大美德 24 项积极特质，对积极道德教育具有巨大的启发意义。积极人格特质、积极情绪体验、积极支持系统和积极关系三者之间互相影响的关系，积极情绪体验和积极支持系统、积极关系对积极人格特质发展的积极推动作用成为厘清积极道德教育内涵的关键点。由于积极道德教育直接产生于积极心理学理论，故在第二章对积极心理学理论以及积极道德教育的启发进行详细解读。

---

① ［英］戴维·伯姆. 论对话 ［M］. 北京：教育科学出版社，2004：15.
② 周晓宜. 积极德育理论的四维度分析及其启示 ［J］. 中国青年政治学院学报，2017（2）：61-64.

在积极心理学领域，有研究者提出积极情绪扩建理论，对本研究也有重要的启发价值。传统情绪理论将各种情绪混为一谈，忽视了情绪的积极功能。弗瑞德克森提出了积极情绪扩建理论，他认为每一种情绪都有对应的特定行为，这些特定的行为倾向有两种，一种是逃避倾向，一种是接近倾向，从进化心理学的角度来看，原始社会中当人们面临大狮子、老虎时，就会产生恐惧、害怕的情绪，人就会在应激状态下产生逃跑、攻击或者躲避的行为。当人们面对小动物时，就会产生高兴的情绪，在这种情绪下人们就会产生主动接近的行为。所以与逃避倾向相关的是消极情绪，与接近倾向相关的是积极情绪。消极情绪具有保护的作用，使人类的生命得以保存和延续，所以消极情绪具有生存的意义，获得了优先进化。① 但是人类在获得生存和安全以后，为了活得更好就会发展出积极情绪。积极情绪可以在特定的情境下使人出现更多的行为倾向，当一个人高兴的时候有可能会大喊大叫，可能会手舞足蹈，也可能会滔滔不绝，甚至还可能会喜极而泣，在积极情绪下人会有更多行为倾向和思想，同时当人用各种行为和方式来表达积极情绪的时候，这种积极情绪的体验又会更加深刻，进而会促使个体创造更多条件，产生更多行为来复制和强化这种积极情绪体验。在这个过程中积极情绪实现了螺旋式上升的过程，个体每一次积极情绪体验都会将原有的思想或行为上升到一个新的高度。

弗瑞德克森基于这样的探索提出的积极情绪扩建理论具体是指积极情绪扩展个人的思维和行动，产生积极的思想和行为，积极的思想和行为为个体提供了发展的资源和持续成长的机会，这种资源和成长的机会会促进改变原来的思想和行为，进而产生积极的情绪体验，这样的情绪——认知——行为之间螺旋上升的过程模型就是积极情绪扩建理论（如图1-1所示）。当一个人有了积极情绪体验之后，就会采取更多积极行为来发展和推动积极情绪。寻求积极情绪不仅可以使自己的主观体验更快乐，而且会使行为更积极。积极情绪扩建理论为积极道德教育中注重情绪体验提供了理论支持。当学生获得更多积极情绪体验以后，就可以产生更多道德行为，同时在社会期许效应的影响下，道德行为产生之后就会激发更多积极道德情绪，这样在积极道德情绪和道德行为之间会产生螺旋式的上升。

---

① 任俊. 积极心理学思想的理论研究 [D]. 南京：南京师范大学，2006.

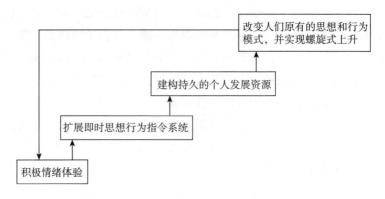

图 1-1　积极情绪扩建理论

八、研究方法与过程

（一）研究方法与过程

根据本研究的研究问题和研究目的，综合采用文献研究法、问卷调查法、内容分析法、课堂观察法、访谈法等质性与量化结合的研究方法，将多种研究方法交叉融合、合理运用。

1. 文献研究法

采用文献研究法对积极道德教育相关研究进行了梳理，在对文献的梳理过程中，结合积极心理学理论和研究以及积极情绪扩建理论、社会建构论，对积极道德教育的内涵以及积极道德教育的特征进行了阐释。在此基础上对积极道德教育的总体目标进行了探索。同时对德育课程文献进行梳理，为如何通过学校德育课程实现积极道德教育目标提供路径和方法方面的支持。

2. 问卷调查法

采用问卷调查法开发《中小学生积极道德品质问卷》，对积极道德教育目标体系和中小学生积极道德品质发展的现状进行了量化研究。采取问卷编制的方法，严格按照问卷编制的流程编制《中小学生积极道德品质问卷》，中小学生积极道德品质量表的设计遵循心理学测量工具的开发过程实施，按照文献资料分析——构建维度——专家评定、访谈——项目编写——初测——项目分析与修改——进行信效度检验——形成正式问卷这一过程，确保开发的测量工具的真实性、有效性和科学性。采用二分法根据已有文献里形成的《道德品质词专家评定表》进行专家评定和访谈，形成并确立 6 大美德下具体的积极道德品质词。参照孟万金的《中国学生积极心理品质问卷》的题项内容，结合中小学德育课程教材中相关的语句，编制每个积极道德品质词对应的题项，编制了原始问卷《中小学生积极道德品质问卷》。问卷的第一部分指导语部分涉及问卷的目的、内容、回答方式及注意事项；第二部分为个人基本信息，包括10个人口统计学变量，分别是性别、民族、年级、学校、抚养者、独生子女、父亲学历、母亲学历、父亲职业、母亲职业；第三部分包括关于积极道德品质的80道题。80道描述生活场景的语句，语句尽可能简洁易懂。问卷采用Likert5点计分，备选答案为5个选项，（5）表示非常像我，计5分；（4）表示比较像我，计4分；（3）表示一般，计3分；（2）表示比较不像我，计2分；（1）表示非常不像我，计1分。得分越高表明发展程度越好，同时问卷设计了反向计分题。

随机选取L市四所学校的中小学生600名，两次共1200名学生施测，测试过程由研究者亲自主持，采用集体测验的方式，严格按照规范化程序进行。问卷派发之前，研究者做了简单的自我介绍，向学生宣读指导语，说明此次调查的原因和目的，强调问卷填写的要求和注意事项，并结合问卷具体题项作了举例说明，重点强调学生要根据自己的"第一感觉"做出选择。同时为了减少学生内心顾虑，提高问卷的信效度，特别指出"此次调查问卷不是考试，和你们的学习成绩没有任何关系，不需要写你们的名字，不会给老师看，请放心回答"。测试时间是30-40分钟，学生填写完毕后由研究者当场回收问卷。采用统计软件SPSS22.0对两次收集到的数据进行录入和分析，两次回收有效数据分别为566份和551份。对第一次收回的数据进行了项目分析、探索性因素分析以后删掉8个题项，保留72个项目，分为智慧、仁爱、勇气、正义、修养、卓越6个分量表，智慧、勇气、仁爱、正义分量表均有3个因子，修养和卓越分量表共有4个因子。采用SPSS22.0和AMOS21.0进行验证性因素分析、信度分析、效度分析以后，形成信效度良好的正式问卷（具体见第二章）。采用正式形成的问卷，对另外600名学生进行第二次施测以后形成的551份有效数据进行分析，了解中小学生积极道德品质发展的现状（具体见第三章）。

3. 内容分析法

采用内容分析法，从中小学生的道德品质入手，针对人民教育出版社出版的旧版小学一年级至高二年级的德育课程所用的教材进行分析，分别是小学低年级《品德与生活》、小学高年级《品德与社会》、初中版《思想品德》、高中版《思想政治》，共22册，同时对2016年秋季启用的全新德育课程教材《道德与法治》进行分析。对教材中出现的道德品质词（直接词、相关词）以及该词体现的道德品质进行了频数分析，对道德品质词呈现的具体内容和所在模块，教材的编排方式和语言风格等特点进行了分析。通过分析教材里出现的道德品质词，了解积极道德品质词在德育教材里的呈现情况，并分析德育课程内容的特点，进而了解当前德育课程内容的实然状态（具体见第四章）。

4. 课堂观察法

进入课堂听课，对个案教师进行课堂观察和分析，就个案教师课堂师生互动进行观察和记录。随机听取 10 节德育课教学情况，涉及小学一年级到高中二年级。课后对教师进行了访谈，重点选取两名个案教师，分别为小学一年级和初中一年级《道德与法治》德育课任课教师进行课堂观察，并做了课堂观察视频分析，了解个案教师师生互动情况及出现的问题，分析问题产生的原因。同时对课堂行为进行观察，会增强教师对课堂里所发生的所有事件的认识。[①] 本研究采用顾小清的基于信息技术的互动分析编码系统（ITIAS）。该系统是根据弗雷德斯编码系统演变而来，增加了技术层面，由于在前期听课和调研中了解到中小学德育课堂教学采用多媒体的情况比较多，故选用 ITIAS 编码系统（见表 1-1），已有的成熟的观察记录工具在逻辑上的严密性和科学性都是经过实践检验的。[②] 该编码系统将教师课堂教学的互动行为分别为四大行为，分别是教师行为、学生行为、沉寂和技术，这四大行为又分为 18 个编码。其中 1-8 是教师行为编码，1-5 是教师行为的间接影响，1 是表达情感，指教师接纳和澄清学生的感受。[③] 2 是教师表达鼓励，指教师鼓励和表扬、赞赏学生的行为。3 是教师采纳学生意见，指教师认可学生的观点，并采用复述、澄清、充实、总结等方法充实或发展学生的观点。4 是提出开放性问题，指教师提出可以讨论的问题。5 是提出封闭性问题，指教师提出可以以"是"或"否"，"对"或"错"回答的具有明确答案的问题。6-8 是教师直接影响，6 是讲授，指教师根据教学内容提供事实或观点，表达自己的见解。7 是指示，指教师以语言直接指使学生做某事。8 是批评，指教师所讲的内容有期望学生改变的意图，包括责骂。9-12 是学生行为，其中 9 指学生被动应答，指学生就教师提出的问题或所讲的内容，由教师点名或引导学生回答问题。10 是学生主动应答，指学生不限于固定答案，自由表达自己的观点。11 是学生主动提问，指学生主动提出问题，同时发表自己的观点。12 是与同伴讨论，指同

---

① ［美］Thomas L. Good，Jere E. Brophy. 透视课堂［M］. 陶志琼译. 北京：中国轻工业出版社，2013：15.

② 沈毅，崔允漷. 课堂观察　走向专业的听评课［M］. 上海：华东师范大学出版社，2008：88.

③ 王鉴. 课堂研究概论［M］. 北京：人民教育出版社，2007：168.

伴之间互相交流看法。沉寂是 13-15，其中 13 指混乱，指课堂短暂的停顿。14 指学生思考，思考时间没有师生互动。15 指学生做练习，主要是学生做课堂练习。16-18 是技术，16 是教师操作技术，指教师利用技术呈现教学内容。17 指学生操作技术，指学生利用技术呈现教学内容。18 指技术作用于学生，指学生通过观察媒体演示学习教学内容。

表 1-1　基于信息技术的互动分析编码系统（ITIAS）

分类		编码	行为	解释
教师行为	间接影响	1	教师接受情感	教师接纳和澄清学生的感受
		2	教师鼓励表扬	教师鼓励和表扬、赞赏学生的行为
		3	采纳意见	教师认可学生的观点，并采用复述、澄清、充实、总结等方法充实或发展学生的观点
		4	提问开放性问题	教师提出可以讨论的问题
		5	提问封闭性问题	教师提出可以以"是"或"否"，"对"或"错"回答的具有明确答案的问题
教师行为	直接影响	6	讲授	教师根据教学内容提供事实或观点，表达自己的见解
		7	指示	教师以语言直接指使学生做某事
		8	批评	教师所讲的内容有期望学生改变的意图，包括责骂
学生行为		9	应答（被动）	学生就教师提出的问题或所讲的内容，由教师点名或引导学生回答问题
		10	应答（主动）	学生不限于固定答案，自由表达自己的观点
		11	主动提问	学生主动提出问题，同时发表自己的观点
		12	与同伴讨论	同伴之间互相交流看法
沉寂		13	混乱	课堂短暂的停顿
		14	学生思考	学生思考时间没有师生互动
		15	学生做练习	学生做课堂练习
技术		16	教师操作技术	教师利用技术呈现教学内容
		17	学生操作技术	学生利用技术呈现教学内容
		18	技术作用于学生	学生通过观察媒体演示学习教学内容

个案教师是基于在 L 市两所中小学每个年级听课并录制课堂观察视频的 10 节德育课中选择的小学一年级和初一年级的《道德与法治》授课教师。选择初一年级和小学一年级各一节是出于对教师使用新教材的关注。前期访谈中对教师的教学理念和教学方式，包括提问方式、讲授方式、课堂互动有较全面

的了解。

个案教师一即 W 教师，是 L 市某重点初中德育课骨干教师，学历为本科，所学专业为思想政治教育，从事德育课程教学 11 年。在访谈中了解个案教师的教学理念时，个案教师强调德育课是发展学生情感态度价值观，德育课的教学应以学生体验和情感的表达为主，主动引导学生思考问题并激发情感体验。W 教师在教学方式上注重采用封闭式提问和开放式提问，认为开放式提问更能引发学生思考。讲授方法上注重采用视频等方法导入课程主题，激发学生情绪，引导学生不断思考。在课堂互动过程中个案教师注重引导课堂气氛，创造轻松的课堂环境，吸引学生的课堂参与性。

个案教师二即 Y 老师，为 L 市某普通小学德育课专职教师，学历为大专，以前是语文教师，2 年前转为德育课专职教师，从事教学活动 25 年，德育课专职教学 2 年。从访谈中了解到 Y 老师的教学理念是认为德育课应培养学生的思想品德认识，通过丰富的课堂活动让学生产生感悟。Y 老师的教学方式注重以开放式提问的方式了解学生的想法，同时也采取封闭式提问的方式确认小学学段学生对所授知识的认同情况。课堂上注重采取丰富的素材，比如视频短片、图片等方式激发学生的学习兴趣。同时在互动过程中注重引导学生反馈。

在课堂观察过程中研究者作为非参与观察者，采用纸笔记录的同时，结合录像记录。通过听课的方式了解个案教师课堂教学互动行为特点，与个案教师沟通交流，在此基础上进行视频录制。录制过程采用三脚架固定位置录制，避免摄像机的移动对学生造成的影响（具体见第五章）。

5. 访谈法

麦瑞尔姆认为："访谈连续体的一端是高度结构化的、封闭式访谈即一问一答型，另一端则是非结构化的、开放的、谈话式访谈，处于中间位置的是半结构化、半开放式访谈。"[①] 本研究在访谈中采用结构化访谈和半结构化访谈结合的方法，并建立坦诚的访谈氛围和谈话环境。此外，访谈过程中根据被访者的需要和不同特点，采取以录音为主，纸笔记录为辅的方式整理和保存信息。对于对录音有顾虑的教师主要通过纸笔的方式记录访谈信息，对于没有顾虑的教师则采用录音整理的方式保存信息。

本研究多次采用访谈法，在编制《中小学积极道德品质问卷》之前对专家进行了访谈，专家在对积极道德品质词进行判定的基础上，采用访谈法对词

---

① ［美］麦瑞尔姆. 质化方法在教育研究中的应用：个案研究的扩展 ［M］. 于泽元译. 重庆：重庆大学出版社，2008：52.

项进行合并、重新命名和归类（具体见第二章）；在课堂观察前对个案教师进行了访谈，了解教师的德育课教学理念、教学方法、对学生情绪体验关注情况等内容；课堂观察后对个案教师和学生分别进行了半结构化聚焦式访谈，有针对性地了解教师和学生对课程的感受、想法和评价，获取访谈信息（具体见第五章）。

对教师和学生就课堂师生冲突进行了结构化访谈，根据研究目的制定了具体的、实用可行的结构化访谈提纲。通过这种详细可行的访谈提纲，可以有针对性地对所研究的问题进行深入分析，保证了研究过程中的效果。结构化访谈涉及德育课堂师生冲突的原因，师生冲突的处理和应对，师生冲突的影响，教师应对冲突的困难以及师生冲突的应对方法等。访谈对象考虑重点学校和普通学校；省会城市和市级城市；小学、初中、高中学段，力图得到较全面的信息和内容。分别选取小学、初中、高中三个学段7名教师和3名学生作为访谈对象。7名教师信息见表1-2，3名学生分别为W女生，小学四年级；Z男生，初中三年级；L女生，高中三年级。每次访谈50-60分钟，分别做了语音记录和部分文本记录（具体见第六章）。

表1-2 师生冲突访谈教师信息

教师编码	性别	所授年级	德育课专职（兼职）	学历	专业	德育课教龄（主课教龄）
W-J老师	女	初一	专职	本科	思想政治教育	12年
H-J老师	女	小学四年级	兼职	大专	数学	4年（教龄10年）
Z老师	男	高二	专职	本科	思想政治教育	15年
W-L老师	女	小学一年级	兼职	大专	小学教育	1年（教龄30年）
L老师	女	小学五年级	兼职	中专	数学	2年（教龄30年）
G老师	女	初二	专职	本科	思想政治教育	13年
H-M老师	女	初三	专职	本科	思想政治教育	15年

（二）研究的框架结构

本研究共七章，第一章为绪论部分，重点阐释本研究的研究问题、研究目的和研究意义。进行了相关概念界定和文献综述，重点在前人研究的基础上提出本研究重点要研究和关注的方面。理论基础部分对理论进行了梳理，同时与本研究相结合，为探讨本研究的关键问题提供理论支持。

第二章基于积极心理学理论，对积极道德教育内涵进行了探讨，回答了积极道德教育的内涵和特征是什么的问题。并在此基础上，通过理论构建和实证验证，回答了积极道德教育目标是什么的关键问题。

第三章对当前中小学生积极道德品质发展的现状进行了量化研究，回答了当前中小学生积极道德品质发展的现状如何这一问题，为进一步通过德育课程实现积极道德教育目标提供了现实的依据和支持。

第四章、第五章、第六章分别从德育课堂内容和德育课堂教学的角度探讨积极道德教育目标实现的路径和策略，回答了如何通过德育课程实现积极道德教育目标这一问题。其中第四章探讨通过德育课堂内容实现积极道德教育目标的路径和策略，第五章和第六章都是从德育课堂师生关系涉及的师生互动和师生冲突的角度探讨如何通过德育课堂教学实现积极道德教育目标和策略，其中第五章从师生互动的角度探讨积极道德教育目标实现的路径和策略；第六章从师生冲突的角度探讨积极道德教育目标实现的路径和策略。

第七章对所研究的问题作出结论，并从更加宏观的角度提出相应的建议（具体研究框架见图1-2）。

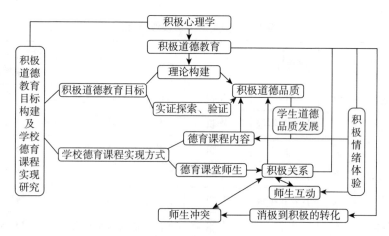

图1-2　研究的总体框架

综合以上所述，本章从研究缘起、研究问题、研究目的和意义、相关概念界定、文献综述、理论基础、研究方法和过程这七部分对本研究要研究的问题进行了整理，提出重点研究的三个大问题，在文献综述和理论分析的基础上明确了所要研究问题的具体指向，并且提出具体的研究方法和方案，整个研究对于落实"立德树人"根本任务，提高学校德育实效性，使积极道德教育有可能成为一种德育新理论都具有重大的理论价值和现实意义。

第二章 积极道德教育的目标构建

积极道德教育是基于积极心理学的视角提出的德育新理念，积极心理学理论和研究对积极道德教育有着直接和重要的启示作用。本章从理论构建和实证验证两个方面构建积极道德教育目标。首先从理论构建的角度对积极心理学的研究进行阐述，基于社会建构论对积极道德教育中的核心问题，尤其是"消极"与"积极"的关系进行梳理，由此提出积极道德教育的内涵和特征。并在此基础上提出积极道德教育的目标。在明确总体目标的情况下，对积极道德教育的目标体系进行实证的探索和验证。通过理论构建和实证验证从整体上全面构建出积极道德教育的目标。

一、积极道德教育目标的理论构建

（一）积极心理学研究的启示

1. 积极心理学的产生

1879 年，冯特在德国的莱比锡大学建立了世界上第一个心理学实验室，标志着心理学成为一门独立的学科。自此，心理学承担着三个方面的使命：治疗各类心理疾病；帮助普通人生活得更幸福，并且具有创造力；发现并培养具有非凡才能的人。[①]"二战"以前，这三个方面都得到了心理学研究者的重视，但是"二战"以后大量的士兵在战场上受到身心的创伤，心理学研究重点关注如何处理战争带来的创伤和影响，主要聚焦在如何治疗人的精神或心理疾病方面，同时也应对"二战"以后社会在发展中出现的各种问题，心理学变成类似于"病理学"性质的学科，也因此把这种关注心理问题、心理疾病、心理障碍的心理学称为"消极"心理学。而心理学的其他两个方面的使命没有

---

① 周嵌，石国兴. 积极心理学介绍［J］. 中国心理卫生杂志，2006（2）：129-132.

得到发展，甚至停滞不前。可以说在战争的影响下，心理学关注战争带来的创伤，并且在帮助人们抵御和治疗内心的创伤方面很好地履行着它的使命。但是处在和平年代，人们面对内心的各种需要和复杂的心理状况，尤其是对于绝大多数没有心理疾病和心理障碍的人来说，心理学需要履行它的另外两项使命，尤其是需要关注如何使人们获得幸福和美好生活。20世纪80年代末，马丁·塞利格曼反思心理学领域过度关注人性消极方面的研究取向，提出应该把重点放在关注人的积极方面，主张心理学要以人的优势和美德作为出发点，强调以积极的心态应对人的各种心理现象，对心理问题作出新的解读，激发人的优势和积极品质，使人们利用这些力量和品质最大限度地发掘潜能，并且获得美好的生活。

1996年，塞利格曼当选为美国心理学会APA主席，1998年在美国心理学会大会上，塞利格曼正式提出20世纪心理学对人的积极力量和积极品质关注不够，21世纪要将开展积极心理学运动作为自己任期内工作的重要使命。2002年辛德和洛佩兹主编的《积极心理学手册》正式出版，标志着积极心理学正式诞生。近年来积极心理学的理论研究和实践活动蓬勃发展，各种研究机构相继开设，影响力巨大，心理学的各个领域都关注并涉及研究人类的积极品质，诞生了由泰勒·本·沙哈尔主讲的哈佛大学最受欢迎的《幸福课》；获得诺贝尔奖的普林斯顿大学卡尼曼教授提出前景理论，将关于不确定条件下判断和决策的积极视角引入经济学理论；弗瑞德克森提出积极情绪扩建理论，从管理心理学的角度提倡培养组织成员的高兴、自豪、满足等积极情绪；临床心理学领域也从积极的视角诞生诸多心理治疗方法。而且积极心理学也被应用到教育领域，从以往关注学生身上的问题视角转向关注学生的积极品质方面。

2. 积极心理学的基本立场

关于"积极"与"消极"的界定，一直以来也是积极心理学备受争议的地方，积极心理学是针对"二战"以来人们过分关注心理疾病、心理问题和心理障碍提出的，认为心理学的研究应该关注人类积极的、潜能、美德方面的研究，故取名积极心理学（positive psychology），positive在英文中指积极、确实的、肯定的，有些地方也翻译为正向心理学，人们听到积极心理学往往会自然而然地认为除了积极心理学，其他的是不是都是"消极"心理学？对此积极心理学创始人之一克里斯托弗·彼得森说到"很多心理学家听到他们毕生所从事的事业可能被认为是消极心理学，这种盲目的对比是可悲的，积极心理学家命名的初衷并不是无礼地鄙视其他心理学。我更喜欢使用普通心理学来描述关注人类问题的那部分心理学。普通心理学也很重要，而且也很必要。"①
"称一个人为积极心理学家，代表他从事着积极心理学这块领域的研究。并不意味着这个积极心理学家就是积极（快乐、有天分、善良）的人，也绝不是说其他心理学家就是消极的人。"② 积极心理学也不是心理学领域的变革性力量，而是对长期以来关注"问题"取向的一种平衡，也可以说是一种补充。积极心理学并不是否定之前的心理学，而是想说明心理学在长期的发展过程中出现了不平衡，如临床心理学关注心理疾病；认知心理学关注影响人们作出正确选择的误差；社会心理学关注偏见、歧视……积极心理学不强调人的本性是美好的，只是提供了一个平衡的视角，认为这个世界绝大多数人过着理性的生活，并且人们具备让自己生活得更美好的能力，即便是在面临各种挫折和困境的时候。这一说法也明确了积极心理学的基本立场，即积极心理学相信人有积极发展的能力。

"消极"心理学的"消极"体现在两个方面：重视矫治，忽视品质；关注问题，忽视人。相应的"积极"也体现在两个方面：重视品质，忽视矫治；重视人，而不是问题。

"消极"心理学将人身上的问题作为工作的出发点，将预防、防治、纠正和矫治这些问题作为工作的归宿，将大部分注意力放在人的各种问题方面，而忽略了个体积极的功能。暗含的预设是心理学是治疗"问题"的科学，只要消除或纠正了人的心理"问题"就能达到心理健康。但是事实上消除问题之后未必会自然产生积极的结果。积极和消极是两个独立的变量，积极的产生有其特定的机制，并不存在消除问题就会自然产生积极。积极心理学把人的积极品质的发展作为研究的根本目标，强调应该关注人的积极品质，而不是关注问题，积极心理学认为心理学不仅仅是关于心理疾病或心理健康的科学，也是关于人的幸福、潜能、成就和发展的科学。积极心理学认为人的本性偏爱积极，较之消极信息，人更偏好选择积极信息。每个人都有积极的力量和品质，积极心理学就是要营造使人的积极本性发展的环境，使人类追求幸福美好生活。

"消极"心理学感兴趣的不是人，而是人身上的问题。当关注的是问题而不是人的时候，心理学就违背了以人为本的宗旨。从行为主义的角度，心理学将人看作是对刺激作出反映的物，当纠正人的问题时，人才会得到发展。这样暗含着"人都是有问题的人"，要在人出现问题之前就把问题扼杀在摇篮里，但同样也会把人的品质也扼杀在了摇篮里。这样的人性预设将人的主动发展理

---

① ［美］克里斯托弗·彼得森. 积极心理学［M］. 北京：群言出版社，2010：11.
② 同上.

解为被动发展，将人的发展认为是适应外界压力做出的被动反应，这意味着"人不是一个自在的人，人不能决定自己的发展"。但是在生物进化和适应之后，人是具备主动发展的能力和拥有主动自在发展的诉求，在这种情况下，就不能将人和问题等同起来，应强调人的主体性和主动性，持有"问题是问题""人是人""人是解决自己问题的主人"的积极理念。

值得一提的是积极心理学并不是传统意义上对所有现象都拍手称快，也不是一种充满希望的良好祝愿，或者是只说好话的自我欺骗。① 积极并不意味着无视或者假装看不见问题，而是强调培育积极的品质和力量。

3. 积极心理学的研究内容

积极心理学的研究主要包括积极情绪体验、积极人格特质和积极社会支持系统三个方面。②

第一，积极情绪体验。积极情绪有两层含义，一层指使人产生正向价值的情绪，如人们普遍意义上理解的满足、放松等情绪；另一层指能够使个体产生接近性行为的情绪。接近性行为指产生情绪的主体对情绪的对象产生接近的行为趋向。比如，兴趣、心流（flow）、成就感等。心流是近几年积极心理学研究领域重点关注的方面，清华大学彭凯平教授将其翻译成福流，是由西卡森特米哈伊提出的，他强调心流是人们在全情投入时所产生的一种特殊的忘我体验。在心流的状态下，人们的注意力高度集中、心中没有任何杂念，觉得一切活力畅通无阻，自己和眼前的事物密不可分、浑然一体，甚至忘记了时间，这种状态是人类最优的体验，是幸福感真正的来源。③ 彭凯平认为要顺应人们的天性，培养人感受的能力。"很多时候我们培养了人做事的能力，但却没有培养人感受的能力。要学会去感受有意义的东西，并积极地知行合一，找到人生的意义和价值。"

积极情绪体验也相应地分为感官愉悦和心理享受。感官愉悦主要是机体放松后的一种情绪体验，对应着正向价值的情绪，主要有愉快、高兴、满足、放松等。而心理享受指个体超越自身原有状态，如马斯洛提到的自我实现的"高峰体验"，或者沉醉于某个活动或领域产生的心流、兴趣、成就感、幸福感等。积极心理学更强调的是心理享受层面的，但是也不忽略感官愉悦，因为感官愉悦和心理享受往往是互相联系的，产生心理享受的同时往往会伴随感官

---

① 任俊. 积极心理学思想的理论研究［D］. 南京：南京师范大学，2006.

② Seligman M EP, Csikszentmihalyi M. Positive Psychology：An introduction［R］. American Psychologist，2000（1）：5-14.

③ 米哈里·西卡森特米哈伊. 心流［M］. 北京：中信出版集团，2017：126.

愉悦。比如，当一个人获得成就感这种心理享受以后会出现诸如高兴、愉快、"睡得好、吃饭香"等感官愉悦。在积极情绪体验方面，积极心理学在幸福感的研究方面也取得了丰富的研究成果。关于人的主观幸福感的研究强调幸福感不仅仅是一种短暂的感觉，而是关系到未来的有重要的影响因素，如研究表明：积极情绪的年轻女士的婚姻生活相对更美好；幸福与寿命呈显著的正相关关系；幸福感比愉悦感更能预示生活的满意度。从时间的维度来看，积极心理学对待过去的研究涉及满意、安宁、成就感等积极情绪体验；对待现在的研究主要涉及高兴、幸福感和心流，以及身体的愉悦；对待未来的研究主要涉及希望和乐观等积极情绪体验。

第二，积极人格特质。积极人格特质领域主要涉及个性力量、天分、兴趣和价值等，在个性力量方面探讨了6大美德及各个分类之下的24项积极特质（有些地方也称24项性格优势），正如托马斯·杰斐逊所说"幸福是生活的目标，美德是生活的基础"，积极心理学家所持有的最严格的研究工具，就是描述美好生活的词汇语言，以及对美好生活内容的评价性策略。[①] 涉及爱的能力、工作的能力、心理韧性、勇气、人际交往技巧、对美的感受、宽容、创造力、等内容。[②] 积极心理学认为每个人都蕴藏着积极的人格品质，人具有自我生成、自我管理、自我导向和适应能力的整体，这个信念同样是积极心理学建立的基础。

塞利格曼等人将美德作为研究的重点之一，他设立了一个"价值在行动（Values in Action，VIA）"项目组，[③] 主要研究人类重要的积极品质，把以往有关人类积极品质的研究整合到一个系统里，专门研究那些有利于人类最优化发展的美德和积极品质，提供了美德研究的新方向。[④] 项目组首次对人类的积极品质和美德结构、类型进行了划分与分析，并在此基础上通过跨文化以及跨年龄群体的调查研究，彼得森和塞利格曼构建了"价值——行为分类体系"（Values in Action Classification），最终确定了24项人们广泛认同的积极品质，并且将其分成了6个维度，称为六大核心美德（如表2-1所示）。[⑤] 同时他们

① ［美］克里斯托弗·彼得森. 积极心理学［M］. 北京：群言出版社，2010：108.

② Seligman M EP, Tracy A. S. Positive Psychology Progress［R］. American Psychologist, 2005（5）：410-421.

③ Seligman, M. E., Csikszentmihalyi, M. Positive Psychology：an Introduction［R］. American Psychologist, 2000（1）：5-14.

④ Park, N., Peterson, C. Character Strengths and Happiness among Young Children：Content Analysis of Parental Description［J］. Journal of Happiness Studies, 2006（7）：323-341.

⑤ Nansook Parka, Christopher Peterson. Moral Competence and Character Strengths among Adolescents［J］. Journal of Adolescence, 2006（6）：891-909.

认为各种各样的积极品质原则上各不相同，有的人可能在某个品质的因子上得分高，在其他品质因子上得分低或处于中等水平，每个人的标志性的性格力量是不同的。[①] 彼得森认为成年人身上往往具有两种到五种优势，每个人的差异性也是非常重要的。而且这种分类不是分类学，只是描述性的，即划分某一个领域并对其实例进行描述。[②] 同时塞利格曼强调一个人并不需要全部具备这24项积极特质，个体良好品德的形成需要一定的保障，这就涉及积极心理学研究的第三个方面即积极社会支持系统。

表 2-1　美德 VIA 分类表

六大美德	特点	24 项性格优势
智慧	知识的获得和运用	对世界的好奇心和兴趣
		爱学习
		创造力
		判断力、批判性思维和开放性思想
		个人、社会和情感性智力
勇气	面临压力时达到目标的愿望	大局观
		勇敢
		坚持、勤奋
		正直、诚恳、真实
仁爱	人际交往中的积极力量	慈祥、慷慨
		爱与被爱的能力
公正	文明的积极力量	公民的职责、权利和义务，忠诚、团队精神
		公正、平等
		领导力的职责、权力和义务
节制	做事不过分的积极力量	自我控制和自我调节
		审慎、小心、考虑周到
		适度和谦虚

---

① ［美］克里斯托弗·彼得森. 积极心理学［M］. 北京：群言出版社，2010：110.
② ［美］克里斯托弗·彼得森. 积极心理学［M］. 北京：群言出版社，2010：111.

六大美德	特点	24 项性格优势
卓越	使自己和全人类相联系的积极力量	对美的敬畏和欣赏
		感激
		希望、乐观、为将来作好准备
		精神追求、信念和信仰
		宽恕、仁慈
		风趣、幽默
		热情、激情、热心和精力充沛

　　第三，积极社会支持系统。积极社会支持系统领域主要关注积极组织系统研究，包括积极的社会、社区、家庭和学校系统，以培养公民美德，使公民具备责任感、职业道德、利他主义、有礼貌等品质。积极社会支持系统个体在与环境的积极互动中获得成长和经验，良好的环境塑造了人类积极的经验，同时良好的环境适应性本身也是一种积极的心理品质。[①] 社会文化、学校、家庭、社区乃至个体的工作环境都是影响个体成长的重要环境因素。从学校角度来看，就如彼得森所说"我所感兴趣的学校特点在于它能够有助于学生以及今后作为成人的道德成就感。"积极社会支持系统也涉及积极关系的建立，积极心理学关注喜欢、友谊、爱的关系的建立。当学生的教师、同学以及周围的环境能够提供支持、同情和关心时，学生极有可能获得良好的人际关系，并保持心理健康；相反的话，学生容易产生和建立不健康的情感以及行为模式。

　　积极情绪体验、积极人格特质、积极社会支持系统这三个研究领域之间是相互联系、相互影响的。积极人格的形成是建立在积极情绪体验的基础上的，要培养个体积极人格特质，须增强个体的积极情绪体验；积极人格特质增强了个体获取积极情绪体验的可能性；积极心理学同时寻找到使个体具备积极人格特质的有效途径，积极社会支持系统和积极关系为积极情绪体验的产生和积极人格的形成提供了社会支持。

　　此外，积极心理学提倡从积极视角来解释消极事件。塞利格曼认为人有两种对事物的解释风格：乐观解释风格和悲观解释风格。乐观解释风格的人会将生活中的负性事件和体验归因和解释为外在的、暂时的、特定的因素，这些因素不具有普遍性意义，因而失败和挫折只限于此时此地，这样的人无论面对成功还是失败，其解释的结果都能对自身情绪起到积极作用。而悲观解释风格的

---

① Seligman M EP. 学习乐观——成功人生的第 3 个要素 [M]. 洪兰译. 北京：新华出版社，1998.

人会把挫折和失败归因和解释为内在的、稳定的、普遍的因素，认为失败和挫折会影响到自己所做的其他事情。积极心理学提倡对消极问题做出积极解释。

总体来说，积极心理学是致力于研究人的发展潜力和美德等积极品质的科学。① 是"把立足点放在学生固有的积极能力和积极潜力上，通过增加学生的积极体验来培养学生的积极品质。"② 国际心理学网站上将积极心理学解释为：积极心理学是以积极品质和积极力量为研究核心，致力于使个体获得幸福，使社会走向繁荣的科学。积极心理学注重关注人性中的积极方面，关注人的价值和优势，激发人的活力，挖掘人的创造力，帮助人们寻求和掌握获得"持续的幸福"的方法和途径。积极心理学对美德和积极心理品质的关注，对积极情绪体验的培养，注重积极关系的建立对积极道德教育产生了重大影响。对于帮助教育者从积极的角度审视教育实践活动具有重要的意义。

4. 积极心理学的研究方法

积极心理学在批判传统心理学的同时，并没有否定传统心理学的研究范式和方法，从方法的角度，积极心理学依然沿用了传统心理学的研究方法和手段。积极心理学延续了以往研究的实证主义路线，在"价值在行动"项目研究的分类体系，研究6大美德24项积极特质的同时，彼得森和塞利格曼采用自陈报告法设计了"价值——行为特征量表"（Values in Action Inventory of Strengths，VIA-IS）用以测量美德与人类积极品质之间的关系。③ 该问卷采用Likert 五点量表计分，1 代表"非常不像我"，5 代表"非常像我"。共由 240 道题构成，每种品质下有 10 道题测量，而且有反向记分题，如宽恕的测量是通过类似的题目来体现"我常常能够原谅别人以往所犯的错，并且能够给他们新的机会。"和"我相信原谅和忘记才是最好的。"以及反向记分题"我不太愿意接受道歉。""我心存怨恨。"等。在互联网上进行答题，基于在 200 多个国家的测试，问卷的表面效度、结构效度以及信度都比较高，所有分量表在间隔 4 个月以后进行的重测信度都大于 0.7。2006 年，帕克和彼得森在 VIA-IS 的基础上开发了针对青少年的"青少年价值——行为特征量表"（VIA-Youth，Values in Action Inventory for Youth）。还是采用 Likert5 点量表的自陈问卷，1 代表"非常不像我"，5 代表"非常像我"。问卷由 198 道题构成，语言陈述更加

① Sheldon，K. M，King. L. Why Positive Psychology is Necessary ［R］. American Psychologist，2001
（3）.

② 任俊. 积极心理学思想的理论研究 ［D］. 南京：南京师范大学，2006.

③ Park，N.，Peterson，C.，Seligman，M. E. Strengths of Character and Well-being ［J］. Journal of Social and Clinical Psychology，2004（5）：603-619.

简炼，每一种品质包括5-9个题目，更加适合青少年群体，题目主要根据10-17岁的中小学生最熟悉的生活环境，包括学校、家庭和朋友等方面设计的。[①] VIA-Youth采用纸笔问答和网上答题两种方法，通过大量的样本分析，发现信效度结果均较为良好。同时，经过大量跨文化的研究，发现国家和国家之间的等级相关非常强，往往在0.8以上，所以VIA-IS和VIA-Youth不存在文化上的差异。此外，测量中的重大发现是与"心灵"和情感有关的力量，如热情、感激、希望和爱，与"头脑"（智慧）有关的，如热爱学习，跟生活满意度之间存在更强烈的关系，这意味着心灵和情感上的力量更能预测人的生活满意度，从道德心理的角度来看，与道德情感相关的力量更预示着一个人获取幸福的能力。总体来说，VIA-IS的开发及运用可以进行个体积极品质的有效测量，不仅能够使个体了解并确定之间的优势和品质，也可以作为评估个体发展的工具。

除了实证的方法外，帕克也采用了内容分析的方法对3-9岁的家庭进行了研究，通过编码发现每个孩子有三种明显的性格力量，此外诸如真实、感激、谦逊、宽恕以及开放的思想需要在心理成熟以后才能表现得较为明显。

2009年，中央教育科学研究所孟万金教授将VIA-Youth引入国内，进行了本土化研究，他认为直接将VIA-Youth作为我国中小学积极心理品质的测量工具有几点不妥之处：第一，VIA-Youth引入中国存在语言和文化方面的适应性问题；第二，问卷共198道，题目过长，花费时间过多；第三，VIA-Youth也在不断完善。所以，要对我国学生进行测量，需要对问卷进行修订，故在VIA-Youth的基础上，孟万金教授编制了《中国中小学生积极心理品质量表》，对1600名从小学三年级到高二年级的学生施测，结果表明该问卷的信效度都比较高，克伦巴赫系数在0.7以上。同时孟万金教授团队开发了《中国大学生积极心理品质量表》和《中国教师积极心理品质量表》，开创了国内积极心理学实践与运用的先河。无论是VIA-Youth，还是《中国中小学生积极心理品质量表》，涉及一个非常关键的问题，就是6大美德下的24项积极品质词，更强调实现美德的性格优势，这24个词是否都是道德意义上的积极品质词？比如"幽默"在中国文化下是否可以作为道德品质词来使用？所以，对积极心理学视角下的6大美德24项积极品质进行道德领域的研究，对于探讨积极道德教育目标的具体目标体系起着关键性的作用。

---

① Nansook Parka&Christopher Peterson. Moral Competence and Character Strengths among Adolescents [J]. Journal of Adolescence, 2006（6）：891-909.

（二）积极道德教育的内涵

积极道德教育是在积极心理学视角下提出的道德教育新视角，意味着积极心理学的诸多理念和研究方法对积极道德教育产生重要的影响。首先从理念上来说，将彼得森关于积极心理学的论述引入到积极德育领域，并不是说在积极道德教育之外的其他德育都是消极德育，在前文研究缘起中提到的许多德育理论和理念都是积极取向的，无论是苏格拉底"培养德行高尚的人"，还是卢梭的自然教育，还是后来的价值澄清教育以及诺丁斯的关心教育等，包括国内当前的许多德育理念都是积极取向的道德教育。比如，情感道德教育强调要以学生的情绪感受体验为基础，以培养情感性道德人格为目标，关注通过积极体验而获得积极道德心理品质；欣赏型德育通过将德育和审美相结合，通过德育形式、内容和过程的美促使德育充满美感，在欣赏中完成德育的价值选择能力和培养创造力；体验道德教育强调创造机会和条件，引导教育者和受教育者的道德体验；生命道德教育强调积极对待受教育者，促进受教育者生命积极健康发展；和谐道德教育强调要促进人与自然、人与社会、人与人以及人与自我的和谐发展。可以看到诸多德育理念都是积极取向的道德教育。本研究中提出的积极道德教育并不是对这些道德教育理论或理念的否定或变革，而是专指积极心理学视角下的道德教育理念。积极道德教育是相对于人们习惯性关注人们的问题和不足，过分强调纠正和预防这些问题和不足，忽略了对美德培养；同时采取惩罚、批评等消极的方法；将人和问题等同起来而提出的德育观念和实践方法。积极心理学的基本立场对积极道德教育产生直接的影响；积极心理学的研究内容：积极人格特质、积极情绪体验、积极社会支持系统和积极关系这三大领域的研究，启发积极道德要注重美德及道德品质的培养、激发学生的积极情绪体验、加强积极组织和积极关系的建立。积极道德教育也聚焦在这三个方面：培养美德和积极道德品质，尤其是积极心理学研究涉及的 6 大美德和 24 项积极特质的研究方法，直接影响着从方法层面构建积极道德教育目标体系；激发学生积极情绪体验；建立积极组织和积极关系。但是积极道德教育不是对积极心理学的简单复制，除了这三点之外，积极道德教育的内涵要更加深刻。要想厘清积极道德教育的内涵，必须探讨三个重要问题，即"消极"与"积极"的界定、"消极"与"积极"的关系、规范与美德的关系。前两者涉及对"积极"一词的深刻理解，后者意味着对道德教育作出深入阐释。

1. "消极"与"积极"

值得注意的是在道德领域，人们不可避免地认为道德存在好与坏、对与错、善与恶之分，这也是引起人们对消极和积极加以探讨的原因。不同于苏奕提出的是相对卢梭自然主义德育观提出的自然主义教育，认为不加以干预的"无为"教育是消极的，加以干预的"有为"教育是积极的。周围提出的积极更接近积极心理学视角下的阐释，认为"积极"是肯定的、正向的、主动的、建设性的，而"消极"是否定的、反面的、被动的、消沉的。①

积极道德教育中的"消极"存在三个层面：关注问题；方法消极；将人和问题等同起来。第一个层面强调的是"消极"，是人们在日常生活中形成的思维定式，习惯于先看到人身上的消极方面、问题、缺点和不足，进而要消除缺点、改正不足、解决问题，认为只有问题消除了，人就会恢复到良好的状态。从这个层面来理解"消极"强调的是"问题"，道德教育中遵循着"勿以恶小而为之"和"有则改之，无则加勉"的取向，这种取向默认人都是有问题的，矫正和预防问题才是道德教育的根本；第二个层面是说在"问题"或者"消极"的思维定式下，人们往往以挑剔、质疑、惩罚的方式来对待和处理问题，这个层面的"消极"强调的是方法的负面化和消极化；第三个层面是将人和问题等同起来，将人和问题内化，认为"人就是问题"，当学生出现不符合社会期望的行为时容易给学生贴标签，如学生出现撒谎行为，认为学生"道德品质差""品行差""道德败坏"等。

同样积极道德教育中的"积极"也存在三个层面：关注品质；方法积极；将人和问题分开。第一个层面强调"积极"要关注学生的道德品质发展，"道德是人类探索、认识、肯定和发展自己的一种积极手段，而不是消极防范的力量。"② 积极道德教育重视挖掘人的积极的道德品质，目的是培养人的美德，而不是消除人的问题，积极道德教育强调受教育者身上本身具备良好和积极的道德品质，道德教育就是要激发受教育者的道德发展愿望，使其道德品质得到提升，形成美德，这个过程是增加积极道德品质（做"加法"）的过程，而不是消除问题（做"减法"）的过程。第二个层面强调在道德教育过程中采用积极的方法，采取鼓励、欣赏、信任、接纳、关爱的方式增强学生的积极道德情绪体验，激发学生的幸福感、成就感、心流、自豪感、骄傲感等积极情绪体验，依照积极情绪扩建理论，在积极情绪体验的基础上，学生会产生更多积极的想法和积极的道德行为，将道德认知内化为道德人格，形成自觉的道德行为。第三个层面积极道德教育强调将人与问题分开，将问题进行外化，受教育

① 周围.积极道德教育——积极心理学视域中的道德教育［M］.北京：中国文史出版社，2014：73.

② 鲁洁，王逢贤.德育新论［M］.南京：南京江苏教育出版社，2002：7.

者是完整意义上的"人",而不是作为"问题"存在,强调"人是人"、"问题是问题"、"人是解决自己问题的主人"、教育不是为了"解决人身上的问题",而是"帮助人具备解决问题的能力"。这样积极的视角强调了人的主动性和自觉性,将人和问题区分开,将问题进行外化是将人从压抑、问题、困境中解脱出来,使人具备积极解决问题的能力。

2. "转向"与"转化"

从"积极"和"消极"的关系来考虑,积极和消极就像硬币的正反面,消除问题并不能转向积极的一面,积极不是在问题消除之后自然生成的,积极依靠的是积极体验的生成、累积和强化。当积极体验积累得足够多的时候,人就更具有发展和完善的动力和可能。矫正问题并不能"转向"积极道德品质,积极道德教育强调要在积极情绪体验和积极环境、积极关系的建立下培养和发展学生的积极道德品质,只有当积极道德品质得到良好发展以后,学生的"问题"就会自然而然地减少。但是这是一种理想的状态,与积极心理学不同,积极心理学所谓的问题强调的是心理障碍、心理问题或者心理疾病,在心理学的语境下,无论是心理学研究者还是实践者对于心理障碍、心理问题以及心理疾病持有中立、客观的态度,所以积极心理学强调忽视心理问题,关注积极人格特质和积极品质有其现实意义。但是从积极道德教育的角度来看,积极道德品质的培育和发展需要一个漫长的过程,当学生在现实的道德生活世界里,出现不符合社会期待的道德行为时,仅仅强调积极道德品质的发展显然是不够的,这会给人造成"掩耳盗铃"和"头痛医脚"的困惑,尤其对于一线教师来说可能会形成积极道德教育就是对"放纵学生"的误解,导致教师陷入不知道如何教的困境。比如,当学生说谎时,积极教育道德强调关注学生的积极道德品质,但并不意味着仅仅关注学生积极的品质,而无视、忽视或排斥这些不符合社会期望的道德行为。积极道德教育并不是走向另一个极端,即只片面得看到"道德硬币"的积极,忽略或者无视另一面,只留给受教育者一个真空的美德世界。在"消极"和"积极"的关系中,既然消除问题并不能转向积极,那么就需要从多元的视角通过主动建构进行"消极"到"积极"的转化,从社会建构论的角度来说,通过建立积极的关系,使用言语化的方式对不符合社会期望的"问题"进行积极建构,通过使用有效合理的语言使学生真实得感受到被尊重、理解和关爱,产生积极情绪体验,进而培养积极道德品质。同时,积极道德教育不是要培养完美不缺的道德圣人,每个受教育者都会出现这样那样不符合社会期待的道德行为,这些行为真实得存在于人们的道德经验和生活世界里,最主要的是一方面通过直接培养学生的积极道德品质,另一方面当学生出现不符合社会期望的道德行为时，通过言语化的方式进行消极到积极的转化，在这个过程中使学生产生更多积极道德品质。

在道德教育实践中，道德教育关系的建立过程中强调理解、关爱、信任等，但是教育者面临的困境是不知道如何理解学生，更是难以将理解的内容准确地向学生表达出来，表达出的内容往往是指责、命令、批评，或者是讲道理，真正基于理解基础之上的言语，在从消极到积极的转化过程中没有得到有效的利用。积极道德教育主要是要通过言语化的方式从消极中看到资源，进而发挥人的优势和潜能，实现消极向积极的转化，这是积极道德教育实践领域关注的一个重要方面。所以积极道德教育要关注的除了美德等积极特质、积极情绪体验、积极组织和关系的建立外，更重要的一点是要具备从消极到积极转化的视角，能够通过语言准确地表达出对学生的理解，使积极道德教育在真实的德育情境中具有实践性和可操作性。

3. 规范与美德

长期以来，规范伦理学和美德伦理学陷入分歧。以康德的义务论和以边沁的功利主义为代表的规范伦理学回答"我们应该如何做？"，而以亚里士多德为代表的美德伦理学回答"我们要成为什么样的人？"规范伦理学从工具理性的角度讨论规则，并且关注正确性，强调对规则的服从和遵守；美德伦理学是从德性的角度关注公正、善良等能让人们生活美好的特质和良知美德。规范伦理学将义务感和责任作为道德心理的核心，而美德伦理学将共情作为道德心理的核心。康德认为遵守道德法规的义务感与乐意、愉快等情感无关。① 所以有人认为规则伦理学为了论证义务感的重要性，会排斥其他心理功能的积极性，所以是一种普遍主义的缺陷。② 而美德伦理学认为情感是美德的构成要素，道德行为者不是压抑情感，而是要培养情感，从而对正确的人在正确的时间，以正确的方式来表达情感。③ 作为社会公共领域的规范性维护着社会的规范，而美德作为一种内在精神，在实践中具有更多的不确定性和主观性。④ 所以，德育工作究竟是从工具理性培养人的义务感、责任感的规范性德育，还是从德性的角度培养人共情的美德成为经久不衰的讨论议题。

但是道德行为者知道道德知识，并不一定会将这些道德知识转化为道德行

---

① ［德］康德. 实践理性批判［M］. 邓晓芒译. 北京：人民出版社，2003：112.

② 李义天. 道德心理：美德伦理学的反思与诉求［J］. 道德与文明，2011（2）：40-45.

③ ［美］纳斯鲍姆. 善的脆弱性［M］. 徐向东等译. 南京：译林出版社，2006：8.

④ 高兆明. 道德责任：规范维度与美德纬度［J］. 南京师大学报（社会科学版），2009（1）：5-10.

为，从道德认知到道德行为的转化过程中需要其他的内在动力。公平的道德规范有利于营造秩序，但不能有效地关注到人们的"幸福"，长此以往会失去道德对于人们内在的世界观照。①规范伦理学强调道德律条，更多地采取道德灌输和道德说教，这种强力维持的道德秩序从根本上来说很难是道德的②。麦金太尔在其《德性之后》分析了亚里士多德提出的德性的概念，提出要回归德性伦理学的主张，他认为没有美德的指引，留下的可能是一些道德的碎片。③事实上，完善人的德性与发展人的规范性并不是相互对立的关系。从两者的价值出发可以看出他们是具有一致性的。规范性德育的重点在于从群体的角度去思考如何培养人遵守社会规范，但人存在于社会，社会是由人构成的，人作为社会的构成要素，并不能将人和社会作为两个对立的事物来区分，只能说是表达了作为同一个事物的个体成分和集体成分。也就是说社会和人的发展在一定意义上是相辅相成的，对于人类社会的发展与完善可以看作人在不断的发展和完善的一个结果表现。从某种意义上来说德性应该是个体所追求的成分来满足其自身发展完善的需要。但德性在完善过程中并不是孤立的，也需要在道德实践的过程中去促进社会的发展，通过德性的发展满足自身对于其所需求的东西，在追求的同时也自然而然地履行了道德义务，同时促进了社会道德发展，产生良好的社会道德风气。所以，追求德性的同时也是对社会发展的一种促进和完善。就像柏格森所言道德由两个不可或缺的方面即社会对人的义务和规范性要求，和个体基本美德精神的品性和仁爱。④积极道德教育培养人的美德，但并不否定规范性德育，而是在美德教育中渗透着规范德育的诉求和愿望。

所以，积极道德教育是在积极心理学视角下，以发展人的美德和积极道德品质为目的的德育理念。积极道德教育是针对过去关注人们的问题和不足，为了纠正和预防这些缺陷和不足，往往采取惩罚、批评、指责等消极的方法，并在这些消极的方法无效之后将人和"问题"等同起来，给人贴标签的做法提出的德育观念和实践策略。将积极道德教育的内涵总结为：积极道德强调对人的美德和积极道德品质的培养与发展，采取鼓励、欣赏等积极的教育方法激发学生的积极情绪体验，同时在教育过程中建立积极关系，采用言语化的方式进行消极和积极的转化，积极道德教育相信人不等于问题，强调将人和问题区分

① 王占魁."公平"抑或"美善"——道德教育哲学基础的再思考 [J].教育研究, 2011 (3)：56-60.

② 康永久.道德教育与道德规范——对康德与涂尔干道德理论的反思 [J].教育学报, 2009 (6)：3-9.

③ [美] 麦金太尔.德性之后.北京：中国社会科学出版社, 1995：9.

④ 柏格森.道德与宗教的两个来源 [M].贵阳：贵州人民出版社, 2007.

开，帮助学生应对各种问题，使学生具备自主解决问题的能力，实现学生积极道德品质的良好发展。

（三）积极道德教育的特征

1. 积极性

积极道德教育是基于积极心理学提出的德育理念，积极道德教育也在三个方面体现着积极性。积极道德教育的积极性首先体现在将培养受教育者的美德和积极道德品质作为教育目标，关注受教育者原有的品质和潜能，培养和发展学生的积极品质。这与以往要消除和矫正人的道德问题的观念不一样。其次在道德教育的方法上体现着积极性，相比传统采用批评、打压、压制、惩罚等方法矫正学生的道德问题，积极道德教育强调采用鼓励、欣赏等方式激发学生的积极情绪体验，在积极情绪体验的基础上，使学生拥有更多的心理资源，进而发展学生的道德品质。长期以来当学生出现不符合社会期望的道德行为时，学生就被默认为"道德品质有问题"，进而采用批评、惩罚等方式力图消除这些行为，而消除学生的行为并不意味着学生会产生符合社会期望的积极行为。积极道德教育是以培养人的美德和道德品质为目标，强化受教育者在成长过程中已经形成的原有的道德品质，并且在受教育过程中不断鼓励、欣赏以促成和培养受教育者新的道德品质的发展，而不是消除和矫正不良品质。最后，对人性预设的积极性。传统上道德教育提倡"有则改之，无则加勉"，将人默认是有问题的人，无论如何人都难以挣开"问题"的牢笼。积极心理学强调将人和问题分开，对问题进行外化，相信"人是解决自己问题的主人"，相信人有自觉自主发展的道德愿望，体现了以人为本的积极理念。

2. 体验性

积极道德教育是要通过增加学生的积极情绪体验，激发受教育者的道德发展的愿望和潜能的力量，从而培养学生的积极道德品质。诸如心流、成就感、幸福感都是重要的积极情绪体验。以往的道德教育中往往采用先提出一个概念，再由学生理解、掌握，然后提出应该怎么做的方法，从而使学生提高道德认识，掌握道德规范，促进道德行为。积极道德教育强调积极情绪体验，积极情绪体验与道德认知和道德行为倾向呈现螺旋上升的动态发展关系。要发展学生的积极情绪体验，就需要教育者对学生的情绪情感有所觉察，能够准确预测受教育者的情感感受，有意识地采取适宜的方式引导和激发学生的积极情绪。同时需要教育者对自己的情绪感受有所觉察，在道德教育中教育者给不了受教育者自己没有的东西。道德教育过程中，教师自身的情绪情感也在影响着学生的情绪情感，并影响学生道德品质的发展。体验性体现在道德教育过程中，也体现在受教育者的道德情绪体验中，更是体现在教育者自身的道德情绪体验中。

3. 关系性

杜威认为有教养的心灵本质上是社会的心灵，他说"一切教育都是通过个体对社会意识的参与来实现的。"从社会建构论的角度来看，传统的教育中把学生对知识的理解看作是教育的结果，教育是因，学生对知识的掌握是果。但是教师和学生都不是孤立的。从系统论的角度来看，学生和教师都作为多重存在走进课堂，学生带着自身与家人、朋友、社会的关系，甚至包括学生与电子产品中虚拟人物的关系走进课堂。教师也带着自己大量的关系，包括与家人、与同事、与学校管理者等之间的关系。当教师和学生相遇，彼此身上都印刻着关系的多重性。关系是一种重要的教育资源，在道德教育中发挥着重要作用。与其说"道德更多地是一种实践智慧，道德学习需要在行动中完成"①。不如说道德学习需要在关系互动中习得。

同时，积极道德教育的关系性还体现在教师对学生的影响是潜移默化的。学生对道德观念的认同往往来自教师的影响和对教师的信任。"关于任何说者认为可能改变态度的任何事实内容的任何陈述，都可以归结为赞成或反对的理由。这个理由事实上是支持还是反对这一判断将依赖听者是否相信它；如果相信，那么依赖它实际上是否对他的态度产生了影响。"② 当教师能以尊重的方式对待学生时，学生潜在地习得了尊重这一品质；当教师能以爱心对待学生时，学生也能够体会到老师的关爱，并且学会如何表达爱；当教师能够以身作则公平对待每一个学生的时候，学生也会学会公平、公正。当学生感受到教师的支持、温暖、尊重和互动时，他们就会产生积极的认知，从而形成更明显的亲社会行为倾向。③ 当教育者试图引导受教育者走出道德认知困境时，就应该通过在真实的关系中让受教育者认同"你不愿意别人怎样对待你，你就不该怎样对待别人"，或者"你愿意别人怎样对待你，你就应该怎样对待别人"这样具有同理心的道德律条和信念。

---

① 钟晓琳，朱小蔓. 再论德育中的"知识"与"生活"——基于义务教育品德课程改革的反思[J]. 课程·教材·教法. 2014（6）：39-44.

② ［美］斯蒂文森. 伦理学与语言［M］. 姚新中等译. 北京：中国社会科学出版社，1991.

③ Gottfredson D. C., Gottfredson G. D., Hybl L. G. Managing Adolescent Behavior：A Multiyear, Multischool Study［J］. American Educational Research Journal，1993，（30）：179-215.

4. 转化性

积极道德教育目标不是为了矫正和消除不良品质，对于不良品质并不是采取无视或者漠视，而是要进行消极到积极的转化，转化的方式是通过言语化的方式，使用积极的转化性语言，将受教育者自身作为一种资源，使受教育者看到自己身上的积极力量和品质，发展受教育者的美德，同时构建积极的环境，促使受教育者在积极的环境中激发更多积极情绪体验，发展出更多的道德品质。积极道德教育并不是只看到积极的一面，仅着力于发展积极道德品质，而忽略学生不符合社会规范和期待的道德行为。比如学生撒谎，积极道德教育并不是忽略学生撒谎这件事，转而发展学生其他的品质。而是在面对学生撒谎的时候，不是以惩罚、批评等方式，而是采用言语化的方式完成消极到积极的转化。从积极的视角会有诸多处理方法，如"你说了谎，我想你现在一定很紧张，也很害怕，你很害怕受到惩罚，但是我猜对你来说，你可能认为说真话会面临更大的惩罚，所以这种情况下你选择了说谎，对吗？""你说了谎，是因为你真正想说的没法说出来，说真话会让你付出代价，所以你选择说谎，是这样吗？""你说了谎，我想你一定很看重我们之间的关系，你担心如果你说实话的话，可能会影响我对你的看法，是这样吗？""你最近一定承受着一些压力，使你选择了说谎的方式，你能给我说说吗？我们一起看看怎么缓解这些压力？"等。通过言语化的方式使学生产生被理解、被尊重等积极的情绪体验，进而产生积极道德品质。基于神经科学的知识，有效语言的使用是开展积极道德教育的重要工具之一。

5. 可操作性

正是因为积极道德教育具有转化的视角，并且主要采用言语化的方式，这意味着积极道德教育是可操作性非常强的德育理念，具有非常高的应用和实践价值，在积极道德教育中重点去培训和发展教师的转化视角，并且培训教师使用相应的语言，提高教师的对话能力和情绪情感体验就可以取得良好的效果。这样使得积极道德教育不仅停留在理念层面，而且可以开发具体的培训内容，使得积极道德教育更多地被应用在道德教育实践领域，切实提高德育的实效性。

二、积极道德教育目标的设定

（一）积极道德教育的总体目标

通过对积极道德教育内涵和特征的阐释，可以清晰地看出积极道德教育的目标，即培养学生的美德和积极道德品质。教育作为有意识的以影响人的身心发展为直接目标的社会活动，积极道德教育是以培养学生道德品质为目标，通过建立积极道德环境和积极教育关系，对问题进行积极的建构和转化，激发学生道德情感体验，促进学生的道德人格成长。中国传统文化强调要"去小恶以保本真，积小善以成大德"，但是人们往往过于关注了"去小恶"，忽略了"积小善"，从行为主义的角度来说，积极关注是正强化，"积小善"可以促使更多美德产生，而对于"去小恶"来说过分和长期关注恶的一面，会导致习得性无助的产生。并不是"去小恶"就自动会产生积极，关注积极道德品质可以促进更多积极品质和积极行为产生，但是关注消极方面却并不会产生更多积极品质和积极行为。积极道德教育的目标就是培育受教育者的美德和积极道德品质。主要是通过积极关系的建立，以及采用言语化的方式将消极转化为积极，激发受教育者积极的情绪体验，从而促进积极道德品质的发展。需要强调的是本研究所称的积极道德品质与道德品质并无差别，仅是为了与积极心理学和积极道德教育对应起来。

（二）积极道德教育的目标体系

积极道德教育是以人的美德和积极道德品质发展为目标的，关于培养哪些具体的美德，自古至今有诸多论述。中国传统文化中有关美德的研究，如子曰："知者不惑、仁者不忧、勇者不惧"（《论语·子罕》）；孟子也说："仁，人心也；义，人路也"（《孟子·告子上》）；所以智、仁、勇就是孔子的美德分类；仁和义是孟子的美德分类。董仲舒提出五常：仁、义、理、智、信。现代学者又将其含义进行了解读，将每一种美德又进行了细分。[①] 道家思想也强调了积极的人格品质。"居善地，心善渊，与善仁。言善信，政善治，事善能，动善时"体现了诚实、仁慈、勤奋、正直、善良等品质。中国传统的孝文化也体现"感恩"这一美德。[②] 总体来说，中国传统社会的五德仁义礼智信分别体现着具体的道德品质，仁德涉及慈爱、善良、包容等品质；义德涉及忠诚、勇敢、正直等品质；礼德涉及自律、自控、尊重、克制、谦虚等品质；智德涉及勤奋、明理等品质；信德涉及自信、关爱、诚信、希望等品质。

西方社会涉及传统的四德：勇气、智慧、公正与节制以及基督教的信、望、爱等。亚里士多德同样列举了诸多具体的美德，如勇敢、慷慨、大方、大度、温和、友善、诚实、机智、羞耻等。英国教育哲学家、道德教育学家威尔

---

① 燕国材，刘同辉. 中国古代传统的五因素人格理论 [J]. 心理科学，2005（28）：780－783.
② 陶新华. 教育中的积极心理学 [M]. 上海：华东师范大学出版社，2017：134.

逊倡导"在道德上受过教育的人"概念，他基于分析哲学的概念分析了"德性的构成要素"，认为德性的构成要素包括：平等待人的态度（平等待人，把他者权利等同于自身权利的态度）；理解他者的能力（理解他者的感受，理解他者的利害之所在的能力）；道德认知（有关道德选择的客观事实的知识、认识）；① 社交技能（在社交场所能有效行动的实际社会技能）；思考方式（以正确的理由决定自身行动的能力——思考方式）；道德判断付诸行动的能力。②

　　也有伦理学家提出将善作为一全德，将公正、平等、人道、自由和幸福作为 5 主德，将诚实、贵生、自尊、谦虚、勇敢、节制、智慧和中庸作为 8 达德。③ 以及将德目通过利己、利他、利群、利境等划分。④ 有研究者采用形容词核查表进行自我评定，通过因素分析发现美德可以抽取 4 个主成分，即共情、有序、智慧和沉着。也有学者进行了类似的中国化研究，采用形容词核查表的方式，通过因素分析抽取出 5 个主成分，即诚善仁厚、勤谨务实、机智干练、自立自强和沉稳理性。⑤ 曾经主导美国课堂的"品格教育"强调要教给学生具体美德和培养良好行为，重视培养以尊重和责任为核心的积极道德品质，如诚实、大度、正直、温和、助人、勇敢、容忍、惜时、智慧、自我保护、顺从、理解、负责、坚持真理、在法律下维护人权。⑥ 1995 年，美国卡内基教学促进委员会发表的初等教育报告《基础学校：一个学习化的社区》中提出"每一所小学都要运用言语和行动的方法来对学生进行诚实、尊重他人、负责、同情、自律、坚忍和奉献等传统美德的教育"，并且将这七种积极的道德品质作为美国社会应当认同的基本美德。⑦ 我国研究者也曾提出要培养学生集体、真实、尊老、律己、报答、责任、利他、平等 8 个独立内容的道德价值。⑧

　　可以看出每个道德理论下都会提出具体的美德内容和结构。那么从积极道德教育的角度来看，积极道德教育以培养美德和积极道德品质为总体目标，此外还有目标体系，目标体系回答积极道德教育究竟培养哪些积极道德品质这一问题。在积极心理学的研究方面，塞利格曼关于美德的研究里提出 6 大美德

①　奥田真丈. 现代学校教育大事典：第 5 卷［M］. 东京：行政出版公司，1993：269-270.

②　钟启泉. 课程的德育目标与方法［J］. 中国德育，2013（10）：11-14.

③　王海明，孙英. 美德伦理学［M］. 北京：北京大学出版社，2011.

④　江畅. 论德性的项目及其类型［J］. 哲学研究，2011（5）：77-83.

⑤　沐守宽，顾海根. 美德形容词评定量表的编制及其信效度研究［J］. 中国临床心理学杂志，2010（3）：310－313.

⑥　孟万金. 美国道德教育 50 年的演进历程及其启示［J］. 教育研究，2006（2）：78-83.

⑦　朱小蔓，其东. 面对挑战：学校道德教育的调整与革新［J］. 教育研究，2005（3）：3-12.

⑧　孟万金. 中国传统德育观与当代西方德育观的比较［J］. 教育研究，1992（8）：70-75.

24 项积极人格特质，那么这 6 大美德 24 项积极人格特质里面，哪些是属于道德意义上的？哪些属于积极道德品质？对这一问题需要作出进一步探讨，来构建积极道德教育的目标体系。

1. 目标体系设定的标准

积极道德教育将培养学生的美德和积极道德品质作为道德教育目标。由于美德具有抽象性，而积极道德品质作为一种人格特质，具有可操作性，所以本研究将积极道德品质作为抓手，探索积极道德教育的目标体系。借鉴积极心理学美德体系的分类标准，陶新华提到 VIA 的筛选考虑 10 个方面的因素：（1）是跨文化的，被普世承认的。（2）有利于自我实现。（3）有明显的"负性"反义词。（4）内涵各不相同（5）必须存在某一特质的典型或模范。（6）可以被测量。（7）不排他的。（8）某些人可能完全缺少某种品质。（9）可以被培养。（10）有存在天赋的例子，能够在某些儿童或少年身上得到成熟的体现。① 彼得森提到 VIA 的筛选涉及的标准有 12 项，即（1）普遍存在的；（2）能够实现的；（3）具有道德价值的；（4）不能贬低他人；（5）有对立面；（6）是特质性的；（7）能够测量；（8）是显著的；（9）存在一种模范；（10）存在天才的例子；（11）能够选择性的缺失；（12）能够授权某种公共组织。② 可以看到彼得森提到 VIA 的筛选标准里涉及具有道德价值，关于具有道德价值，彼得森提到是指"自身就能体现出价值，而并非通过产生的实质性结果来衡量其价值。"对此本研究将其理解为这些积极品质的道德价值是直接体现的，而非通过结果体现的。总体来看，VIA 更多强调的是人格特质和性格优势层面的，涉及的诸如"幽默""热情"是否属于道德品质是值得深究的。综合这些标准，以及积极道德教育的内涵和特征，以及总体目标涉及的六大美德，将积极道德教育目标的体系标准定为：（1）可以归纳到 6 大美德；（2）存在某一道德榜样；（3）具有可操作性，能够被测量；（4）可以被培养；（5）能够实现。

2. 目标体系的结构

依照上述标准，本研究坚持积极道德教育以培养学生的美德和积极道德品质为总体目标，总体目标涉及 6 大美德，即智慧、勇气、仁爱、正义、修养、卓越。其中智慧强调获取和适应信息，来致力于追求美好生活的积极特质，可以说智慧是属于认知层面的，而智慧和理性是使所有美德可以实现的重要美

---

① 陶新华. 教育中的积极心理学［M］. 上海：华东师范大学出版社，2017：134-140
② ［美］克里斯托弗·彼得森. 积极心理学［M］. 北京：群众出版社，2010：101-102.

德。勇气强调个体在意志力的驱使下使人最终达到目标，有些哲学家认为美德能够处理人类自身内部的阻碍因素，可以对某些动机进行遏制或重新调整方向，以及抵御某些诱惑，所以勇气属于这一层面。仁爱强调待人友好的性情，表现在能够处理和他人之间的关系，主要是人际间的特质。正义强调与个体、集体或社会之间的互动有关。正义与仁爱都涉及关系和互动，两者的区别是仁爱往往是在一对一的关系中体现人际间的关系，而正义往往是在一对多的关系中体现的社会层面上的关系。修养强调的是行为层面的，用来调节人类活动，甚至限制人类的某些活动，防止行为过度，具备修养的美德时，可以一方面进行自我的监控与调节，另一方面也对个体起到保护作用。卓越强调的是精神层面的，涉及信念和投入，使人致力于创造卓越（非物质）的生活。

所以，积极道德教育构建的目标体系依然是6大美德。在设定的目标和6大美德体系结构下去探索并验证具体要培养人的哪些积极道德品质，需要采用实证的方法对其进行探索和验证。

三、积极道德教育目标体系实证研究

对智慧、勇气、仁爱、正义、修养、卓越6大美德下应包含的积极道德品质词进行专家评定和访谈。依据国内积极心理学研究领域的专家喻丰[①]在其博士学位论文里对美德的分类进行量化研究的过程中通过形容词库筛选的160个道德品质形容词进行专家评定，由于项目较多，采用二分法邀请8名心理学教授按照：这些词是否能属于（6大美德智慧、勇气、仁爱、正义、修养、卓越维度下的）道德品质词进行"是"或"否"打分，"是"计1分，"否"计0分，打分之后将8名专家在每一项上的打分计算平均比例，每一个词达到80%意味着达到了一致性标准。通过专家访谈将这些符合标准的含义相近的词进行合并和重新命名，如将"有韧性的""坚强的""顽强的"等合并并重新命名为"坚韧"，将"宽容的""宽恕的"等合并为"宽容"，将"谨慎的""严谨的""审慎的"等合并为"审慎"等，命名以后在专家访谈的基础上将这20个积极道德品质词按照其含义和6大美德各维度的涵义进行归类。最终形成6大美德20项道德品质词，形成具体的积极道德教育目标体系。具体为智慧维度下的创造力、好学、好奇心；勇气维度下的勇敢、坚韧、诚信；仁爱维度下的爱、善良、宽容；正义维度下的公平、合作、领导力；修养维度下的自控、

---

① 喻丰. 美德的实证心理学研究：存在、涵义、分类及效应 [D]. 北京：清华大学，2014.

审慎、谦虚、尊重；卓越维度下的共情、乐观、感恩、审美（见表2-2）。

表2-2　积极道德教育目标体系

6大美德	特点	积极道德品质
智慧	获取信息方面的品质	创造力
		好学
		好奇心
勇气	与意志力有关的品质	勇敢
		坚韧
		诚信
仁爱	待人友好的性情	爱
		善良
		宽容
正义	与社会互动有关的品质	公平
		合作
		领导力
修养	调节行为的道德品质	自控
		审慎
		谦虚
		尊重
卓越	有助于创造幸福生活的品质	共情
		乐观
		感恩
		审美

　　智慧美德下的创造力是指能够思考出新奇和有效的方式做事。创造力是人类特有的综合性本领，创造力的发展有利于人们独立思考，接受新事物，积极探索。[①] 鲁洁提出创造力是人的一种基本德性。[②] 同样，创造力的培养已经得到各个国家的重视。好学是指掌握新的知识和技术。好学是一个学习新知识和新技能的态度，1972年联合国教科文组织报告《学会生存——教育世界的今天与明天》中提到人要"在一生的一切时间和空间学习。"好奇心是指能够对

---

① 王跞. 小学生积极心理品质培养的行动研究 [M]. 重庆：西南师范大学出版社，2017：35.
② 朱小蔓，金生鈜. 道德教育评论 [M]. 北京：教育科学出版社，2009（4）：1.

正在发生的事情感兴趣，并且乐于探索。具体来说，好奇心是个体处在新的外界条件下产生的注意、操作和提问的心理倾向，是个体探索知识的力量和动力因素。积极心理学关注幸福感的研究，在 Cashdan 的研究中幸福感包含：好奇心、做感兴趣的事、活在当下、利他、良好的人际关系和善于照顾好自己。

勇气美德下的勇敢是指在威胁、挑战和困难时不畏缩，有坚定不移的信念；坚韧是指善始善终，能够坚持完成任务；诚信指诚实守信。

仁爱美德下的爱指重视和他人之间的亲密关系，能够分享和彼此关照，亲近他人，具有爱别人以及被爱的能力。吕丽艳认为中国社会人伦化的道德教育强调培养圣贤，而忽略了爱感的培养，爱在道德教育中给人带来时间、空间和素质的三重超越，爱可以实现人性和制度的卓越，促进爱感的生成是道德教育的必然使命。① 善良是指与人为善，关心照顾别人；宽容是指原谅那些做错了事的人，重新给他们机会。

正义美德下公平是指公正公平对待每个人；合作是指忠实于团队，乐于和团队成员分享；领导力是指鼓励团队成员，同时促进良好的团队关系，组织并观察团队活动的效果。

修养美德下的自控是指遵守规则，控制和调节自己的欲望和情绪；审慎是指慎重、谨慎地做决定；谦虚是指客观地认识自己，不认为自己比别人都强；尊重是指重视他人。

卓越美德下的共情是指以他人为中心，理解和体察他人情绪并且引发相似或一致的反应，体现为对他人的理解；乐观是指期望未来会有美好的事情发生，并坚韧达成愿望；感恩是指敏锐的观察和感激生活中发生的好的事情，并且表达感激之情；审美是指发现和欣赏美丽。

在此基础上，基于问卷编制的方法，参照孟万金的《中国学生积极心理品质问卷》的题项内容，结合中小学德育课程教材中相关的语句，编制每个积极道德品质词对应的题项，编制原始问卷《中小学生积极道德品质问卷》，共 6 个维度 80 道题项，对 600 名中小学生施测（具体研究过程见第一章第七部分研究方法与过程）。回收有效数据 566 份，采用 SPSS22.0 和 AMOS21.0 对其进行探索性因素分析、验证性因素分析、信效度检验后，对积极道德教育目标体系进行验证。

（一）探索性因素分析

采用临界比 CR 值（独立样本 T 检验）的方法进行项目分析，在各个分量

① 朱小蔓，金生鈜. 道德教育评论 [M]. 北京：教育科学出版社，2009（4）：92-93.

表中，将所有受测者按项目总得分进行排序，筛选出得分最高的27%及得分最低的27%进行独立样本T检验。结果显示，各题均达到0.01的显著水平。同时，计算各分量表的题项与分量表总分之前的相关性，若项目得分与分量表总分之间相关达到显著水平，且相关系数r>0.3以上，则保留项目，若相关系数r<0.3，则进行删除。

项目分析后删除8道题，保留72个题项。其中智慧分量表为11个题项，勇气分量表为10个题项，仁爱分量表为10个题项，正义分量表为12个题项，修养分量表为14个题项，卓越分量表为15个题项。

1. 智慧分量表探索性因素分析

对556份问卷进行KMO和Bartlett球形检验，结果如下表2-3所示：

表2-3　智慧分量表KMO和球形检验

Kaiser-Meyer-Olkin Measure of Sampling Adequacy.		0.844
Bartlett's Test of Sphericity	Approx. Chi-Square	990.796
	Df	36.000
	Sig.	0.000

如表2-3所示，KMO值为0.844，Bartlett球形检验的卡方值为990.796，显著性水平 sig 值为0.000，说明智慧分量表中各个项目之间存在公因素，适合做因子分析。因子分析结果如下表2-4所示：

表2-4　智慧分量表因子提取成分

	Initial Eigenvalues			Extraction Sums of Squared Loadings			Rotation Sums of Squared Loadings		
	Total	%of Variance	Cumulative %	Total	%of Variance	Cumulative %	Total	%of Variance	Cumulative %
1	4.291	39.006	39.006	4.291	39.006	39.006	2.909	26.443	26.443
2	1.008	9.161	48.167	1.008	9.161	48.167	1.806	16.42	42.862
3	0.881	8.008	56.175	0.881	8.008	56.175	1.464	13.313	56.175
4	0.85	7.729	63.904						
5	0.75	6.815	70.719						

	Initial Eigenvalues			Extraction Sums of Squared Loadings			Rotation Sums of Squared Loadings		
6	0.672	6.108	76.827						
7	0.579	5.261	82.088						
8	0.549	4.988	87.076						
9	0.525	4.769	91.846						
10	0.463	4.206	96.051						
11	0.434	3.949	100						

如表 2-4 所示，当提取的公因子为 3 个时，特征根值为 1.464，大于 1，旋转后所占方差比为总体的 56.175%，接近 60%。满足因子提取的标准。

表 2-5　智慧分量表因子载荷矩阵表

	1	2	3
q12	0.708		
q41	0.686		
q32	0.7		
q42	0.743		
q34		0.582	
q64		0.403	
q67		0.711	
q2			0.834
q5			0.708
q48			0.676
q72			0.432

表 2-5 为量表的因子载荷矩阵表，在 SPSS22.0 进行分析时，过滤了载荷度小于 0.4 的载荷分数。由上表可知，智慧分量表的 11 个题项载荷度分数均大于 0.4，可以保留。

2. 勇气分量表探索性因素分析

对 556 份问卷进行 KMO 和 Bartlett 球形检验，结果如表 2-6 所示：

表 2-6　勇气分量表 KMO 和球形检验

Kaiser-Meyer-Olkin Measure of Sampling Adequacy.		0.817
Bartlett's Test of Sphericity	Approx. Chi-Square	625.44
	Df	28.00
	Sig.	0.00

由表 2-6 可知，勇气分量表的 KMO 值为 0.817，大于 0.6；球形检验的卡方值为 625.44，sig 值为 0.000，说明勇气分量表内存在公因素，可以进行因子分析。因子分析结果如表 2-7 所示：

表 2-7　勇气分量表因子提取成分

	Initial Eigenvalues			Extraction Sums of Squared Loadings			Rotation Sums of Squared Loadings		
	Total	%of Variance	Cumulative %	Total	%of Variance	Cumulative %	Total	%of Variance	Cumulative %
1	3.048	30.481	30.481	3.048	30.481	30.481	2.478	24.78	24.78
2	2.242	22.42	52.901	2.242	22.42	52.901	2.216	22.157	46.937
3	1.379	13.785	66.686	1.379	13.785	66.686	1.975	19.749	66.686
4	0.938	9.377	76.063						
5	0.694	6.943	83.006						
6	0.522	5.221	88.226						
7	0.404	4.044	92.27						
8	0.314	3.139	95.409						
9	0.252	2.52	97.929						
10	0.207	2.071	100						

由表 2-7 可知，当提取的因子数为 3 个时，特征根值为 1.975，大于 1，旋转后所占方差比为总体的 66.686%，接近 60%，满足因子提取的标准。

表 2-8　勇气分量表因子载荷矩阵表

	1	2	3
q14	0.906		
q63	0.599		
q10	0.751		
q23	0.425		
q18		0.718	
q22		0.742	
q46		0.621	
q8			0.489
q35			0.969
q44			0.451

表 2-8 为勇气分量表的因子载荷矩阵，在 SPSS22.0 进行分析的时候过滤了载荷度小于 0.4 的载荷分数，由表 2-8 可知，各个题项的因子载荷度均在 0.4 以上，满足因子分析的要求。

3. 仁爱分量表探索性因素分析

对 556 份问卷进行 KMO 和 Bartlett 球形检验，结果如表 2-9 所示：

表 2-9　仁爱分量表 KMO 和球形检验

Kaiser-Meyer-Olkin Measure of Sampling Adequacy.		0.836
Bartlett's Test of Sphericity	Approx. Chi-Square	1176.375
	Df	28.00
	Sig.	0.00

由表 2-9 可知，仁爱分量表的 KMO 值为 0.836，大于 0.6；球形检验的卡方值为 1176.375，*sig* 值为 0.000，说明卡方值显著，仁爱分量表内存在公因素，可以进行因子分析。

表 2-10 仁爱分量表因子提取成分

	Initial Eigenvalues			Extraction Sums of Squared Loadings			Rotation Sums of Squared Loadings		
	Total	%of Variance	Cumulative %	Total	%of Variance	Cumulative %	Total	%of Variance	Cumulative %
1	4. 287	42. 871	42. 871	4. 287	42. 871	42. 871	3. 085	30. 851	30. 851
2	1. 043	10. 435	53. 306	1. 043	10. 435	53. 306	1. 714	17. 14	47. 991
3	0. 943	9. 432	62. 738	0. 943	9. 432	62. 738	1. 475	14. 747	62. 738
4	0. 73	7. 296	70. 034						
5	0. 651	6. 506	76. 539						
6	0. 607	6. 067	82. 606						
7	0. 504	5. 045	87. 651						
8	0. 496	4. 961	92. 611						
9	0. 421	4. 211	96. 823						
10	0. 318	3. 177	100						

由表 2-10 可知，当提取的因子数为 3 个时，特征根值为 1.475，大于 1，旋转后所占方差比为总体的 62.738%，大于 60%，满足因子提取的标准。

表 2-11 仁爱分量表因子载荷矩阵表

	1	2	3
q9		0. 761	
q27		0. 841	
q49		0. 654	
q37	0. 752		
q47	0. 802		
q53	0. 674		
q1			0. 88
q7			0. 512
q19			0. 564
q21			0. 704

由表2-11可知，仁爱量表各个题项的符合度均在0.5以上，满足因子分析的要求。

4. 正义分量表探索性因素分析

对556份问卷进行KMO和Bartlett球形检验，结果如表2-12所示：

表2-12 正义分量表KMO和球形检验

Kaiser-Meyer-Olkin Measure of Sampling Adequacy.		0.791
Bartlett's Test of Sphericity	Approx. Chi-Square	750.225
	Df	36
	Sig.	0

由表2-12可知，正义分量表的KMO值为0.791，大于0.6；球形检验的卡方值为750.225，sig值为0.000，卡方值显著。说明正义分量表内存在公因素，可以进行因子分析。

表2-13 正义分量表因子提取成分

	Initial Eigenvalues			Extraction Sums of Squared Loadings			Rotation Sums of Squared Loadings		
	Total	%of Variance	Cumulative %	Total	%of Variance	Cumulative %	Total	%of Variance	Cumulative %
1	5.645	47.04	47.04	5.645	47.04	47.04	3.591	29.923	29.923
2	2.079	17.323	64.363	2.079	17.323	64.363	2.688	22.402	52.325
3	1.167	9.722	74.085	1.167	9.722	74.085	2.611	21.76	74.085
4	0.688	5.732	79.816						
5	0.498	4.15	83.966						
6	0.479	3.995	87.961						
7	0.372	3.103	91.063						
8	0.342	2.854	93.917						
9	0.238	1.979	95.896						
10	0.222	1.854	97.75						
11	0.156	1.298	99.049						
12	0.114	0.951	100						

由表 2-13 可知，当提取因子数为 3 个时，特征根为 2.611，大于 1；旋转后所占方差比为总体的 74.085%，大于 60%，满足因子提取的标准。

表 2-14　正义分量表因子载荷矩阵表

	1	2	3
q6		0.667	
q31		0.711	
q52		0.426	
q13			0.591
q28			0.426
q30			0.649
q56			0.732
q20	0.732		
q24	0.676		
q26	0.7		
q33	0.539		
q38	0.634		

由表 2-14 可知，正义分量表各题项的符合度均在 0.4 以上，符合因子分析要求。

5. 修养分量表的探索性因素分析

对 556 份问卷进行 KMO 和 Bartlett 球形检验，结果如下表所示：

表 2-15　修养分量表 KMO 和球形检验

Kaiser-Meyer-Olkin Measure of Sampling Adequacy.		0.879
Bartlett's Test of Sphericity	Approx. Chi-Square	1350.079
	df	66.000
	Sig.	0.000

由表 2-15 可知，修养分量表的 KMO 值为 0.879，大于 0.6；球形检验的卡方值为 1350.079，sig 值为 0.000，卡方值显著。说明修养分量表内存在公

因素，可以进行因子分析。

表 2-16 修养分量表因子提取成分

	Initial Eigenvalues			Extraction Sums of Squared Loadings			Rotation Sums of Squared Loadings		
	Total	%of Variance	Cumulative %	Total	%of Variance	Cumulative %	Total	%of Variance	Cumulative %
1	5.933	42.38	42.38	5.933	42.38	42.38	4.526	32.331	32.331
2	2.538	18.127	60.506	2.538	18.127	60.506	2.817	20.123	52.454
3	1.299	9.282	69.788	1.299	9.282	69.788	2.427	17.334	69.788
4	0.859	6.137	75.925						
5	0.608	4.346	80.271						
6	0.515	3.676	83.947						
7	0.511	3.647	87.594						
8	0.421	3.01	90.604						
9	0.361	2.575	93.18						
10	0.259	1.852	95.032						
11	0.24	1.717	96.749						
12	0.204	1.458	98.207						
13	0.136	0.972	99.178						
14	0.115	0.822	100						

由表 2-16 可知，在提取的因子数为 4 个时，特征根为 2.247，大于 1；旋转之后所占方差比为总体的 69.788%，大于 60%，符合因子分析要求。

表 2-17 修养分量表因子载荷矩阵表

	1	2	3	4
q11				0.815
q16				0.577
q51				0.643
q25	0.42			

	1	2	3	4
q29	0.605			
q68	0.802			
q71	0.604			
q3			0.807	
q36			0.631	
q58			0.635	
q60			0.601	
q43		0.625		
q50		0.513		
q59		0.448		

由表2-17可知，修养分量表各题项的载荷度均在0.4以上，满足因子分析的要求。

6. 卓越分量表的探索性因素分析

对556份问卷进行KMO和Bartlett球形检验，结果如表2-18所示：

表2-18　卓越分量表KMO和球形检验

Kaiser-Meyer-Olkin Measure of Sampling Adequacy.		0.865
Bartlett's Test of Sphericity	Approx. Chi-Square	1981.333
	Df	105.000
	Sig.	0.000

由表2-18可知，卓越分量表的KMO值为0.865，大于0.6；球形检验的卡方值为1981.333，*sig*值为0.000，卡方值显著。由此可见，卓越分量表内存在公因素，可以进行因子分析。

表 2-19 卓越分量表因子提取成分

	Initial Eigenvalues			Extraction Sums of Squared Loadings			Rotation Sums of Squared Loadings		
	Total	%of Variance	Cumulative %	Total	%of Variance	Cumulative %	Total	%of Variance	Cumulative %
1	6.075	40.498	40.498	6.075	40.498	40.498	2.765	18.431	18.431
2	1.179	7.858	48.356	1.179	7.858	48.356	2.284	15.227	33.658
3	0.9	5.998	54.354	0.9	5.998	54.354	2.118	14.122	47.78
4	0.872	5.814	60.168	0.872	5.814	60.168	1.858	12.388	60.168
5	0.784	5.226	65.393						
6	0.726	4.841	70.235						
7	0.667	4.444	74.679						
8	0.598	3.989	78.668						
9	0.572	3.816	82.484						
10	0.542	3.611	86.095						
11	0.516	3.439	89.535						
12	0.469	3.126	92.66						
13	0.42	2.802	95.462						
14	0.392	2.613	98.075						
15	0.289	1.925	100						

由表 2-19 可知，在提取的因子数为 4 个时，特征根为 1.858，大于 1；旋转之后所占方差比为总体的 60.168%，大于 60%，符合因子分析要求。

表 2-20 卓越分量表因子载荷矩阵表

	1	2	3	4
q4			0.814	
q15			0.747	
q62			0.63	
q17		0.565		
q54		0.683		

	1	2	3	4
q66		0.75		
q70		0.62		
q39				0.437
q45				0.769
q55				0.739
q40	0.751			
q61	0.786			
q65	0.616			
q69	0.621			
q57	0.525			

由表 2-20 可知，卓越分量表各题项的载荷度均在 0.4 以上，符合因子分析的要求。

根据以上结果，积极道德品质问卷共有 72 个项目，分为智慧、仁爱、勇气、正义、修养、卓越 6 个分量表，共有 20 个因子，对应 20 个积极道德品质词，其中智慧、勇气、仁爱、正义分量表均有 3 个因子，修养和卓越分量表共有 4 个因子。

（二）验证性因素分析

根据探索性因素分析的结果，进行验证性因素分析，对各个因素之间的关系进行验证，一般来说结构方程模型的建模分析过程分为模型构建、模型拟合、模型评价和模型修正四个步骤。[1] 其中模型构建是对概念模型中变量之间的关系进行结构方程模型表达，模型拟合是指收集样本数据对模型进行估计，模型评价是指根据模型拟合的结果来评价模型的拟合程度，模型修正则是对模型做进一步完善。本研究依据这些步骤，使用 AMOS21.0 软件建构结构方程模型，分析各变量之间的关系，得到假设检验结果。在评价标准上如表 2-21 所示。

① 侯杰泰，温忠麟，成子娟. 结构方程模型及其应用 [M]. 北京：教育科学出版社，2004.

表 2-21　结构方程模型各指标评价标准

X^2/df	GFI	AGFI	NFI	ILI	CFI
≤8	≥0.9	≥0.9	≥0.9	≥0.9	≥0.9

各分量表的结构方程模型具体指标如表 2-22 所示。

表 2-22　各分量表验证性因素分析拟合指数

分量表	X^2	df	X^2/df	GFI	AGFI	NFI	CFI	IFI
智慧	198	41	4.83	0.914	0.905	0.912	0.903	0.912
勇气	126	34	3.71	0.953	0.924	0.84	0.876	0.878
仁爱	162	32	5.06	0.957	0.926	0.892	0.883	0.882
正义	195	52	3.75	0.953	0.924	0.851	0.871	0.875
修养	241	73	3.30	0.944	0.890	0.853	0.873	0.843
卓越	273	86	3.17	0.917	0.907	0.873	0.891	0.879

由表 2-22 所示，本研究各个分量表的 X^2/df 值均在 8 以下，且智慧、勇气、正义、修养、卓越分量表的 X^2/df 值在 5 以下。各分量表的 GFI 值均大于 0.9，其余各项指标均在 0.9 左右，说明各分量表整体拟合度较好。各分量表拟合模型见图 2-1 至图 2-6 所示。

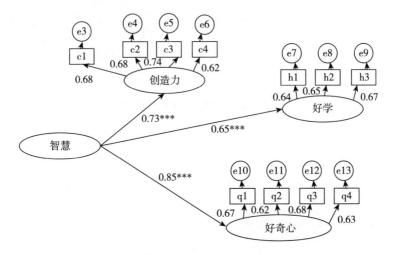

图 2-1　智慧分量表拟合模型

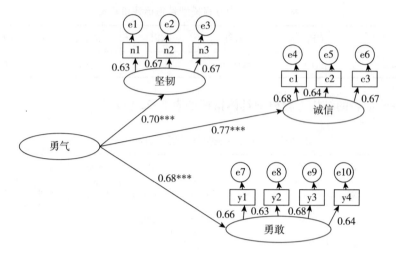

图 2-2　勇气分量表拟合模型

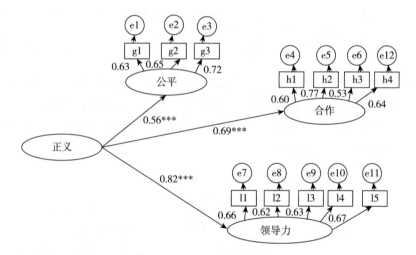

图 2-3　正义分量表拟合模型

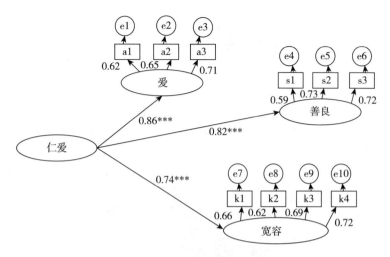

图 2-4 仁爱分量表拟合模型

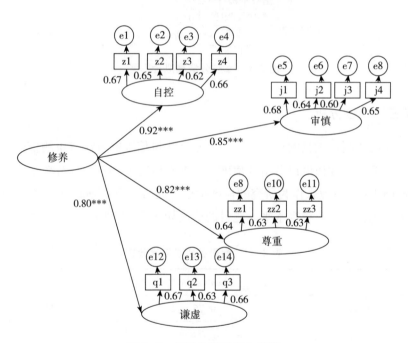

图 2-5 修养分量表拟合模型

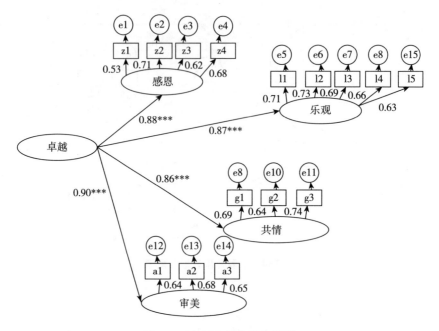

图 2-6　卓越分量表拟合模型

（三）信度分析

信度反映测量工具的稳定性、一致性。测量信度的方法有重测信度、副本信度、内部一致性信度以及组合信度。根据本研究的特点，综合考量，决定采用 Cronbach's α 系数来作为研究的信度指标。通常，Cronbach's α 系数在 0.7 以上即达到比较好的可接受水平。题目的信度如表 2-23 所示：

表 2-23　量表各变量信度分析

	Cronbach's α	N of Items
智慧	0.76	11
创造力	0.758	4
好学	0.72	3
好奇心	0.75	4
勇气	0.758	10
勇敢	0.756	4

	Cronbach's α	*N of Items*
坚韧	0.728	3
诚信	0.723	3
仁爱	0.761	10
爱	0.767	3
善良	0.712	3
宽容	0.71	4
正义	0.787	12
公平	0.767	3
合作	0.752	4
领导力	0.776	5
修养	0.74	14
自控	0.758	4
审慎	0.75	4
谦虚	0.712	3
尊重	0.734	3
卓越	0.735	15
共情	0.719	3
乐观	0.748	5
感恩	0.726	4
审美	0.726	3

由表 2-23 可知，各分量表的 Cronbach's α 系数均在 0.7 以上，说明各分量表具有较好的内部一致性信度。各分量表的组合信度如表 2-24 所示：

表 2-24　各分量表组合信度

		平均萃取量	组合信度
智慧	创造力	0.464	0.775
	好学	0.427	0.691
	好奇心	0.430	0.751
勇气	勇敢	0.432	0.695
	坚韧	0.463	0.721
	诚信	0.426	0.748
仁爱	爱	0.437	0.699
	善良	0.467	0.722
	宽容	0.436	0.754
正义	公平	0.493	0.743
	合作	0.444	0.760
	领导力	0.368	0.743
修养	自控	0.405	0.731
	审慎	0.439	0.758
	谦虚	0.401	0.668
	尊重	0.427	0.691
卓越	共情	0.407	0.672
	乐观	0.424	0.783
	感恩	0.408	0.732
	审美	0.415	0.680

如表 2-24 所示，各分量表的组合信度系数普遍低于其 Cronbach's α 系数，但是基本都维持在 0.7 左右，说明各分量表的信度较好。

（四）效度分析

经过探索性因素分析和验证性因素分析，各个分量表的参数均满足要求，说明各分量表的效度较好。表明《中小学生积极道德品质问卷》信效度良好，可以作为正式施测问卷使用。

综合本章研究，通过理论构建和实证验证，在积极心理学研究的启示下，以及在对积极道德教育内涵的探讨和对积极道德教育的特征作出阐释下，提出积极道德教育目标的应然设定，积极道德教育以培养美德和积极道德品质为总体目标，对积极道德教育目标体系遵循 6 大美德作出了应然设定。在此基础上采用实证的方法，进行过专家评定和访谈，提出积极道德教育目标具体包含 6 大美德 20 项积极道德品质，分别为智慧维度下的创造力、好学、好奇心；勇气维度下的勇敢、坚韧、诚信；仁爱维度下的爱、善良、宽容；正义维度下的公平、合作、领导力；修养维度下的自控、审慎、谦虚、尊重；卓越维度下的共情、乐观、感恩、审美。通过问卷调查法对《中小学生积极道德品质问卷》进行测量和分析，经过模型探索和验证，验证了 6 大美德 20 项积极道德品质的结构和具体体系。值得一提的是，积极道德教育这 6 大美德 20 项积极道德品质并不需要受教育者满足所有，只需要根据受教育者的发展情况适当发展即可。

第三章　中小学生积极道德品质发展的现状

本研究在第二章通过理论构建和实证验证的方法构建了积极道德教育目标，以培养6大美德20项积极道德品质为积极道德教育目标。为了实现积极道德教育目标，培养和发展学生的积极道德品质，需要把握和了解当前中小学生积极道德品质发展的现状，以便为积极道德教育目标的实现提供科学可信的数据和现实支持。本章重点探讨当前中小学生积极道德品质发展的现状。

根据上一章的实证研究，将正式形成的《中小学生积极道德品质问卷》进行施测，施测对象为兰州市中小学小学一年级到高三共600名学生，得到有效数据551个，有效率91.8%。采用SPSS22.0对数据进行分析。

一、总样本的人口学统计量

本次调查共涉及10个人口学特征，分别为性别、民族、年级、学校、抚养者、独生子女、父亲学历、母亲学历、父亲职业、母亲职业。其分布如表3-1所示：

表3-1　学生积极道德品质问卷调查的人口统计学特征

		Frequency	*Percent*	*Cumulative Percent*
性别	男	256	46.5	46.5
	女	295	53.5	100
民族	汉族	538	97.6	97.6
	少数民族	13	2.4	100
年级	小学一年级	39	7.1	7.1
	小学二年级	51	9.3	16.3
	小学三年级	49	8.9	25.2
	小学四年级	50	9.1	34.3

		Frequency	*Percent*	*Cumulative Percent*
年级	小学五年级	46	8.3	42.6
	小学六年级	55	10	52.6
	初一	46	8.3	61
	初二	47	8.5	69.5
	初三	49	8.9	78.4
	高一	39	7.1	85.5
	高二	45	8.2	93.6
	高三	35	6.4	100
学校	重点学校	201	36.5	36.5
	普通学校	350	63.5	100
抚养者	父母	465	84.4	84.4
	单亲	42	7.6	92
	老人	22	4	96
	其他人	22	4	100
独生子女	是	351	63.7	63.7
	否	200	36.3	100
父亲职业	管理人员	63	11.4	11.4
	军警	33	6	17.4
	员工	120	21.8	39.2
	农民	19	3.4	42.6
	技术人员	85	15.4	58.1
	商人	118	21.4	79.5
	其他	113	20.5	100
母亲职业	管理人员	50	9.1	9.1
	军警	9	1.6	10.7
	员工	128	23.2	33.9
	农民	10	1.8	35.8
	技术人员	88	16	51.7
	商人	126	22.9	74.6
	其他	140	25.4	100

		Frequency	*Percent*	*Cumulative Percent*
父亲学历	小学	15	2.7	2.7
	初中	81	14.7	17.4
	高中	176	31.9	49.4
	大专	108	19.6	69
	本科	128	23.2	92.2
	硕士	18	3.3	95.5
	博士	25	4.5	100
母亲学历	小学	16	2.9	2.9
	初中	88	16	18.9
	高中	202	36.7	55.5
	大专	90	16.3	71.9
	本科	126	22.9	94.7
	硕士	10	1.8	96.6
	博士	19	3.4	100

如表 3-1 所示，本次调查的有效问卷为 551 份，其中男性 256 人，占比 46.5%，女性 295 人，占比 53.5%。男女比例基本持平。独生子女有 351 人，占总人数的 63.7%；非独生子女有 200 人，占总人数的 36.3%。即本次调查的独生子女要多于非独生子女。

从民族分布来看，汉族 538 人，占总人数的 97.6%，少数民族 13 人，占总人数的 2.4%，汉族占本次调查的绝大多数。由于少数民族人数较少，构不成大样本，故在分析中不作为分析内容考虑。

从年级来看，小学一年级 39 人，占总人数的 7.1%；小学二年级 51 人，占总人数的 9.3%；小学三年级 49 人，占总人数的 8.9%；小学四年级 50 人，占总人数的 9.1%；小学五年级 46 人，占总人数的 8.3%；小学六年级 55 人，占总人数的 10%；初一 46 人，占总人数的 8.3%；初二 47 人，占总人数的 8.5%；初三 49 人，占总人数的 8.9%；高一 39 人，占总人数的 7.1%；高二 45 人，占总人数的 8.2%；高三 35 人，占总人数的 6.4%。各个年级的人数分布较为平均。

从学校层次来看，重点学校 201 人，占总人数的 36.5%；普通学校 350 人，占总人数的 63.5%。普通学校的人数略多于重点学校的学生。

从学生的抚养者方面，抚养者为父母的有 465 人，占总人数的 84.5%；抚养者为父母一方（单亲）的有 42 人，占总人数的 7.6%；抚养者为老人（爷爷奶奶或姥姥姥爷）的有 22 人，占总人数的 4%；抚养者为其他人的有 22 人，占总人数的 4%。

父亲的职业方面，父亲为管理人员的有 63 人，占总人数的 11.4%；父亲为军警的有 33 人，占总人数的 6%；父亲为员工的有 120 人，占总人数的 21.8%；父亲为农民的有 19 人，占总人数的 3.4%；父亲为技术人员的有 85 人，占总人数的 15.4%；父亲为商人的有 118 人，占总人数的 21.4%；父亲从事其他职业的有 113 人，占总人数的 20.5%。

母亲的职业方面，母亲为管理人员的有 50 人，占总人数的 9.1%；母亲为军警的有 9 人，占总人数的 1.6%；母亲为员工的有 128 人，占总人数的 23.2%；母亲为农民的有 10 人，占总人数的 1.8%；母亲为技术人员的有 88 人，占总人数的 16%；母亲为商人的有 126 人，占总人数的 22.9%；母亲从事其他职业的有 140 人，占总人数的 25.4%。

父亲的学历方面，父亲为小学学历的有 15 人，占总人数的 2.7%；父亲为初中学历的有 81 人，占总人数的 14.7%；父亲为高中学历的有 176 人，占总人数的 31.9%；父亲为大专学历的有 108 人，占总人数的 19.6%；父亲为本科学历的有 128 人，占总人数的 23.2%；父亲为硕士学历的有 18 人，占总人数的 3.3%；父亲为博士学历的有 25 人，占总人数的 4.5%。

母亲的学历方面，母亲为小学学历的有 16 人，占总人数的 2.9%；母亲为初中学历的有 88 人，占总人数的 16%；母亲为高中学历的有 202 人，占总人数的 36.7%；母亲为大专学历的有 90 人，占总人数的 16.3%；母亲为本科学历的有 126 人，占总人数的 22.9%；母亲为硕士学历的有 10 人，占总人数的 1.8%；母亲为博士学历的有 19 人，占总人数的 3.4%。可见父母的学历大部分为初中、高中、大专和本科。

二、学生积极道德品质在人口学变量上的差异

1. 不同性别的学生积极道德品质的差异

对男女学生在道德品质各分量表及各维度上进行独立样本 T 检验，结果如表 3-2 所示：

表 3-2 学生积极道德品质在性别上的差异分析

	性别	N	M	SD	t	P
创造力	男	256	14.760	3.478	-0.629	0.530
	女	295	14.930	3.045		
好学	男	256	10.300	2.335	0.077	0.939
	女	295	10.280	2.030		
好奇心	男	256	14.620	2.910	-0.503	0.615
	女	295	14.740	2.426		
智慧	男	256	39.680	6.680	-0.524	0.600
	女	295	39.950	5.620		
勇敢	男	256	14.371	2.455	-1.007	0.314
	女	295	14.578	2.360		
坚韧	男	256	11.684	2.680	-1.164	0.245
	女	295	11.946	2.598		
诚信	男	256	8.247	3.185	0.807	0.420
	女	295	8.061	2.003		
勇气	男	256	34.301	5.008	-0.711	0.477
	女	295	34.584	4.205		
爱	男	256	12.746	2.662	-3.266	0.001
	女	295	13.448	2.333		
善良	0.038	男	256	12.690	2.512	-2.083
	女	295	13.115	2.249		
宽容	男	256	13.094	2.801	-0.090	0.928
	女	295	13.114	2.277		
仁爱	男	256	38.529	5.741	-2.519	0.012
	女	295	39.676	4.816		
公平	男	256	12.464	2.551	-2.236	0.026
	女	295	12.898	2.001		
合作	男	256	14.289	3.071	-0.743	0.458
	女	295	14.473	2.733		
领导力	男	256	12.057	3.151	-0.470	0.638
	女	295	12.176	2.820		

	性别	N	M	SD	t	P
正义	男	256	42.036	6.994	-1.429	0.154
	女	295	42.827	5.828		
自控	男	256	15.650	3.471	-1.147	0.252
	女	295	15.976	3.198		
审慎	男	256	14.961	3.054	-1.615	0.107
	女	295	15.351	2.612		
谦虚	男	256	10.402	2.017	-1.162	0.246
	女	295	10.592	1.769		
尊重	男	256	12.465	2.642	-2.301	0.022
	女	295	12.963	2.401		
修养	男	256	53.479	8.081	-2.161	0.031
	女	295	54.881	7.154		
共情	男	256	10.770	2.603	0.197	0.844
	女	295	10.727	2.458		
乐观	男	256	19.051	3.633	-0.749	0.454
	女	295	19.271	3.210		
感恩	男	256	15.190	2.725	-1.194	0.233
	女	295	15.427	1.922		
审美	男	256	11.887	2.552	-4.798	0.000
	女	295	12.868	2.247		
卓越	男	256	56.897	8.295	-2.113	0.035
	女	295	58.293	7.042		

由表3-2可知，男女学生在仁爱总分、修养总分、卓越总分，以及爱、善良、公平、尊重、审美上存在显著差异。男学生在仁爱总分、修养总分、卓越总分以及爱、公平、尊重、审美上的得分要显著低于女学生。

2. 不同学校的学生积极道德品质差异

将不同学校学生在各分量表及各维度的分数进行独立样本 T 检验，结果如表 3-3 所示：

表 3-3 不同学校学生积极道德品质差异分析

	学校	N	M	SD	t	P
创造力	重点学校	201	14.510	3.124	-1.866	0.063
	普通学校	350	15.050	3.311		
好学	重点学校	201	10.230	2.131	-0.468	0.640
	普通学校	350	10.320	2.203		
好奇心	重点学校	201	14.740	2.488	0.359	0.720
	普通学校	350	14.650	2.757		
智慧	重点学校	201	39.480	5.690	-1.029	0.304
	普通学校	350	40.020	6.370		
勇敢	重点学校	201	14.642	2.109	1.246	0.213
	普通学校	350	14.390	2.557		
坚韧	重点学校	201	11.254	2.583	-3.895	0.000
	普通学校	350	12.151	2.616		
诚信	重点学校	201	8.684	3.145	3.690	0.000
	普通学校	350	7.839	2.208		
勇气	重点学校	201	34.580	4.595	0.491	0.624
	普通学校	350	34.380	4.598		
爱	重点学校	201	13.008	2.488	-0.808	0.420
	普通学校	350	13.187	2.529		
善良	重点学校	201	12.980	2.103	0.492	0.623
	普通学校	350	12.881	2.531		
宽容	重点学校	201	13.388	2.461	1.999	0.046
	普通学校	350	12.941	2.560		
仁爱	重点学校	201	39.376	4.811	0.780	0.436
	普通学校	350	39.010	5.552		
公平	重点学校	201	12.806	1.920	0.857	0.392
	普通学校	350	12.633	2.466		
合作	重点学校	201	14.804	2.692	2.571	0.010
	普通学校	350	14.149	2.980		
领导力	重点学校	201	12.610	2.491	3.142	0.002
	普通学校	350	11.840	3.191		

	学校	N	M	SD	t	P
正义	重点学校	201	43.321	5.805	2.405	0.017
	普通学校	350	41.964	6.679		
自控	重点学校	201	15.418	3.349	−2.182	0.030
	普通学校	350	16.059	3.299		
审慎	重点学校	201	15.067	2.889	−0.644	0.520
	普通学校	350	15.229	2.798		
谦虚	重点学校	201	10.801	1.744	2.818	0.005
	普通学校	350	10.333	1.950		
尊重	重点学校	201	12.806	2.304	0.545	0.586
	普通学校	350	12.689	2.647		
修养	重点学校	201	54.092	7.207	−0.321	0.749
	普通学校	350	54.309	7.862		
共情	重点学校	201	10.587	2.425	−1.126	0.261
	普通学校	350	10.839	2.578		
乐观	重点学校	201	18.448	3.405	−3.805	0.000
	普通学校	350	19.583	3.351		
感恩	重点学校	201	15.373	2.181	0.430	0.667
	普通学校	350	15.284	2.415		
审美	重点学校	201	12.331	2.325	−0.591	0.555
	普通学校	350	12.459	2.508		
卓越	重点学校	201	56.739	7.122	−2.105	0.036
	普通学校	350	58.164	7.937		

由表3-3可知，重点学校学生和普通学校学生在卓越总分、正义总分以及坚韧、诚信、宽容、合作、领导力、自控、谦虚、乐观上存在显著差异。其中，重点学校学生在正义总分，诚信、宽容、合作、领导力、谦虚上的得分要显著高于普通学校学生，而重点学校学生在卓越总分以及乐观、自控、坚韧这几个方面的得分要显著低于普通学校学生。

3. 不同抚养者的学生积极道德品质差异

将不同抚养者的学生在道德品质各分量表上及其各个维度上的得分进行方差分析，结果如表3-4所示：

表3-4 不同抚养者学生积极道德品质差异的方差分析

		N	M	SD	F	P
仁爱	父母	465	39.276	4.994	2.948	0.032
	单亲	42	38.036	6.770		
	老人	22	40.818	5.901		
	其他人	22	36.773	6.824		
	老人	22	16.182	3.319		
	其他人	22	15.227	4.011		
审慎	父母	465	15.272	2.795	3.043	0.028
	单亲	42	14.429	2.769		
	老人	22	15.727	2.711		
	其他人	22	13.864	3.371		

由表3-4可知，不同抚养者的学生在仁爱总分和审慎上的得分存在显著差异。将这两项分数进行LSD事后检验，结果如表3-5所示，由父母抚养的学生和单亲抚养的学生在仁爱总分和审慎道德品质上没有显著差异。在仁爱总分以及审慎上，抚养者为父母的学生要显著高于抚养者为其他人的学生，抚养者为老人（爷爷奶奶或者姥姥姥爷）的学生得分要显著高于抚养者为其他人的学生。

表3-5 不同抚养者学生积极道德品质差异LSD事后检验

因变量	(I)抚养者	(J)抚养者	均值差(I-J)	标准误	显著性	95%置信区间	
						下限	上限
仁爱	父母	其他	2.504	1.148	0.03	0.247	4.759
	老人	其他	4.045	1.587	0.01	0.927	7.163
审慎	父母	其他	1.408	0.614	0.022	0.202	2.614
	老人	其他	1.863	0.848	0.028	0.197	3.053

4. 独生子女学生与非独生子女学生的积极道德品质差异

将独生子女学生与非独生子女学生在道德品质各分量表及各个维度上的得分进行独立样本T检验，结果如表3-6所示：

表 3-6 独生子女学生与非独生子女学生积极道德品质差异分析

	独生子女	N	M	SD	t	P
宽容	是	351	13.269	2.504	2.031	0.043
	否	200	12.815	2.560		

如表 3-6 所示，独生子女学生与非独生子女学生在宽容上的得分存在显著差异，独生子女学生得分要显著高于非独生子女。

5. 父亲不同职业的学生积极道德品质差异

将父亲为不同职业学生道德品质及其各维度得分进行方差分析，结果如表 3-7 所示：

表 3-7 父亲不同职业学生积极道德品质方差分析

		N	M	SD	F	P
创造力	管理人员	63	14.480	3.435	2.644	0.015
	军警	33	14.520	3.528		
	员工	120	14.350	3.110		
	农民	19	14.160	4.311		
	技术人员	85	15.450	2.991		
	商人	118	15.630	2.946		
	其他	113	14.540	3.363		
智慧	管理人员	63	39.130	6.655	2.338	0.031
	军警	33	39.800	7.205		
	员工	120	39.020	5.457		
	农民	19	39.530	7.074		
	技术人员	85	40.330	6.366		
	商人	118	41.460	5.023		
	其他	113	39.030	6.645		
公平	管理人员	63	12.569	2.301	2.401	0.027
	军警	33	13.000	2.278		
	员工	120	12.829	1.980		
	农民	19	12.000	2.309		
	技术人员	85	12.547	2.425		
	商人	118	13.213	1.922		
	其他	113	12.226	2.682		

		N	M	SD	F	P
领导力	管理人员	63	12.032	3.356	2.434	0.025
	军警	33	12.818	2.506		
	员工	120	11.808	2.705		
	农民	19	12.211	4.090		
	技术人员	85	12.559	3.110		
	商人	118	12.619	2.608		
	其他	113	11.434	3.082		
正义	管理人员	63	42.132	7.261	3.625	0.002
	军警	33	44.424	5.717		
	员工	120	41.917	5.608		
	农民	19	41.895	7.340		
	技术人员	85	42.977	6.383		
	商人	118	44.069	6.013		
	其他	113	40.668	6.680		

由表3-7可知，父亲不同职业的学生在智慧总分、正义总分，以及创造力、公平、领导力上存在显著差异。将以上几个项目及维度的分数进行 LSD 事后检验，结果如表3-8所示，在创造力上，父亲为商人的学生其得分要显著高于父亲是管理人员和员工的学生。在智慧总分上，父亲为商人的学生其得分要显著高于父亲是管理人员和其他职业的学生。在公平方面，父亲为商人的学生得分显著高于父亲是农民和其他职业的学生。在领导力上，父亲为商人的学生其得分要显著高于父亲为员工的学生。在正义总分上，父亲是军人或警察的学生显著高于父亲是员工和其他职业的学生。同时，由于父亲职业是农民的样本量为19，所以父亲职业为农民的学生在公平方面的差异不作为本研究考量。

表3-8 父亲不同职业学生积极道德品质差异 LSD 事后检验

因变量	(I) 父亲职业	(J) 父亲职业	均值差 (I-J)	标准误	显著性	95%置信区间	
						下限	上限
创造力	商人	管理人员	1.147	0.503	0.023	0.16	2.13
		员工	1.281	0.418	0.002	0.46	2.1
智慧	商人	管理人员	2.327	0.95	0.015	0.46	4.19
		其他	2.447	0.789	0.002	0.9	4.0

因变量	（I）父亲职业	（J）父亲职业	均值差（I-J）	标准误	显著性	95%置信区间	
						下限	上限
公平	商人	农民	1.213	0.559	0.031	0.114	2.313
		其他	0.987	0.298	0.001	0.402	1.573
领导力	商人	员工	0.81	0.383	0.035	0.058	1.562
正义	军警	员工	2.508	1.241	0.044	0.07	4.945
		其他	3.756	1.249	0.003	1.303	6.209

6. 母亲职业不同的学生积极道德品质差异

将母亲为不同职业的学生道德品质各分量表及各维度的得分进行方差分析，结果如表3-9所示：

表3-9　母亲不同职业学生积极道德品质方差分析

		N	M	SD	F	P
创造力	管理人员	50	14.64	3.521	2.831	0.01
	军警	9	15.33	3.5		
	员工	128	14.09	3.45		
	农民	10	13.4	4.222		
	技术人员	88	15.19	3.245		
	商人	126	15.57	2.968		
	其他	140	14.83	2.99		
智慧	管理人员	50	39.67	7.699	2.443	0.024
	军警	9	42.22	6.515		
	员工	128	38.39	5.805		
	农民	10	37.9	5.646		
	技术人员	88	40.47	6.649		
	商人	126	40.92	5.403		
	其他	140	39.78	5.892		

		N	M	SD	F	P
领导力	管理人员	50	12.6	3.232	2.724	0.013
	军警	9	11.778	2.438		
	员工	128	11.656	2.725		
	农民	10	10.5	4.035		
	技术人员	88	12.563	3.132		
	商人	126	12.671	2.749		
	其他	140	11.739	3.037		
正义	管理人员	50	43.42	7.063	2.539	0.02
	军警	9	45.444	5.223		
	员工	128	41.117	6.098		
	农民	10	39.9	6.855		
	技术人员	88	42.443	6.806		
	商人	126	43.673	6.084		
	其他	140	42.251	6.271		

如表3-9所示，母亲职业不同的学生，在创造力、智慧总分、领导力及正义总分上的得分存在显著差异。将以上几个项目及维度的得分进行 LSD 事后检验，从表3-10可以看出母亲为商人的学生，其创造力得分要显著高于母亲为员工和农民的学生，母亲职业为技术人员的学生的创造力要显著高于母亲职业为员工的学生。在智慧总分上，母亲为员工的学生，其得分要显著低于母亲为技术人员的学生，且显著低于母亲职业为商人的学生。在领导力上，母亲为技术人员的学生，其得分显著高于母亲职业为员工和农民的学生，母亲职业为管理人员或商人的学生，其得分显著高于母亲职业为农民的学生。在正义总分上，母亲职业为军人或警察、管理人员和商人的学生的要显著高于母亲职业为员工的学生。同时，由于母亲职业为军人或警察的样本量为9，母亲职业为农民的样本量为10，不构成大样本，所以母亲职业为农民的学生的创造力和领导力方面的差异不作为本研究的考量，母亲职业为军人或警察的学生的正义方面的差异不作为本研究的考量。

表 3-10 母亲不同职业学生积极道德品质差异 LSD 事后检验

因变量	（I）母亲职业	（J）母亲职业	均值差（I-J）	标准误	显著性	95%置信区间	
						下限	上限
创造力	商人	员工	1.485	0.404	0.00	0.69	2.28
	商人	农民	2.171	1.058	0.041	0.09	4.25
	技术人员	员工	1.107	0.446	0.013	0.23	1.98
智慧	技术人员	员工	2.08	0.842	0.014	0.42	3.73
	商人	员工	2.533	0.763	0.001	1.03	4.03
领导力	技术人员	员工	0.906	0.408	0.027	0.104	1.708
	技术人员	农民	2.062	0.984	0.037	0.129	3.995
	管理人员	农民	2.1	1.021	0.04	0.093	4.106
	商人	农民	2.17	0.968	0.025	0.267	4.073
正义	军警	员工	4.327	2.189	0.049	0.026	8.628
	管理人员	员工	2.302	1.058	0.03	0.222	4.382
	商人	员工	2.556	0.796	0.001	0.99	4.121

7. 父亲学历不同的学生积极道德品质差异

将父亲学历不同的学生道德品质各分量表及各维度分数进行方差分析，所得结果如表 3-11 所示：

表 3-11 父亲不同学历学生积极道德品质方差分析

		N	M	SD	F	P
领导力	小学	15	10.733	3.712	3.087	0.006
	初中	81	11.605	2.558		
	高中	176	11.730	2.866		
	大专	108	12.565	3.473		
	本科	128	12.809	2.716		
	硕士	18	11.861	2.508		
	博士	25	12.120	3.046		
正义	小学	15	42.067	9.445	2.172	0.044
	初中	81	41.626	5.560		
	高中	176	41.602	6.495		
	大专	108	43.903	6.868		

		N	M	SD	F	P
正义	本科	128	43.202	5.956		
	硕士	18	42.778	5.621		
	博士	25	41.160	5.857		

如表 3-11 所示，父亲学历不同的学生，其领导力和正义总分存在显著差异。将这两个项目分数进行 LSD 事后检验，从表 3-12 可以看出父亲学历为大专和本科的学生，其领导力得分要显著高于父亲学历为小学、初中和高中的学生。在正义总分上，父亲学历为大专的学生，其得分要高于父亲学历为初中和高中的学生，父亲学历为本科的学生，其得分要显著高于父亲学历为高中的学生。可以看出父亲学历越高，学生的领导力和正义总分道德品质发展越好。由于本研究父亲学历为小学的样本量是 15，不构成大样本，所以不将父亲学历为小学在领导力方面差异作为本研究考量。

表 3-12　父亲学历不同学生积极道德品质差异 LSD 事后检验

因变量	(I) 父亲学历	(J) 父亲学历	均值差 (I-J)	标准误	显著性	95%置信区间	
						下限	上限
领导力	大专	小学	1.831	0.810	0.024	0.238	3.424
		初中	0.9598	0.432	0.027	0.110	1.809
		高中	0.834	0.359	0.021	0.128	1.541
	本科	小学	2.075	0.803	0.01	0.497	3.652
		初中	1.203	0.417	0.004	0.383	2.024
		高中	1.078	0.341	0.002	0.407	1.749
正义	大专	初中	2.277	0.935	0.015	0.440	4.114
		高中	2.300	0.777	0.003	0.773	3.828
	本科	高中	1.599	0.739	0.031	0.147	3.051

8. 母亲学历不同的学生积极道德品质差异

将母亲学历不同的学生道德品质分数进行方差分析，结果如表 3-13 所示：

表 3-13 母亲学历不同学生积极道德品质方差分析

		N	M	SD	F	P
好奇心	小学	16	15.312	2.33	3.689	0.001
	初中	88	14.932	2.432		
	高中	202	14.288	2.553		
	大专	90	15.069	2.854		
	本科	126	15.166	2.474		
	硕士	10	12.754	2.263		
	博士	19	13.473	4.06		
勇敢	小学	16	13.904	2.3094	2.251	0.037
	初中	88	14.608	2.399		
	高中	202	14.549	2.486		
	大专	90	14.333	2.378		
	本科	126	14.761	2.178		
	硕士	10	12.9	2.558		
	博士	19	14.105	2.622		
善良	小学	16	13.687	1.922	2.299	0.034
	初中	88	12.863	2.412		
	高中	202	12.849	2.574		
	大专	90	13.244	2.274		
	本科	126	13.007	2.153		
	硕士	10	12.7	1.766		
	博士	19	11.210	2.123		
领导力	小学	16	10.75	4.203	2.095	0.049
	初中	88	12.073	2.666		
	高中	202	11.779	3.057		
	大专	90	12.311	2.966		
	本科	126	12.765	2.806		
	硕士	10	11.9	2.923		
	博士	19	12.052	2.914		
正义	小学	16	40.625	10.072	2.181	0.043
	初中	88	42.363	6.294		

		N	M	SD	F	P
正义	高中	202	41.985	6.475		
	大专	90	42.8	6.782		
	本科	126	43.833	5.639		
	硕士	10	39.2	5.308		
	博士	19	40.473	4.046		

如表 3-13 所示，母亲学历不同的学生，其正义总分上，以及好奇心、勇敢、善良、领导力、正义、审慎、乐观上存在显著差异。将以上几个项目及维度分数进行 LSD 事后检验，由表 3-14 可知，在好奇心方面，母亲学历为硕士的学生，其得分要显著低于母亲学历为小学、初中、大专和本科的学生；母亲学历为大专及本科的学生得分要高于母亲学历为高中的学生。在勇敢方面，母亲学历为小学的学生，在勇敢上的得分要显著低于母亲学历为初中、高中、大专和本科的学生。在善良方面，母亲学历为博士的学生在善良上的得分显著低于母亲学历为本科和硕士的学生。在领导力方面，母亲学历为本科的学生得分显著高于母亲学历为小学和高中的学生。在正义总分上，母亲学历为本科的学生，其得分要显著高于母亲学历为高中的学生。由于本研究中母亲学历为小学的有 16 人，母亲学历为硕士的有 10 人，母亲学历为博士的有 10 人，均不构成大样本，所以本研究不作为分析讨论。

表 3-14　母亲学历不同学生积极道德品质 LSD 事后检验

因变量	（I） 母亲学历	（J） 母亲学历	均值差 （I-J）	标准误	显著性	95%置信区间	
						下限	上限
好奇心	硕士	小学	-2.613	1.057	0.014	-4.69	-0.54
		初中	-2.226	0.875	0.011	-3.94	-0.51
		大专	-2.356	0.874	0.007	-4.07	-0.64
		本科	-2.459	0.861	0.004	-4.15	-0.77
	高中	大专	-0.773	0.332	0.02	-1.43	-0.12
		本科	-0.877	0.298	0.003	-1.46	-0.29
	博士	小学	-1.839	0.89	0.039	-3.59	-0.09
		初中	-1.452	0.663	0.029	-2.76	-0.15

续表

因变量	（I）母亲学历	（J）母亲学历	均值差（I-J）	标准误	显著性	95%置信区间	
						下限	上限
勇敢	小学	初中	−1.607	0.649	0.014	−2.883	−0.332
		高中	−1.549	0.620	0.013	−2.768	−0.331
		大专	−1.333	0.648	0.040	−2.606	−0.060
		本科	−1.761	0.633	0.006	−3.007	−0.516
善良	博士	本科	−1.797	0.582	0.002	−2.049	−0.653
		硕士	−1.489	0.924	0.108	−3.304	0.325
领导力	本科	小学	2.015	0.785	0.011	0.474	3.558
		高中	0.986	0.335	0.003	0.326	1.645
正义	本科	高中	1.848	0.722	0.011	0.429	3.266

9. 不同学段学生道德品质差异

将 12 个年级的学生分成小学、初中和高中三组，然后以道德品质各分量表及其维度作为因变量进行方差分析，结果如表 3-15 所示：

表 3-15　不同学段学生积极道德品质方差分析

		N	M	SD	F	P
智慧	小学	290	40.400	6.473	3.136	0.054
	初中	142	39.510	5.940		
	高中	119	38.800	5.332		
坚韧	小学	290	12.493	2.506	21.291	0.000
	初中	142	11.155	2.709		
	高中	119	10.992	2.437		
诚信	小学	290	7.531	2.068	20.958	0.000
	初中	142	8.493	2.277		
	高中	119	9.235	3.608		
爱	小学	290	13.416	2.455	5.162	0.006
	初中	142	12.986	2.403		
	高中	119	12.567	2.692		
善良	小学	290	13.145	2.433	3.829	0.022
	初中	142	12.856	2.277		
	高中	119	12.437	2.320		

		N	M	SD	F	P
仁爱	小学	290	39.619	5.246	3.643	0.027
	初中	142	39.067	5.072		
	高中	119	38.076	5.539		
领导力	小学	290	11.700	3.290	6.616	0.001
	初中	142	12.732	2.623		
	高中	119	12.416	2.361		
自控	小学	290	16.460	3.192	12.632	0.000
	初中	142	15.380	3.484		
	高中	119	14.807	3.147		
审慎	小学	290	15.300	2.889	2.665	0.051
	初中	142	14.704	2.934		
	高中	119	15.408	2.500		
谦虚	小学	290	10.202	1.970	8.080	0.000
	初中	142	10.803	1.727		
	高中	119	10.882	1.757		
尊重	小学	290	12.962	2.550	2.606	0.075
	初中	142	12.514	2.469		
	高中	119	12.429	2.499		
修养	小学	290	54.924	7.722	2.564	0.078
	初中	142	53.401	7.393		
	高中	119	53.525	7.552		
共情	小学	290	11.060	2.616	5.837	0.003
	初中	142	10.602	2.542		
	高中	119	10.156	2.144		
乐观	小学	290	19.998	3.285	19.631	0.000
	初中	142	18.394	3.270		
	高中	119	18.071	3.381		
卓越	小学	290	59.007	7.911	10.375	0.000
	初中	142	56.511	7.317		
	高中	119	55.677	6.872		

如表 3-15 所示,小学、初中和高中学生,在卓越总分、仁爱总分,以及爱、善良、坚韧、诚信、领导力、自控、谦虚、共情、乐观上存在显著差异。将以上的项目及维度进行 LSD 事后检验。

表 3-16 不同学段学生积极道德品质 LSD 事后检验

因变量	(I)学段	(J)学段	均值差(I-J)	标准误	显著性	95%置信区间	
						下限	上限
卓越	小学	初中	2.496	0.772	0.001	0.978	4.014
		高中	3.334	0.821	0.00	1.716	4.944
仁爱	小学	高中	1.543	0.573	0.007	0.417	2.669
爱	小学	高中	0.848	0.271	0.002	0.314	1.381
善良	小学	高中	0.707	0.258	0.006	0.201	1.214
坚韧	小学	初中	1.338	0.269	0.00	0.826	1.850
		高中	1.501	0.277	0.00	0.957	2.045
诚信	高中	初中	0.742	0.314	0.019	0.125	1.359
领导力	小学	初中	−1.032	0.301	0.001	−1.625	−0.439
		高中	−0.715	0.320	0.026	−1.345	−0.086
自控	小学	初中	1.080	0.333	0.001	0.424	1.736
		高中	1.653	0.354	0.00	0.956	2.350
谦虚	小学	初中	−0.601	0.191	0.002	−0.976	−0.225
		高中	−0.680	0.203	0.001	−1.079	−0.281
共情	小学	高中	0.904	0.272	0.001	0.369	1.440
乐观	小学	初中	1.603	0.338	0.00	0.939	2.268

如表 3-16 所示,小学生卓越总分,仁爱总分,爱、善良、自控、共情、乐观得分高于高中生,小学生卓越总分、乐观、自控得分高于初中生;小学生坚韧的分数高于初中生和高中生;高中学生在领导力和谦虚得分要高于小学生,初中生领导力和谦虚分数高于小学生。

10. 不同年级的学生道德品质差异

将不同年级的学生道德品质得分进行方差分析,结果如表 3-17 所示:

表 3-17　不同年级学生积极道德品质方差分析

	N	M	SD	F	P
小学一年级	39	15.990	3.901	3.419	0.000
小学二年级	51	13.390	3.395		
小学三年级	49	15.650	3.099		
小学四年级	50	15.880	2.529		
小学五年级	46	15.180	3.638		
小学六年级	55	14.780	3.149		
初一	46	14.520	3.332		
初二	47	14.030	3.324		
初三	49	15.380	2.804		
高一	39	15.470	2.849		
高二	45	13.760	3.105		
高三	35	14.290	2.750		
小学一年级	39	11.500	2.425	2.306	0.009
小学二年级	51	9.970	2.196		
小学三年级	49	10.100	2.054		
小学四年级	50	10.540	1.919		
小学五年级	46	10.500	2.307		
小学六年级	55	10.440	2.371		
初一	46	10.000	2.440		
初二	47	10.110	2.043		
初三	49	10.370	2.438		
高一	39	10.560	1.667		
高二	45	9.380	1.642		
高三	35	10.170	1.917		
小学一年级	39	15.090	3.703	2.952	0.001
小学二年级	51	13.780	3.354		

续表

	N	M	SD	F	P
小学三年级	49	15.000	2.345		
小学四年级	50	14.680	2.199		
小学五年级	46	15.790	2.177		
小学六年级	55	14.780	2.692		
初一	46	14.240	2.282		
初二	47	14.600	2.803		
初三	49	15.220	2.003		
高一	39	14.810	2.299		
高二	45	13.330	2.844		
高三	35	15.060	1.999		
小学一年级	39	42.580	8.028	4.211	0.000
小学二年级	51	37.150	6.901		
小学三年级	49	40.760	5.703		
小学四年级	50	41.100	4.925		
小学五年级	46	41.480	5.924		
小学六年级	55	40.000	6.283		
初一	46	38.760	6.336		
初二	47	38.730	5.811		
初三	49	40.970	5.510		
高一	39	40.850	4.710		
高二	45	36.470	5.388		
高三	35	39.510	4.877		
小学一年级	39	15.333	3.001	1.297	0.222
小学二年级	51	14.245	2.776		
小学三年级	49	14.286	2.598		
小学四年级	50	14.640	2.328		

续表

	N	M	SD	F	P
小学五年级	46	14.457	2.354		
小学六年级	55	13.764	2.617		
初一	46	14.217	1.928		
初二	47	14.383	2.222		
初三	49	14.633	2.481		
高一	39	14.692	1.779		
高二	45	14.511	2.263		
高三	35	15.086	1.931		
小学一年级	39	12.936	2.889	6.965	0.000
小学二年级	51	11.216	2.623		
小学三年级	49	12.306	2.895		
小学四年级	50	12.900	1.992		
小学五年级	46	13.315	1.793		
小学六年级	55	12.473	2.276		
初一	46	10.761	2.983		
初二	47	11.340	2.632		
初三	49	11.347	2.521		
高一	39	11.795	2.342		
高二	45	10.156	2.440		
高三	35	11.171	2.256		
小学一年级	39	8.120	2.313	7.211	0.000
小学二年级	51	8.137	2.289		
小学三年级	49	7.327	1.819		
小学四年级	50	6.860	1.714		
小学五年级	46	6.870	1.721		
小学六年级	55	7.897	2.155		

续表

	N	M	SD	F	P
初一	46	7.783	1.905		
初二	47	8.979	2.524		
初三	49	8.694	2.229		
高一	39	8.256	1.806		
高二	45	10.333	5.000		
高三	35	8.914	2.525		
小学一年级	39	36.389	5.109	1.644	0.083
小学二年级	51	33.598	4.686		
小学三年级	49	33.918	4.462		
小学四年级	50	34.400	4.175		
小学五年级	46	34.641	3.400		
小学六年级	55	34.133	4.846		
初一	46	32.761	4.408		
初二	47	34.702	4.252		
初三	49	34.674	4.418		
高一	39	34.744	2.956		
高二	45	35.000	6.839		
高三	35	35.171	3.869		
小学一年级	39	13.256	3.015	2.980	0.001
小学二年级	51	12.873	2.703		
小学三年级	49	13.429	2.566		
小学四年级	50	13.480	2.620		
小学五年级	46	14.217	1.332		
小学六年级	55	13.291	2.157		
初一	46	12.913	2.298		
初二	47	12.936	2.583		

	N	M	SD	F	P
初三	49	13.102	2.365		
高一	39	12.782	2.419		
高二	45	11.556	3.079		
高三	35	13.629	1.942		
小学一年级	39	13.667	2.119	3.752	0.000
小学二年级	51	12.177	2.664		
小学三年级	49	12.898	2.981		
小学四年级	50	13.640	1.903		
小学五年级	46	13.826	2.058		
小学六年级	55	12.873	2.326		
初一	46	12.739	2.255		
初二	47	12.947	2.054		
初三	49	12.878	2.530		
高一	39	13.282	1.761		
高二	45	11.422	2.615		
高三	35	12.800	2.012		
小学一年级	39	13.231	3.002	0.516	0.893
小学二年级	51	13.284	2.493		
小学三年级	49	12.735	2.572		
小学四年级	50	13.040	2.364		
小学五年级	46	13.120	1.768		
小学六年级	55	12.982	2.792		
初一	46	13.500	2.258		
初二	47	13.106	2.876		
初三	49	13.082	2.644		
高一	39	13.346	2.004		

	N	M	SD	F	P
高二	45	12.556	3.216		
高三	35	13.429	1.945		
小学一年级	39	40.154	5.238	3.118	0.000
小学二年级	51	38.333	5.503		
小学三年级	49	39.061	6.283		
小学四年级	50	40.160	4.795		
小学五年级	46	41.163	3.376		
小学六年级	55	39.146	5.468		
初一	46	39.152	4.765		
初二	47	38.989	5.129		
初三	49	39.061	5.391		
高一	39	39.410	3.871		
高二	45	35.533	6.754		
高三	35	39.857	4.103		
小学一年级	39	12.615	2.889	1.719	0.066
小学二年级	51	12.392	2.568		
小学三年级	49	12.939	2.313		
小学四年级	50	13.220	1.962		
小学五年级	46	13.272	2.744		
小学六年级	55	12.509	2.026		
初一	46	12.674	2.034		
初二	47	12.255	2.141		
初三	49	13.092	2.135		
高一	39	12.897	1.877		
高二	45	11.756	2.524		
高三	35	12.729	1.559		

续表

	N	M	SD	F	P
小学一年级	39	15.692	3.001	2.862	0.001
小学二年级	51	12.882	3.077		
小学三年级	49	14.898	2.874		
小学四年级	50	14.080	3.023		
小学五年级	46	13.804	2.895		
小学六年级	55	14.400	2.871		
初一	46	14.370	2.462		
初二	47	14.723	2.787		
初三	49	14.816	3.147		
高一	39	14.321	2.627		
高二	45	14.022	2.676		
高三	35	15.114	2.336		
小学一年级	39	13.282	4.039	3.227	0.000
小学二年级	51	10.755	3.141		
小学三年级	49	11.837	2.939		
小学四年级	50	11.060	3.020		
小学五年级	46	11.663	3.390		
小学六年级	55	11.946	2.947		
初一	46	12.435	2.536		
初二	47	12.575	2.910		
初三	49	13.163	2.401		
高一	39	12.577	2.352		
高二	45	12.489	2.546		
高三	35	12.143	2.158		
小学一年级	39	45.333	7.001	2.750	0.002
小学二年级	51	38.990	6.846		

续表

	N	M	SD	F	P
小学三年级	49	42.980	6.159		
小学四年级	50	42.240	6.222		
小学五年级	46	41.544	7.244		
小学六年级	55	42.309	6.397		
初一	46	42.772	5.381		
初二	47	42.532	6.560		
初三	49	44.112	6.419		
高一	39	43.154	5.270		
高二	45	41.511	6.451		
高三	35	42.957	4.551		
小学一年级	39	16.808	3.132	4.901	0.000
小学二年级	51	15.745	3.236		
小学三年级	49	16.082	3.968		
小学四年级	50	16.940	3.026		
小学五年级	46	17.565	2.705		
小学六年级	55	15.855	2.683		
初一	46	14.739	3.549		
初二	47	15.468	3.329		
初三	49	15.898	3.543		
高一	39	16.205	2.567		
高二	45	13.756	3.185		
高三	35	14.600	3.183		
小学一年级	39	15.628	2.559	3.113	0.000
小学二年级	51	13.716	2.847		
小学三年级	49	15.918	3.396		
小学四年级	50	15.820	2.812		

续表

	N	M	SD	F	P
小学五年级	46	15.783	2.280		
小学六年级	55	15.109	2.740		
初一	46	14.348	2.838		
初二	47	15.085	2.827		
初三	49	14.674	3.132		
高一	39	15.833	2.429		
高二	45	14.756	2.586		
高三	35	15.771	2.353		
小学一年级	39	9.936	2.450	2.516	0.004
小学二年级	51	9.804	2.079		
小学三年级	49	10.347	2.006		
小学四年级	50	10.060	1.994		
小学五年级	46	10.717	1.628		
小学六年级	55	10.327	1.634		
初一	46	10.413	1.484		
初二	47	11.170	1.822		
初三	49	10.816	1.799		
高一	39	10.949	1.905		
高二	45	10.822	1.800		
高三	35	10.886	1.568		
小学一年级	39	13.282	2.361	3.301	0.000
小学二年级	51	12.412	3.041		
小学三年级	49	12.531	2.959		
小学四年级	50	13.220	1.972		
小学五年级	46	13.739	2.092		
小学六年级	55	12.746	2.489		

续表

	N	M	SD	F	P
初一	46	12.261	2.645		
初二	47	13.043	2.255		
初三	49	12.245	2.462		
高一	39	13.282	2.247		
高二	45	11.222	2.687		
高三	35	13.029	1.886		
小学一年级	39	55.654	6.831	3.740	0.000
小学二年级	51	51.677	7.648		
小学三年级	49	54.878	10.218		
小学四年级	50	56.040	7.194		
小学五年级	46	57.804	5.822		
小学六年级	55	54.036	6.692		
初一	46	51.761	7.537		
初二	47	54.766	7.062		
初三	49	53.633	7.418		
高一	39	56.269	6.439		
高二	45	50.556	8.089		
高三	35	54.286	6.785		
小学一年级	39	11.615	3.109	2.125	0.017
小学二年级	51	10.284	2.680		
小学三年级	49	11.388	2.405		
小学四年级	50	11.420	2.400		
小学五年级	46	10.935	2.489		
小学六年级	55	10.873	2.568		
初一	46	10.478	2.614		
初二	47	10.564	2.538		

	N	M	SD	F	P
初三	49	10.755	2.521		
高一	39	10.603	2.140		
高二	45	9.800	2.351		
高三	35	10.114	1.811		
小学一年级	39	20.192	4.248	4.552	0.000
小学二年级	51	20.304	2.890		
小学三年级	49	19.633	3.610		
小学四年级	50	20.220	2.765		
小学五年级	46	20.478	2.873		
小学六年级	55	19.300	3.306		
初一	46	17.794	3.563		
初二	47	18.521	3.218		
初三	49	18.837	3.002		
高一	39	18.346	3.185		
高二	45	17.378	3.433		
高三	35	18.657	3.464		
小学一年级	39	16.487	3.042	2.345	0.008
小学二年级	51	15.235	3.109		
小学三年级	49	14.674	2.742		
小学四年级	50	15.500	1.298		
小学五年级	46	15.794	1.377		
小学六年级	55	14.982	2.257		
初一	46	15.783	2.210		
初二	47	15.404	2.290		
初三	49	14.959	2.606		
高一	39	15.487	1.275		

	N	M	SD	F	P
高二	45	14.556	2.379		
高三	35	15.229	1.832		
小学一年级	39	12.923	2.783	1.892	0.038
小学二年级	51	11.569	2.980		
小学三年级	49	12.429	2.654		
小学四年级	50	12.860	2.268		
小学五年级	46	13.054	2.386		
小学六年级	55	12.618	2.215		
初一	46	12.044	2.280		
初二	47	12.192	2.464		
初三	49	12.184	2.342		
高一	39	12.500	2.297		
高二	45	11.778	1.906		
高三	35	13.057	2.235		
小学一年级	39	61.218	9.435	3.398	0.000
小学二年级	51	57.392	8.579		
小学三年级	49	58.122	8.276		
小学四年级	50	60.000	6.667		
小学五年级	46	60.261	6.245		
小学六年级	55	57.773	7.742		
初一	46	56.098	7.327		
初二	47	56.681	7.224		
初三	49	56.735	7.530		
高一	39	56.936	6.035		
高二	45	53.511	7.310		
高三	35	57.057	6.637		

由表 3-17 可知，不同年级的学生在勇敢、勇气、宽容、公平几个方面不存在显著差异，其他的方面都存在显著差异。将以上各项目及维度进行 LSD 事后检验可知。

在创造力方面，小学一年级、三年级、四年级要高于小学二年级、初中和高中学生，小学二年级则低于其他所有年级，初中二年级要低于初中一年级、三年级，高中二年级要低于高中一年级；在好学方面，小学一年级要高于其他所有年级，高中二年级要低于其他所有年级；在好奇心方面，小学二年级和高中二年级要低于其他所有年级；在智慧总分方面，小学一年级要高于小学二年级、初中一年级、初中二年级、高中一年级、高中二年级，小学二年级要低于小学其他年级、初中三年级，高中一年级；小学五年级要高于初中一年级、初中二年级。可以看出智慧方面的道德品质发展呈现的是不均的状态。

在坚韧方面，小学一年级、四年级、五年级和六年级要高于小学二年级、初中各个年级以及高中各个年级，高中二年级还要低于初中各个年级；诚信方面，小学四年级、五年级学生要高于其他各个年级。可知在坚韧方面学生的道德品质在年级上的发展也是不均的。但是在诚信方面，小学四年级、五年级表现出高于其他年级的特点。

仁爱维度下，在爱与被爱方面，高二年级要低于其他所有年级。在善良和仁爱总分方面，高中二年级要高于其他年级。可以看出仁爱维度下各个道德品质的发展在年级方面呈现不均的特点。

在正义维度下，在合作、领导力方面，小学一年级要高于小学其他年级，小学二年级要低于其他年级，初中三年级要高于小学各年级。在正义总分方面，小学二年级要低于其他年级。

在修养维度的自控方面，小学五年级要高于其他各个年级。在审慎方面，小学二年级要低于其他年级。在谦虚方面，初中和高中各个年级要高于小学各年级。在尊重方面，小学二年级要低于小学其他各个年级，高二年级要低于其他所有年级。在修养总分方面，小学二年级和高二年级要低于其他各个年级，小学五年级要高于小学其他年级。

卓越维度下，在共情方面，小学二年级要低于小学其他年级，小学各个年级要高于高中各个年级。在乐观方面，小学各个年级要高于初中和高中各个年级。在感恩方面，小学一年级要高于其他各个年级。在审美方面，小学二年级要高于小学其他年级。在卓越总分方面，小学一年级、四年级、五年级要高于初中和高中各个年级。

综合以上所述，可以看出学生积极道德品质在年级方面的发展是复杂的，在诚信方面，表现出小学四年级、五年级学生要高于其他各个年级的规律性，以及在乐观方面，小学各个年级要高于初中和高中各个年级的规律性。为了更直观地了解学生总体的积极道德品质发展趋势，特按照年级的发展绘制学生道德发展趋势图。将各年级学生在道德品质各个分量表得分制图，结果如图 3-1 所示：

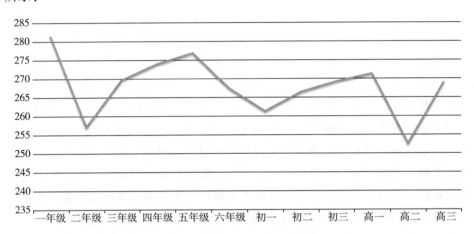

图 3-1　不同年级学生积极道德品质发展趋势

从图 3-1 可以看到学生总体积极道德品质发展有下降的趋势，在小学二年级和初一、高二处在低谷，其中高二阶段处在最低谷期。

三、中小学生积极道德品质发展的现状分析

（一）个体层面中小学生积极道德品质发展现状的分析

个体层面中小学生积极道德品质发展主要体现在性别方面的差异，男女生的道德品质发展存在明显的性别差异，女生在仁爱总分、修养总分、卓越总分以及爱、公平、尊重、审美上的发展显著高于男生。这一特点与我国当前中小学教育实际情况相吻合，也与诸多关于儿童及青少年在道德行为上的研究结果相一致，研究结果认为女生在友好、冷漠、助人、利他性行为方面要明显优于男生，而在攻击性行为等方面男生强于女生。[①] 本次研究中，在仁爱总分、修养总分、卓越总分，以及善良、公平、尊重、审美维度上，男生显著低于女

---

① 张向葵、盖笑松等. 当前社会形势下儿童——老年助人行为发展的实验研究 [J]. 心理发展与教育，1996（2）：6-11.

生，这与以往的研究结果也类似。女生对别人会更友爱和关怀，情感也更细腻，重视审美。可能的原因是：第一，从生理的角度来说，男生在右脑半球偏侧性功能专门化方面优于女生，女生在左脑半球偏侧性功能专门化方面比男生要早，所以女生大脑左半球的情感发展方面比男生早一到两年。所以，女生在言行和思想上要略成熟于男生，她们能较早地理解社会道德规范，可以按照家长和教师的要求处事，因此显得比较懂事。第二，传统道德文化对男女生的要求不同，社会文化对男生和女生的期望不同，男生和女生在成长过程中要遵循社会期望，按照社会标准行动。性别角色带着强烈的社会文化的烙印。父母会将自己的期望、看法和要求传递和投射给孩子，对于孩子性别的发展产生各种影响。按照认知发展和性别图示理论，父母按照自己对孩子的期望，根据一定价值观、教育理念去影响孩子，对孩子关于性别方面的发展给予建议和要求，并对孩子的行为加以规范和引导。普遍上来说父母对女生要求比较高，要求女孩要文静、善良、乖巧、尊重他人，对美有鉴赏和欣赏的能力，而对男生相对比较宽容，所以女生在人际交往过程中更感性、更考虑他人感受，更愿意以美的方式展现自己。第三，男女生本身的性格差异，林崇德称"性格的不少成分具有品德的意蕴。"[1] 女生更注重人际关系，在人际交往过程中更易表现出和蔼可亲，也愿意接受成人的指导，表现出关爱的道德品质要优于男生，[2] 同时从行为主义强化理论的角度来说女生由于听话，容易受到教师和家长的表扬，而表扬也强化了女生这些道德品质。

（二）家庭层面中小学生积极道德品质发展现状的分析

1. 不同家庭成长环境下学生积极道德品质发展的分析

从本研究的结果可以看出，在仁爱总分以及审慎上，抚养者为父母的学生要显著高于抚养者为其他人的学生，抚养者为老人的学生得分要显著高于抚养者为其他人的学生。家庭是学生道德品质发展的基础，"父母是孩子的第一任老师"，在孩子道德品质的发展过程中父母扮演了重要角色，一个稳定的家庭环境有助于学生依恋情感的形成和发展，在安全依恋关系的基础上孩子容易生成友善仁爱的品质。同时，父母在家庭教育的过程中也会告诉孩子什么可以做什么不能做，在这个过程中，学生的行为会比较慎重。

20世纪60年代美国心理学家哈洛所作的恒河猴实验证明了母亲对孩子安

---

① 林崇德. 品德发展心理学 [M]. 上海：上海教育出版社，1991：259-261.

② Gilligan C. In a different voice：women s conceptions of self and morality [J]. Harvard Educational Review，1977 (4)：4.

全感发展的重要意义，母亲对孩子的重要性并不仅仅是因为母亲可以为孩子提供食物。哈洛在实验中将出生的猴子和它们的母亲分开，分别关在两个笼子里，两个笼子里都各有一个用铁丝做成的假猴子，一个在外面包着厚厚的绒布，另一个没有包任何东西，但是有一个奶水装置，小猴子可以去铁丝猴子那里喝奶水，而包绒布的"猴子"没有奶水装置，但摸起来非常舒服。如果说母亲对孩子的意义是喂养食物的话，小猴子应该是待在有奶水装置的猴子身边。但事实上，只有当小猴子饿的时候才会去铁丝猴子身边喝奶，其他时间都待在绒布猴子身边，尤其当它们受到惊吓的时候，就会紧紧地抱着绒布猴子。哈洛由此得出的结论是母亲对于孩子的意义并不仅是喂养食物，而是给予孩子安全感。哈洛在进一步的实验中把一些猴子完全隔离，小猴子不与其他猴子接触，结果发现它们会咬自己，后来在和其他猴子接触中表现出更多的退缩、恐惧和攻击性。但是如果将这些猴子放到其他正常养育的猴子中间的话，慢慢它们也会正常交往，但早期隔离带来的影响依然存在。哈洛的研究证实了关系的重要性，一个支持性的成长环境对人的发展具有非常重要的意义。

后来，鲍尔比提出了依恋理论，强调了情感的重要性，婴儿与养育者建立的安全亲密关系对人的成长起着关键性作用。安斯沃斯采用陌生情境实验，将依恋分为三种类型：安全型依恋、回避性依恋和矛盾性依恋，研究发现母亲对孩子支持性的关爱有助于孩子发展出安全的依恋模式。综合以上研究，说明了关系、安全感和情感对儿童成长的重要意义。建立安全稳定的成长环境会让学生更有安全感，更容易存有善念、具备更加审慎的行为，对学生道德品质的发展有重要的影响作用。

2. 独生子女与非独生子女积极道德品质发展的分析

独生子女在宽容维度上的得分显著高于非独生子女。人们往往会认为独生子女任性、自我中心、自私、依赖、社会适应不良，进而认为独生子女道德品质发展不如非独生子女。但调查结果表明独生子女和非独生子女在总体的积极道德品质方面并无显著差异，仅在宽容维度上独生子女显著优于非独生子女。这可能是由于在亲子关系上，独生子女享有比非独生子女更多的来自父母和长辈的关爱，在充满爱的环境中长大，更易与抚养者建议安全的依恋关系，按照弗洛伊德的精神分析理论，一个人与外界的关系和对外界的态度都来自自己与自己内在关系的投射，由于独生子女更多享受到家人对自己的关爱和宽容，内在安全感比较强，所以也表现出对他人宽容的积极道德品质。

3. 父母不同职业的学生积极道德品质发展的分析

总体来看，父母职业不同的学生积极道德品质的差异主要体现在智慧总分、创造力、公平、公正总分、领导力这几个方面。同时由于父亲职业为农民和母亲职业为农民、军人或警察的数据不构成大样本，缺少统计学意义，本研究不作考量和分析。在智慧总分及创造力上，父亲为商人的学生得分要显著高于父亲是管理人员和员工的学生，母亲为商人的学生得分显著高于母亲职业是员工的学生。可能的原因是父母从事商业活动，更注重孩子创造力的发展。同时作为商人可能在平时的商业活动中视野较宽，思路广阔，能够从多角度去考虑问题，这些品质会对学生产生潜移默化的影响。同时母亲职业为技术人员的学生在智慧总分和创造力方面也显著高于母亲职业为员工的学生，这可能的原因是技术人员从事的许多工作本身需要创造力，同时也多属于理性认知层面，所以学生受到母亲影响比母亲为员工从事具体事务性工作的学生的分数要高。

在公平方面，父亲为商人的学生得分显著高于父亲是其他职业的学生。这是因为在商业社会，公平是维护商业利益的重要法则，从事商业活动的父亲会将这种需要和品质传递给学生。同样的情况也体现在正义总分上，父亲是军人或警察的学生显著高于父亲是员工和其他职业的学生。由于从事军人或警察相关职业的父亲自身具备这样的品质，所以会明显地影响到学生。

在领导力方面，父亲为商人的学生其得分要显著高于父亲为员工的学生。母亲为技术人员或商人的学生，其得分要显著高于母亲为员工和其他职业的学生。可能的原因是从事商业活动的父母本身在工作过程中，会涉及领导和管理，父母的领导能力也会影响学生的发展。母亲为技术人员在工作中也涉及统筹规划等各方面工作，母亲的职业也影响到学生的领导力发展。员工在工作中更多是事务性工作，且处在被领导状态，在实际工作中不注重领导力的培养，相应地也会影响到学生领导力的发展。

从以上研究结论可以看出，智慧总分、正义总分、创造力、公平、领导力这方面，学生的积极道德品质发展与父母的职业有显著的关系。父母从事相应职业的性质，以及对自身职业的认同，并且将与职业相关的道德品质内化为自身的一部分，会在平时和孩子互动的过程中潜移默化地影响孩子的道德品质发展。当然积极道德品质有 20 项，在其他积极道德品质方面父母职业不同的学生的积极道德品质发展并无显著差异。

4. 父母不同学历的学生积极道德品质发展的分析

总体来看，父母学历不同的学生积极道德品质的差异主要体现在正义总分、领导力、好奇心这几个方面。同时由于父亲学历为小学和母亲学历为小学、硕士、博士的数据不构成大样本，缺少统计学意义，本研究不作考量和分析。在正义总分方面，父亲学历为大专的学生，其得分要显著高于父亲学历为初中或高中的学生；父亲学历为本科的学生，其得分要显著高于父亲学历为高中的学生；母亲学历为本科的学生，其正义总分上的得分要显著高于母亲学历为高中的学生。在领导力方面，父亲学历为大专和本科的学生，其领导力得分要显著高于父亲学历为小学、初中和高中的学生。母亲学历为本科的学生领导力得分显著高于母亲学历为高中的学生。在好奇心方面，母亲学历为大专及本科的学生得分要高于母亲学历为高中的学生。可以看出，父母学历越高，孩子在正义总分、领导力、好奇心方面的积极道德品质发展越好。这是因为父母学历越高，自身的道德判断能力和道德移情能力较强，同时也比较注重对孩子在这几个方面道德品质的发展。家长学历越高素质相对也较高，重视对子女的教育，会采用更科学的教育方法，这些方法都会对学生这几个方面的积极道德品质产生影响。当然积极道德品质有 20 项，在其他的积极道德品质方面，学生的积极道德品质方面父母学历不同之间的差异并不显著。

从父母不同职业和不同学历的角度来看，学生积极道德品质的差异更多表现在诸如创造力、领导力、好奇心、公平等方面，而这些在平时的道德教育中往往是容易被忽略的，这意味着在道德教育中家长需要意识到这些积极道德品质的重要性，在平时与孩子的互动中有意识地去培养。

（三）学校层面学生积极道德品质发展现状的分析

领导力是一种人际关系，是服务能力和责任感，这种责任感是在自觉服务的意识下发现问题并致力于解决问题的使命感、责任感。重点学校的学生在领导力方面显著高于普通学校学生。可能的原因是重点学校更加注重对学生领导力的培养与发展，学校也可以提供足够的资源、平台和机会发展学生的领导力。同时，重点学校的学生的团队合作能力也显著高于普通学校。在前期做调研的时候，对教师做了访谈，了解到重点学校比较注重学生的全面发展，学校社团等校园文化活动比较丰富，调研中的某中学开设了多种社团活动，如校武术队、航模、各种模拟活动等，学生参加各种竞赛和实践活动的机会也比较多。在参加这些活动的过程中，学生的团队合作能力和领导力都会相应地得到发展。较之重点学校可以给学生提供较高的平台和资源，普通学校可能无法或很少开设这些活动，或者说没有足够的资源去支持这些活动的开展。

此外，重点学校学生在正义总分、诚信、宽容、谦虚方面显著高于普通学校学生。可能有两方面原因：第一，重点学校学生的父母会更关注对学生这些品质的培养，而普通学校学生的家长关注的面相对单一，可能更关注学生成绩的提高。第二，重点学校的老师会有意识强调学生这些品质的发展。此外在重点学校，学生之间竞争的压力比较大，学生会接触到更多成绩较好的学生，人际交往的原则之一是以他人作为参照，所以在这种情况下，学生会比较谦虚。同时也是由于竞争压力，学生在竞争过程中也更看重正义和诚信的品质，对这两个品质的追求，可以使学生在竞争中以公平公正的方式脱颖而出。

普通学校的学生在卓越总分、乐观、自控、坚韧这几个方面显著高于重点学校学生。在自控方面可能的原因是普通学校更重视教学常规的管理，对学生规矩和规则的要求比较严格，所以学生自控的发展会比较重点学校学生要高，同时根据对老师的访谈，老师认为"重点学校学生个性会比较张扬，容易自命不凡"。从坚韧的角度来说可能是因为普通学校学生更注重学生学习成绩，在资源相对较少的情况下，学生会偏向更加坚持。从乐观的角度来说，较之重点学校，普通学校的学生压力较小，学生天性更容易袒露，易形成乐观的性格。从卓越总分的角度，卓越主要涉及心灵和情感层面，综合几位一线老师的访谈，老师认为普通学校的学生"更加天真单纯一些，人情味儿更浓。"重点学校学生"聪明、优秀、竞争力强，但是也更功利一些。"

（四）总体层面中小学生积极道德品质发展趋势的分析

研究者认为，学生道德品质的发展不应当只停留在某种正态分布的标准上，正态分布只是一种自然状态的分布，道德品质的发展与提高是一种不断完善的过程，德育的目的是促进学生的成长，因此，受过教育的学生其道德品质的理想分布状态并非是正态分布。胡塞尔从现象学角度出发认为"现象学所追求的不是对世界实存的证明，而是对一切有关的实存断言和实存意谓进行意义澄清的途径。"① 教育就是这样一个意义澄清的过程，但是从本研究可以看出，随着学生的年级增长，学生的总体道德品质发展在下降，这意味着在当前学校道德教育中，对于学生积极道德品质方面的教育并不尽如人意，这与本研究在研究缘起里提到的当前德育实效性低下的现实困境是吻合的，同时这也为后面几章的研究提供了依据，即如何在学校德育课程方面培养和发展学生的积极道德品质，来实现积极道德目标。

从学段的角度来看，小学生卓越总分、仁爱总分、爱、善良、仁爱、自控、共情、乐观得分显著高于高中学生；小学生卓越总分、乐观、自控得分显著高于初中学生；小学生坚韧的分数显著高于初中生和高中生。可以明显地看出，小学生在心灵和情感层面的道德品质发展较好，小学生相对更加天真，能

---

① 张廷国. 重建经验世界——胡塞尔晚期思想研究 [M]. 武汉：华中科技大学出版社，2003：230.

容易感受爱等情感。初中生和高中生在领导力和谦虚方面显著高于小学生。总体来看，小学生道德情感相关的道德品质优于初高中生，这意味着随着学生年级的增长，学生道德情感发展水平下降的原因之一可能是在道德教育中缺失了对学生情感的关照与理解，这也意味着在道德教育中要注重培养与道德情感相关的积极道德品质。

从年级的角度看，中小学生道德品质的发展存在显著的年级差异。而且各个年级和各个品质发展不均。总体来看，随着年级的增长，学生的道德品质发展呈下降趋势。这与很多人的预想不一致，但是又比较符合现实。在现实生活中可以明显看到随着年龄的增长，无论是遵守社会规范还是某些亲社会行为方面，小学生要比初高中生更好。这值得引起人们的深思，就像有人认为"随着受教育的增加，很多人却在道德行为方面表现得不尽如人意，甚至变本加厉，表现更加虚伪、自私、蛮横。"[①]

随着年级增高，学生道德品质普遍出现下滑趋势，从学校德育的角度来看，随着年级增高，更加注重学生道德认知和道德判断能力，忽略了学生道德情感的培养，而随着年龄的增长，学生对情感的渴望并没有降低，甚至可以说对尊重、理解等方面的情感需要更强烈。学校德育课程的重视程度降低，所授内容难以引起学生情感共鸣，学校德育活动减少，活动形式单一，难以引起学生的情感体验和参与的热情。当然这是原因之一，学生积极道德品质下降涉及社会、家庭、学校、文化，还有学生自身等各方面因素的影响，在未来的研究中可以从多方面、多角度进行系统研究，进而分析造成这一现象的原因。

小学二年级和初一、高二学生的道德品质呈现下降趋势。在小学阶段，学生的道德判断和道德行为基本上是协调相称的，年龄越小言行越一致，但随着年龄的增长，逐步出现言行分化，年龄较小的儿童，道德行为比较简单。[②] 在小学二年级学生出现了明显的道德品质低谷，可能的原因是按照皮亚杰道德发展阶段理论，6-8岁处于"权威阶段"或者是他律阶段，儿童的具有强烈遵守规则的倾向，而8-10岁是"可逆性阶段"，这一阶段儿童认为规则并非一成不变的东西，是可以改变的。[③] 小学二年级学生刚好处在8岁这个从权威阶段向可逆性阶段过渡的时期，学生依赖教师和家长的评价，从遵守规则的"好孩子"的道德观，要逐渐转化为对规则的思考和质疑，这可能会导致他们在

---

① 罗正鹏.当前中国教育危机探究——基于以人为本的视角[D].武汉：华中师范大学，2015.
② 张向葵，盖笑松等.当前社会形势下儿童——老年助人行为发展的实验研究[J].心理发展与教育，1996（2）：6-11.
③ 檀传宝.学校道德教育原理[M].北京：教育科学出版社，2015.

这个年纪出现道德品质发展的低谷。按照柯尔伯格的道德判断与道德行为关系模型分析，就道德品质的定向系统而言，小学生还不能够完全理解和意识到道德情境的作用，对"非道德情境"的认识是缺乏的，往往需要在教师和家长的指示下进行；就道德品质的反馈系统而言，小学生在家长和教师的"强化"作用下，通常很难进行自我反馈。

初一的学生基本上进入青春期，表现出明显的动荡性的特点。进入初中以后，学生的认识能力有了一定提高，但仍未成熟，他们渴望独立和自主，力求摆脱成年人对他们的控制，由于逆反心理，学生在内在心理和外在行为的很多方面都会有冲突和矛盾，从而影响了道德品质方面的发展。同时由于大众传媒和网络等方面的影响，会造成这一阶段学生道德品质得分上的波动。初一除了完成了小升初，同时是从儿童到青少年的过渡期，也是处于思想转型期。尽管这一阶段学生的认知能力和思考能力有了一定程度的提高，但并未成熟。所以在初一阶段，教师和家长应重视这一转折阶段。

高二是道德品质发展的低谷，这可能的原因是高二的学生处在埃里克森说出的"自我同一性"发展和"同一性混乱"阶段，这个阶段的学生面临着诸多的冲突和矛盾。高二学生的思维水平迅速提高，随着阅历的进一步丰富，情感体验和冲突逐渐增加，对社会上各种问题可以作出独立的分析与判断，在道德评价上有较强批判性，一些高中生道德判断水平已达到原则水平，他们基本上能根据自己的评价标准，独立评价自己和他人的观点、行为和社会事件。[1]此外，负面的社会风气和舆论信息可能对他们产生较大影响。一项研究表明学生对道德规范的认同随年龄增长呈下降的趋势，随着年龄的增长，学生的自我意识逐渐增强，独立批判思维的发展，使以前认同的社会主流道德价值被怀疑和漠视所代替，认同难度明显增大。[2]所以，这个阶段的青少年处在自我同一性发展和道德认同度发展的关键阶段，导致在高二阶段出现道德品质发展的低谷。同时也可以看到对于高中阶段的德育工作来说，德育不能以知识的灌输和讲授为主，应加强学生的情感体验。

学生的道德品质发展在小学二年级，初一和高二有一个低谷，从另一个角度也可以考虑现行的德育阶段将小学一年级和二年级作为低年级学段，三年级以上作为高年级学段是否合理，是否可以将小学二年级作为划分小学低年级和高年级学段的标准。

---

① 寇彧. 思想品德教学心理学 [M]. 北京：北京教育出版社，2001：28-35.
② 首都师范大学大学生思想道德发展评价与研究中心. 北京市中小学生思想道德发展评价指标的研制与跟踪测评成果集 [C]. 北京：首都师范大学学生思想道德发展评价与研究中心，2011：253.

综合本章研究，当前中小学生积极道德品质在个体层面、家庭层面、学校层面都表现出不同的发展特点，同时在总体上随着年级的增长呈现出下滑的趋势。本研究对其进行了分析。

从个体层面来看，长期以来，性别的刻板印象也体现在教育领域，学校与社会文化的性格秩序是"同构"的，不但再现着社会文化中的性别不公正，还建构着这种不公正。[①] 语言、教材、教师等都强调着性格偏见和刻板印象，实现性别公正对男性和女性的道德发展都有重要意义，女性应该发展诸如创造力、好奇心等智慧层面的美德和道德品质，而男性也应该发展诸如共情、爱、宽容等情感层面的道德品质。

从家庭层面，家庭在学生的道德品质方面也发挥着重要作用，应形成学校和家庭协作的合力，加强家校合作，家长除了配合并协助学校的德育工作，更应该关注孩子的道德品质发展，并且以身作则影响学生道德品质的发展，道德品质是多维度的，父母从事不同工作，以及父母学历的高低会对孩子的道德品质产生影响，不能一概而论。父母需要具有自省的意识和精神，对自身的道德品质和孩子的道德品质作出反思，培养和发展学生的道德品质。同时研究发现独生子女与非独生子女除了宽容方面，其他积极道德品质没有显著差异，这为打破对独生子女和非独生子女的偏见也提供了依据。

从学校层面，应实现教育公平，借鉴重点学校的经验，加强普通学校学生的领导力和团队合作能力，培养重点学校学生的乐观等方面，最终缩小并打破校际间差异，实现学生积极道德品质的平衡和良好发展。

随着年龄增长和学段的变化，学生道德品质随着道德判断和推理能力的发展也表现出不同阶段不同的特点，这也为将积极道德品质作为开展德育衔接的内在机制提供了思路。同时，当前中小学生的积极道德品质发展随着学段增加和年级增加呈下降趋势，从学校德育层面，学校德育课程应加强育人功能，注重学生道德情感方面的培养。这将成为本研究的重点内容，实现积极道德教育目标的路径和方法有许多种，但是本研究在接下来的几章将聚焦在学校德育课程方面，试图从学校层面以及德育课程的角度探索实现积极道德教育目标的方法和路径。其他个体和家庭层面的研究将在未来的研究中作出系统探索。

---

① 朱小蔓，金生鈜. 道德教育评论 ［M］. 北京：教育科学出版社，2009：40.

第四章 从"教材"到"学材"

——通过德育课程内容实现积极道德教育目标

本研究在第三章了解了当前中小学生积极道德品质发展的现状，发现学生积极道德品质发展的某些特点，比如小学四年级和五年级学生的诚信发展在所有阶段中最好。总体来说，学生积极道德品质发展随着年级的增长呈下降趋势，这些都为如何实现积极道德教育目标提供了新的思考。在学校教育中，道德教育的内容是通过教材组织来实现的，教材是课程内容的载体。教材的设计必须考虑学和教的问题。一方面涉及学什么？教什么？另一方面涉及怎么学？怎么教？第一个问题关于内容的选择，第二个问题关于内容呈现的方法。基于前文的研究，德育教材在内容的选择方面应考虑课程内容的内在线索，同时也应该考虑内容的呈现方式。

积极心理学的研究发现，对于小学生来说，父母描述孩子的词语里带着爱和乐观这样的词（平均出现次数为 3.09 次），这些词和儿童的快乐感呈正向联系，即这样的词出现越多，儿童越感到快乐；同时感恩的发展与年龄有关，并与快乐呈正相关，这意味着越感恩的孩子越感到快乐。这一方面说明使用积极道德品质词对于孩子的积极情感体验有促进作用，同时也说明学生的道德品质发展与年龄的发展是相关的，这意味着道德品质内涵可以随着年龄的增长不断深入。从积极道德教育的角度来看，首先学校德育课程内容应该体现和反映着学生的积极道德品质，除此之外，学校德育课程内容的呈现方法上也应该激发学生的积极情绪体验，来影响学生道德品质的产生。但是实际德育课程内容选择、组织和编排情况是怎样的？有没有呈现出积极道德品质词？更确切地说呈现了哪些道德品质词？德育课程内容的呈现方式能不能激发学生的积极情绪体验？这些都是德育课程内容非常值得探讨的现实层面问题。本章基于对德育课程内容应然和实然方面的讨论，提出有效选择、组织和编排学校德育课程内容来实现积极道德教育的策略。

一、德育课程内容选择与组织的应然状态

基于前文对积极道德教育内涵的探索，以及积极道德教育具有积极性和体验性的特点。学校德育课程内容的选择与组织方面也应体现出积极道德教育的积极性和体验性，主要体现在德育课堂内容的选择应涉及积极道德品质，以及德育课程内容的组织和编排应激发学生的积极情绪体验两个方面。

（一）德育课程内容应涉及积极道德品质

新课改以来，德育课程教材在生活化视角下发生了巨大的改变，无论是小学教材还是中学思想品德教材，都遵从了从自我到他人、社会、国家的主线。但是外在的线索难以实现德育课程内容的螺旋式上升，德育课程内容需构建内在的逻辑线索。每个道德品质与其相关或者相近的品质存在着联系的特点，形成美德，就如在前文研究得出的 6 大美德 20 项道德品质，将道德品质作为内在线索，寻找每个道德品质的内涵，将其与学生的心理发展阶段结合起来，实现德育课程内容的衔接和螺旋式上升。学生的道德品质发展和需求是不断深化的过程，比如诚信在小学阶段，从学生理解的角度来说指具体的行为"不撒谎"，但是随着年龄的增长，学生对诚信的理解深入到"说话算话"，再随着学生思维和道德判断能力的发展，学生可以从公平正义的角度将"诚信"理解为"重承诺"以及抽象的真诚等内在道德诉求，再随着学生年龄的增长可以根据道德情境等因素更加辩证地理解诚信的内涵。从这个角度来看，德育课程内容首先要体现出道德品质。德育课程内容在选择和组织编排上要根据学生的特点，有意识地将道德品质的内涵在不同的学段或年级体现出来。

（二）德育课程内容应激发学生的积极情绪体验

除了在选择课程内容方面要将积极道德品质作为内在线索，还要在内容的组织和编排上激发学生的积极情绪体验。以往在教材的设定上将教材作为教师教学的"教本"，教材是从教师"教什么？如何教？"的角度为教师服务，方便教师教，更确切地说方便教师建立在"讲道理"和"讲故事"的套路上，遵循着"是什么""为什么""你们应该怎么做"的模式，有研究者研究过以往教材以"是什么""为什么"的提问方式占到问题总数的75%。[①] 教师先讲

① 章乐，范燕燕．小学德育教材中的"问题"的比较研究：基于人教社两套小学三年级德育教材［J］．上海教育科研，2009（11）：64-66.

道理，然后通过讲故事对这个道理加以印证，明确了道理，指导学生应该怎么做，然后完成了教学活动，教师的教在教材既定的轨道上运行，而学生则是被忽略的，在这个过程中学生只是作为单方面的接受者和服从者。这是典型的论证式和说理式教育，这种教育指向的是学生道德认知能力的发展，默认为学生道德认知能力发展以后，学生的道德水平就会自然而然地提高。比如关于诚信教育不是去考虑诚信蕴含的德性内涵，以及学生在真实生活中面临关于诚信的道德困境，而是告诉学生什么是诚信，为什么要讲诚信，怎么样讲诚信，在这个过程中学生只是被动地提高了道德认知能力，但是学生的道德情感、道德意志和行为以及过去的生活经验都被排斥在外。即便学生对关于诚信的知识说得头头是道，但依然离学生真正的需要和体验很远。如果教材内容本身不能激起学生的积极情绪体验，那么学生的兴趣、动机、好奇心、探索、理解、体悟都被挡在了教材外面，学生体会不到学习的乐趣，学生的互动只发生在和教师之间，而没有和教材建立起联系，学生只是学习的旁观者，而不是参与者，学生的情感、意志等道德学习方式都无法进入学习过程，形成了"道理我都懂，可我就是做不到"的知行脱节的道德学习状态。

所以在德育课程内容的设定上，应该注重学生与课程内容之间的联系，要引导学生对诸多问题的探究、思考和学习，需要学生自身参与其中，学生要对话题有感觉，内容要能贴合学生的需要，教材要做的是通过激发和唤醒学生的积极情绪体验，比如成就感、幸福感、投入感、兴趣、心流、参与感，使学生产生自主探索的动力。积极道德教育下的德育课程内容通过激发学生的积极情绪体验，进而激发学生的道德学习愿望，使学生以主动探索的方式去发展道德能力。

二、德育课程内容选择与组织的实然状态

在积极道德教育下，要实现积极道德教育目标，首先需要从内容上将道德品质作为内容选择与组织的内在线索，其次在内容的呈现方式上要能够激发学生的积极情绪体验。但是实际德育课程内容选择和组织方面有没有涉及道德品质，呈现的方式能不能激发学生的积极情绪体验是非常值得探究的。研究采用内容分析法，从道德品质词的呈现频数和呈现方式两个方面了解当前学校德育课程的选择与组织的实然状态。

（一）旧版教材呈现的特点

由于 2016 年使用新版教材《道德与法治》，整个新版教材的使用尚覆盖

整个学段和年级，故首先对旧版教材中涉及的积极道德品质词进行频数分析，包括直接词和相关词。比如关于创造力，直接词为"创造力"，相关词为"创新""创造性"等词。旧版主要是小学阶段《品德与生活》《品德与社会》，初中阶段的《思想品德》和高中阶段的《思想政治》。教材里涉及道德品质的总体频数如表4-1所示，综合直接词和相关词，计算出总频数。

表4-1 旧版教材积极道德品质词呈现的频数

	一年级	二年级	三年级	四年级	五年级	六年级	初一	初二	初三	高一	高二	总分
创造力					18	28				26	57	129
好学			2	2	2		2	1			6	15
好奇心						4	6			1	0	11
勇敢		1	1	11	11	2	30	3	3	79	2	143
坚韧		1	3	4	5	12	12	4	20	26	18	105
诚信	1			2		43		35	4	22	3	110
爱	13	3	39	12	3	13	46	53	21	46	37	286
善良	2		1	3	3		7	5	6	2	0	29
宽容			1		1		1	38		0	2	43
公平				4			1	96	3	77	6	187
合作			16	8	14	13	5	57		32	14	159
领导力					2					5	0	7
自控	1		5	15			11	42	15	8	10	107
审慎							2			1	2	5
谦虚	0	0	0	0	0	0	0	0	0	0	0	0
尊重		1	7	24	12	10	134	129	19	66	18	420
共情			5		5	2	6	35		4	20	77
乐观			4		5		97	3	77	13	59	258
感恩	1	1	21		8		1	25		1	1	59
审美	4					2	7	5		0	3	21

1. 旧版教材道德品质词呈现的内容

（1）道德品质词纵向呈现的特点。

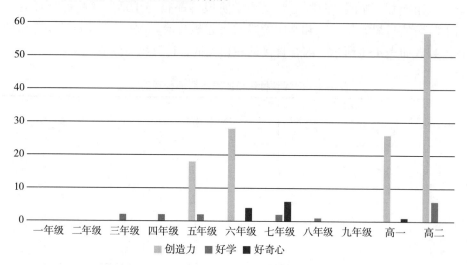

图4-1　智慧维度道德品质词在教材中的呈现

　　图4-1为智慧维度积极道德品质词在教材中的呈现频数。可以看出，小学一年级、二年级和初中七年级、八年级、九年级教材没有出现创造力相关的积极道德品质词，创造力相关的词最多的出现在高二年级，然后是高一和五年级、六年级。可以看出创造力主要出现在小学学段高年级和高中阶段。好学在整个教材中出现较少，一年级、二年级、六年级和九年级没有出现，其他年级出现的次数不超过10次。好奇心在小学一年级、二年级、三年级、四年级、五年级和初中九年级均没有出现，其他年级出现的次数也比较少，不超过10次。可以看出，在德育教材的选择、组织和编排上对学生的创造力、好学和好奇心关注较少。

　　这可能是由于从传统上，和人们长期的道德观念里认为创造力、好学和好奇心等积极道德品质归属于智慧、理性领域，而智育和德育分属两个层面。所以无论是教师还是教材的编写者，都缺少对学生智慧层面的关注。但在道德领域中，理性与道德是相互融合和渗透的。① 正如《哈佛通识教育红皮书》中所说："将人的心智区分为理智的、审美的和伦理的几个部分，仅仅是出于分析问题的考虑，而人的心智中这几个部分是不可分的，故而在伟大的经典作品

---

① 张君宝，詹世友. 论美德的情、理相融之特质 ［J］. 伦理学，2012（4）：1-6.

中，总是以整体的方式存在着并发挥作用的。"① 创造力、好奇心、好学等智慧层面的道德品质的发展本身也体现着学生道德认知能力。

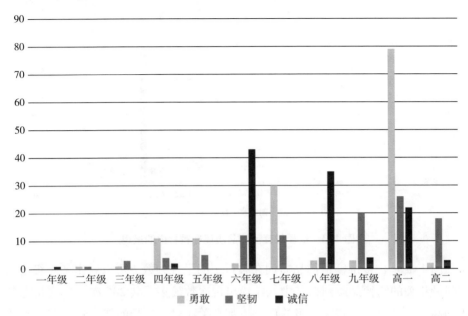

图 4-2 勇气维度道德品质词在教材中的呈现

图 4-2 是勇气维度道德品质词在教材中的呈现频数，可以看出在勇敢的道德品质方面，在小学一年级、二年级极少出现，在高一年级出现次数最多，其次是七年级和小学四年级。在勇敢的层面在每个学段都有所体现。坚韧在小学一年级、二年级极少出现，三年级以后随着年级升高次数逐渐增加，八年级时出现较少。总体来说，坚韧在高一阶段出现次数较多，其次是九年级和高二，这可能是由于中考对于中国学生来说是一段非常重要的学习历程，经历过中考，进入高中以后，学业压力逐渐增大，坚韧被作为一个重要道德品质得到重视，故而在教材的九年级和高一、高二年级出现次数较多。诚信在小学三年级以前极少出现，在小学六年级出现次数最多，七年级又极少出现，八年级出现次数较多，但是根据前文研究《中小学生积极道德品质问卷》调查的结果，学生的诚信在小学四年级、五年级发展是最高的，明显高于其他年级。但是从教学选择和组织的角度来说，教材是体现在小学六年级，明显呈现出教材的选择和组织滞后的特点。总的来说，在勇气的维度上比较注重勇敢的道德品质。勇敢出现次数最多，为 143 次；其次是诚信，110 次；最后是坚韧，105 次。

---

① 哈佛委员会. 哈佛通识教育红皮书［M］. 李曼丽译. 北京：北京大学出版社，2010.

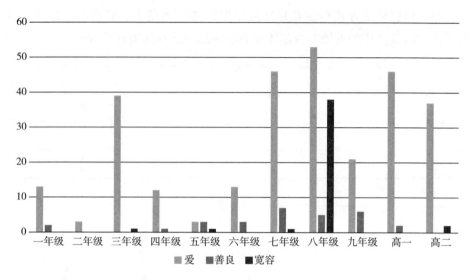

图4-3 仁爱维度道德品质词在教材中的呈现

图4-3是仁爱维度道德品质词在教材中的呈现频数,可以看出各年级均出现与爱相关的道德品质词,其中八年级出现次数最多,共286次,其次是七年级和高一,可以看出每个年级的教材里都会关注对学生爱的能力的培养。相比而言,善良在教材中出现的次数不多,更集中在初中三个年级。而宽容的品质词在其他年级极少出现,仅在八年级出现次数较多,共43次,善良出现的次数最少,共29次。

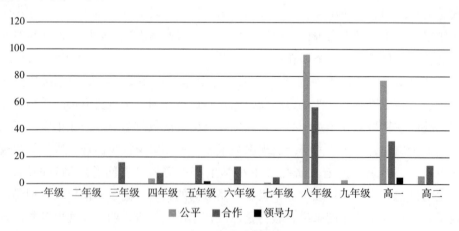

图4-4 正义维度道德品质词在教材中的呈现

图4-4是正义维度道德品质词在教材中的呈现频数。可以看出,八年级教材里关于公平出现的次数最多,其次是高一,其他年级极少出现。这可以从科

尔伯格的道德发展理论得到解释，科尔伯格的道德三阶段理论认为，15 岁左右的青少年处在道德判断的习俗水平，能够以公平的角度作出道德判断。同样也是在八年级出现合作的次数最多，其次是高一，其他年级出现次数较少。此外，可以看出整体上德育课程内容不注重领导力的培养，领导力出现次数最低仅仅只有 7 次。公平出现 187 次，其次合作出现 159 次，可以看出从教材选择、组织编排角度对学生领导力培养的重视程度不够。

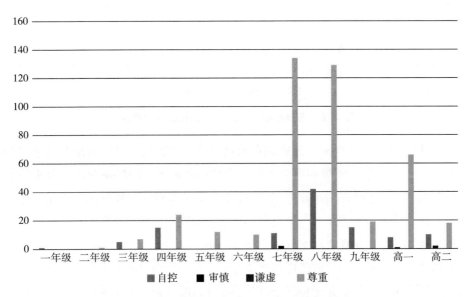

图 4-5 修养维度道德品质词在教材中的呈现

图 4-5 是修养维度道德品质词在教材中的呈现频数。可以看出，自控相对出现得较少，主要是在初中阶段的七年级、八年级和九年级出现，以及小学四年级出现比较多，从自控的角度来说，主要强调对道德规范的遵从，对规则的遵从内化为自控、自律的道德品质，在对教材进行内容分析的过程中看到整个教材中非常注重对规范和法律的遵守，在具体的方法上强调规范和法律的重要性，但是缺少对自控品质的培养，这也意味着对规范的遵从更大程度上是以说理的方式呈现。审慎和谦虚在整个教材中出现的次数极少，而尊重出现次数较多，尤其是在七年级、八年级和高一年级。而且从总数上来看，尊重在整个教材中出现的次数是最多的，出现了 420 次，其次是自控，出现了 107 次，审慎出现了 5 次，谦虚没有出现过。

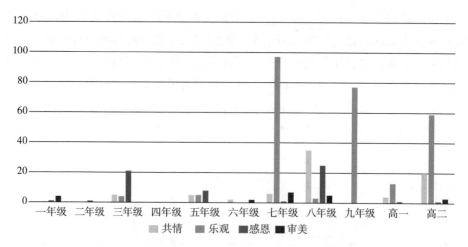

图 4-6　卓越维度道德品质词在教材中的呈现

　　图 4-6 是卓越维度道德品质词在教材中的呈现频数，可以看出共情出现的次数较少，在小学八年级和高二出现的次数相对较多，同时在做内容分析的时候发现共情极少出现直接词，大多是通过相关词"理解"体现的。共情既作为一种道德品质，同时也作为一种道德情感和道德能力，在道德发展过程中极具培养的可操作性，但是在实际的教材里更加注重"理解"这类较抽象的概念的讲授，而较少关注实际道德情绪体验和能力的培养，从这个角度来看，德育课程内容在选择和组织编排过程中是忽略情绪情感体验的。初中七年级、九年级和高二年级出现乐观相关词频数比较高，出现 258 次，可能是因为这个阶段教材更注重对相关词"希望"的培养，中学阶段注重考虑学生设计对未来的规划，故教材的编排在这方面比较关注。感恩在小学三年级和初中八年级出现次数相对较多，审美总体出现次数较少，为 21 次，共情和感恩出现次数分别是 77 次和 59 次。

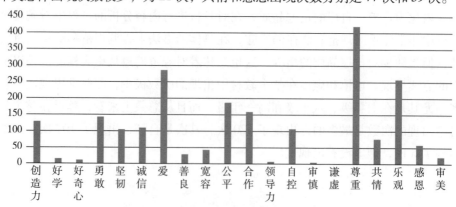

图 4-7　总体道德品质词在教材中的呈现

图 4-7 是总体道德品质词在教材中的呈现频数，可以看出在旧版教材里，出现频次最高的是尊重，其次是爱、乐观、公平、合作、勇敢、创造力、诚信、自控、坚韧等道德品质。而好学、好奇心、善良、领导力、审慎、谦虚、审美、善良、宽容、共情出现次数较少。其中谦虚的频数是 0 次，领导力相关出现频数是 7 次，好奇心和好学出现频数分别是 11 次和 15 次。可以看出在德育课程内容的呈现方面，积极道德品质词的呈现是不均的，没有体现出螺旋上升。德育课程内容在选择和组织方面忽略了将道德品质作为内在的线索。

（2）道德品质词横向呈现的特点。

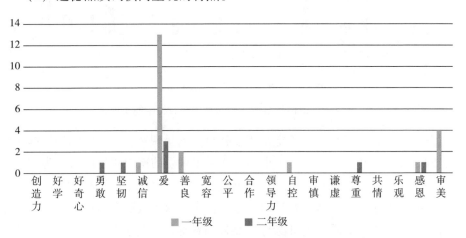

图 4-8 道德品质词在小学低年级教材中的呈现

图 4-8 是道德品质词在小学低年级教材中的呈现频数。小学低年级即小学一年级、二年级，可以看出总体上小学一年级、二年级出现道德品质词较少，爱和审美相关的词的次数较多。教材的编排遵循课程标准，《品德与生活》强调生活性，强调学生生活的体验，较少直接在教材文本中呈现道德品质词。《品德与生活》课程的结构框架是以儿童的生活为基础，用三条轴线和四个方面组成课程的基本框架，三条轴线是儿童与自我、儿童与社会、儿童与自然，四个方面是健康、安全地生活，愉快、积极地生活，负责任、有爱心地生活，动脑筋、有创意地生活，这三条轴线和四个方面交织构成了儿童生活的基本层面。[1] 从课程目标知识与技能的角度关注学生基本生活技能的掌握，从情感态度价值观的角度强调爱的能力的培养，故而这个阶段爱出现的频数是最多的。

---

[1] 《小学品德与生活课程标准（2011 版）》。

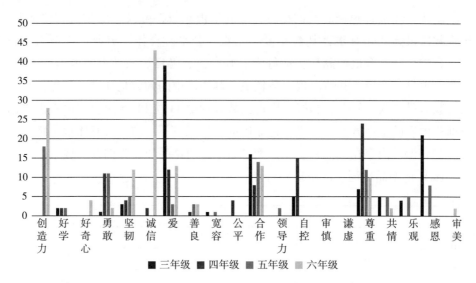

图 4-9　道德品质词在小学高年级教材中的呈现

　　图 4-9 是道德品质词在小学高年级教材中的呈现频数，小学高年级即小学三、四、五、六年级。可以看出小学三年级出现爱的次数明显增加，为 39 次。同时关于感恩、合作等道德品质词也明显增加。四年级更多体现的是关于尊重、自控，五年级更多体现的是创造力、合作，六年级更多体现的是诚信、创造力、爱、合作等品质。这可能与《品德与社会》的课程标准有关，《品德与社会》课程旨在培养学生的良好品德，促进学生的社会性发展，为学生认识社会、参与社会、适应社会，成为具有爱心、责任心、良好行为习惯和个性品质的公民奠定基础。课程设计思路是：一条主线，点面结合，综合交叉，螺旋上升。"一条主线"是以学生的生活发展为主线；"点面结合"的"点"是社会生活的几个主要因素，"面"是学生逐步扩展的生活领域，面上选点；"综合交叉，螺旋上升"是指每个生活领域所包含的社会要素是综合的，在不同学段层次不同，螺旋上升。[①] 所以，小学三年级以后开始注重学生发展与自我，与家庭、学校、家乡、祖国、世界的关系，所需要具备的品质也越来越多，这些道德品质在小学三年级、四年级、五年级、六年级交叉着体现出来，而且在关系的互动中更加强调合作的品质。

---

① 《品德与社会课程标准（2011 版）》。

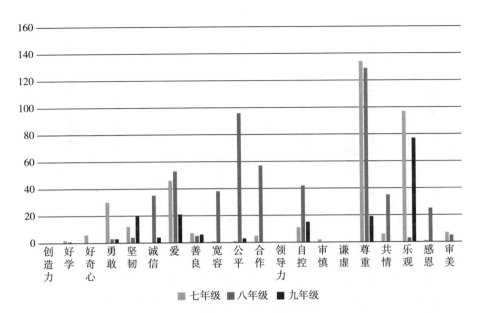

图 4-10 道德品质词在初中学段教材中的呈现

图 4-10 是道德品质词在初中学段教材中的呈现频数。可以看出七年级尊重和乐观出现的次数较多，其次是爱、勇敢。八年级主要是尊重、公平、合作、爱、宽容、自控和共情。九年级主要是乐观。初中阶段学生进入青春期，青春期被心理学家称为人生的第二个"狂风暴雨期"，学生在这个阶段面临许多困惑和心理冲突，可以从教材中明显地看出这个阶段，尤其是初二年级对学生道德情感发展中爱和尊重的重视。思想品德课程以初中生逐步扩展的生活为基础，以学生成长过程中需要处理的关系为线索，有机整合道德、心理健康、法律、国情等方面内容，青春期学生的身心发展特点是思想品德课程设计的基础，直面学生成长中遇到的问题，满足他们发展的需要，引导学生正确处理与自我、与他人和集体，以及与国家和社会的关系。①

---

① 《初中思想品德课程标准（2011 版）》。

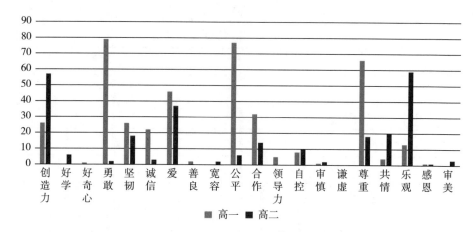

图 4-11　道德品质词在高中学段教材中的呈现

图 4-11 是道德品质词在高中学段教材中的呈现。可以看出，高一年级教材中体现最多的道德品质是勇敢、公平、尊重、爱、合作、创造力、坚韧、诚信。高二年级教材体现最多的是乐观、创造力、爱、共情、尊重、坚韧、合作。高中阶段道德品质发展既兼顾道德情感，也考虑到道德行为，公平和创造力在这两个年级出现频次比较高，这符合科尔伯格关于道德判断阶段的论述，随着学生道德判断能力的提升，道德判断能力体现在以公平为原则方面，从数据也可以看出道德认知能力和创造力发展的关系。

综上分析，总体来说领导力、审美、谦虚、审慎、好学、好奇心、善良、宽容等品质在教材中呈现较少，道德品质词呈现不均。同时除了少数道德品质词在小学学段、初中学段、高中学段均有所体现，诚信在小学学段出现次数较多，初中和高中学段出现次数越来越少，这意味着单从道德品质词的深度上，没有体现出螺旋上升的特点。

2. 旧版教材内容的呈现方式

旧版教材的内容呈现中采用图文并茂、涉及案例、故事等，语言的使用注重学生发展的阶段，比如小学阶段语言体现出轻松愉快的特点，随着学段和年级的增长，越来越体现出严谨、严肃的特点。而且文中的提问比较多，但提问依然遵循着说理的逻辑，问题本身更多考虑学生的理性思考，强调学生道德认知的培养，灌输性和说教性较强。同时在题目的设计、二级标题和模块的设计上往往以知识点为主题。指导性过强，比如关于在内容中涉及尊重这一道德品质时，文中直接呈现了若干条"这样做是不尊重他人"说理的语言。单刀直入式的指导和说教，使教师需要通过设定好的内容直接讲道理，方便教师讲授，但是忽略了学生的体验和思考。在这种情况下，道理都是对的，但是关于尊重这种品质来说，仅仅站在一个预设的角度，告诉学生这样是错的，缺少了学生相关的情绪体验，比如教材可以通过激发学生的情感体验来深入学生对尊重的理解，可以设计"当别人这样做的时候，让你会有什么感受？"或者"如果你这样做的话，别人可能会有什么感受？"这样含有共情情感的内容在里面，而不是明确以说理的形式告诉学生这样做是不尊重他人的。学生在学习的过程中，通过去理解和感受，能深刻地理解尊重。道德品质是关于美德的发展，但绝不是"美德袋"式给学生讲清每个"德目"以及道理，这样的道德教育效果是间接的，也是微弱的。①

此外，从教材的结构上来看，其遵循着在每个主题的设计上先设立一个论点，然后从各个方面、各个角度去论证这个论点的正确性和重要性，最后归纳出一个观点，并提供指导性意见。从这个角度来看，教材的正文是"骨"，图和案例是"血"，如果去除"血"，"骨"依然完整，这样就有利于教师给学生划重点，划知识点。旧教材呈现出从论点到论据，再到归纳总结的内容逻辑，这样的编写方式为德育课教学的异化铺好了路：偷懒的教师不去思考如何培养学生的道德品质，而是将文中的重点划出来让学生去背。② 指导性过强还体现在对某一个道德品质内容的说理论证，对内容从概念到意义一次性讲透，一次性讲透的做法损害的是不同学段、年级对同一内容的递进和逻辑上升。比如诚信，如果一次讲透的话，就无法根据诚实发展的阶段性给不同年龄的学生加以引导，更无法以该品德形成的规律来设计不同文本。③

3. 旧版教材与学生道德品质发展的关系

结合前文第五章的研究关于中学生道德品质发展的特点，将道德品质按各年级计算出平均值，然后与相对应年级教材出现的道德品质词的频数进行相关性分析，采用皮尔逊相关分析法，分析结果如表4-2所示：

表4-2 道德品质与旧版教材相关分析

项目维度	相关系数
创造力	0.251 *
好学	0.604 *

① 章乐. 引导儿童生活的建构：小学《道德与法治》教材对教学的引领 [J]. 中国教育学刊, 2018（1）：9-14.
② 高德胜. 学习活动为核心建构小学《道德与法治》教材 [J]. 中国教育学刊, 2018（1）：1-8.
③ 同上。

项目维度	相关系数
好奇心	0.162
智慧	0.402 *
勇敢	0.029
坚韧	0.355 *
诚信	0.141
勇气	0.125
爱	0.527 **
善良	0.214 *
宽容	0.047
仁爱	0.283 *
公平	0.182 *
合作	0.025
领导力	0.086
正义	0.048
自控	0.159
审慎	0.318 *
谦虚	0.00
尊重	0.025
修养	0.117
共情	0.348 *
乐观	0.650 *
感恩	0.155
审美	0.269
卓越	0.651 *
道德总分	0.27 *

注：＊表示 0.05 水平差异显著

＊＊表示 0.01 水平差异显著

如表 4-2 所示，学生的道德品质与旧版德育课程教材总体上相关显著。说明学生道德品质的发展与德育课程教材有关。具体来说，智慧维度及创造力、好学、坚韧、仁爱维度及爱、善良，公平、审慎、卓越维度及共情、乐观这些道德品质与教材相关显著，说明学生的这些道德品质与教材有关。在好奇心、诚信、勇气维度、宽容、合作、领导力、正义维度、自控、谦虚、尊重、修养维度、感恩、审美与教材相关不显著。原因可能有两个方面：第一是好奇心、谦虚等词出现的频数太低，总体上德育课程内容在选择和组织上较少考虑这些方面。尤其是对学生的感恩、审美、领导力等品质的关注极少。第二是因为某些道德品质与文本的呈现方式不一致，比如自控这种道德品质更多地反映的是遵守法律与规则，但是在教材中较少直接关注对学生该品质的培养，而是更多以直接讲授相关知识的方式，这样的结果就是把道德品质的内涵缩小，将道德与法律和规范割裂开，这可能也是造成德育实效性低下的原因之一。

（二）新版教材呈现的特点

1. 新版教材道德品质词呈现的内容

新版《道德与法治》教材频数统计情况如表4-3所示。

表4-3　新版教材积极道德品质词呈现的频数

	一年级	二年级	三年级	四年级	五年级	六年级	初一	初二	初三	高一	高二
创造力	1	2	4	14	6	26	45	49	52	52	87
好学	3	4	9	6	6	5	1	8	6	11	9
好奇心		1	2	7	3	5	4	5	7	2	0
勇敢	7	8	18	13	13	19	23	17	26	157	3
坚韧	9	11	25	16	17	23	26	21	30	52	28
诚信	1	2	4	14	6	8	3	7	8	44	5
爱	27	28	63	39	45	85	129	72	131	91	57
善良	5	4	9	28	13	29	36	23	38	4	0
宽容		2	4	14	6	18	26	14	25	19	3
公平	5	7	16	11	11	11	8	11	13	153	9
合作	5	7	16	9	10	11	10	11	14	63	21
领导力										10	0
自控	11	6	13	16	13	20	25	18	27	16	15

续表

	一年级	二年级	三年级	四年级	五年级	六年级	初一	初二	初三	高一	高二
审慎		0	2	6	2	6	8	5	8	2	3
谦虚		1	2	7	3	4	2	4	4	2	0
尊重	4	6	13	31	16	38	51	30	52	131	28
共情			11	16	8	27	46	22	41	8	31
乐观			10	21	9	38	67	29	58	26	90
感恩	7	8	7	10	9	11	7	9	12	2	2
审美	1	8	9	16	6	12	3	9	17	17	5

从表4-3可以看出小学一年级出现爱的频数最高，二年级上册道德品质词出现较少，也是集中在爱的品质上。七年级出现最多的也是爱，其次是乐观、共情、宽容、善良等，八年级出现尊重和自控比较多。可以看出新版教材对情感方面的培养比较注重。

2. 新旧两版教材道德品质词呈现的内容对比

小学一年级到六年级，中学阶段七年级、八年级、九年级以及高一与高二阶段新旧教材做对比。

（1）小学阶段新旧教材道德品质词呈现的内容对比。

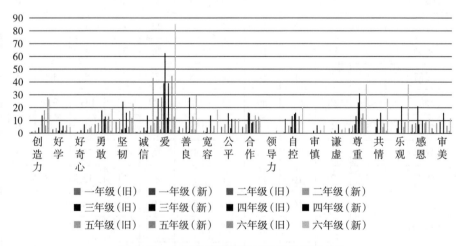

图4-12 小学阶段新旧教材道德品质词对比

从图4-12可以看出，新版教材与旧版教材出现最多的词都是爱，新版教材出现287次，旧版教材出现83次，新版教材出现频数显著增多，同时与旧版教材相比，新版教材中关于自控、坚韧、勇敢和感恩等相关词出现频数增多，由于自控与遵守法律和规则相关，自控的增加也体现出新版教材《道德与法治》的特点，此外善良、公平、合作相关的词也有体现，可以看出新版教材对道德品质的内容在增多。

（2）中学阶段新旧教材道德品质词呈现的内容对比。

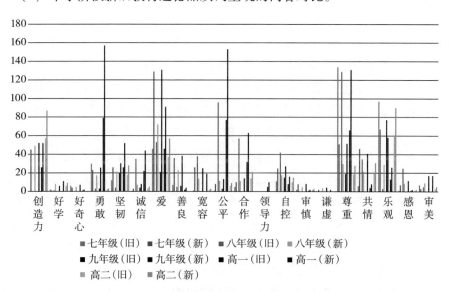

图4-13　中学阶段新旧教材道德品质词对比

从图4-13可以看出，中学阶段新版教材出现最多的道德品质词是爱和尊重，其次是创造力，而旧版教材出现最多的是尊重和乐观，其次是爱，同时与共情相关的词的频次也明显增多，可以看出新教材对道德情感的关注加强了。此外新教材中与创造力相关的道德品质词也明显增多，可以看出新教材对学生创造力发展的重视程度也增强了。但是新版教材设计新旧教材相近的是乐观出现次数较高，好学、审美、领导力、好奇心等这些品质词出现的次数依然较少。

3. 新版教材内容的呈现方式

新版教材模块更加丰富。模块的语言不是知识性的概念，而是以口语化的方式呈现，比较贴合学生的情感需要，新版教材模块较丰富，一年级下册出现了"读一读，议一议""想一想，说一说""做一做""听一听，说一说""玩一玩""议一议，写一写""做一做""涂一涂""听一听，讲一讲""读一读，画一画""看一看""做一做，比一比""评一评""看一看，记一记""连一连""评一评""想一想，议一议""写一写，画一画"等模块，初中七年级出现了"探究与分享""阅读感悟""相关链接""方法与技能""拓展空间""运用你的经验"等模块。此外还有"交流园""活动园""故事屋""阅读角""小贴士""美文欣赏"等模块和栏目。而且这些模块本身可以培养学生的某些积极道德品质，比如"议一议""拓展空间"等通过设计思辨性讨论话题，可以培养学生的创造力、好奇心等。"交流园"涉及各种活动，也包括各种观点、想法、思想的碰撞，这个模块本身的设计会发展学生的合作、创造力等积极道德品质。"阅读角"和"故事屋"等模块可以扩展学生的生活世界，使学生在阅读过程中满足好奇心，使学生的情感得到共鸣，使学生对探索知识产生兴趣，发展学生热爱学习，热爱探索的品质。"小贴士"涉及社会调查等内容，提醒学生调查注意的安全事项，也是在鼓励学生探索的同时，保障学生安全，发展学生审慎的积极道德品质。这些模块打破了教材高高在上的姿态，不是用告诉，而是用贴近学生的方式用"对话"的表达形式，培养学生自主道德学习的能力。模块的丰富性体现了教材注重学生心理发展的特点，尤其是小学生以形象思维为主，表述直白的模块内容比较符合学生心理发展的特征。

新版教材呈现的内容加强。比如涉及生命教育的内容加强，七年级上册第四单元"生命的思考"设计了"探问生命""珍视生命"和"绽放生命之花"，对生命为什么值得珍惜、怎样看待生命的意义等问题的思考，同时注重学生的爱、创造力等积极道德品质的发展。

新版教材呈现方式多样。将学生引入特定的情境中，通过活动导入，自然而然地转入，最后自然生成观点。新教材呈现方式较为多样，小学一年级主要以歌谣、故事的形式呈现，充满童真和童趣，贴近学生的生活。如果教师按照以前灌输和说教的方式去教学，那么很难在教材中找到可以背诵的知识点，以致没法教。所以教师只能去适应教材，在活动中潜移默化地发展学生的积极道德品质。

此外，新教材呈现出绘本叙事的特点。以图文结合的方式，图作为重要的叙事要素，不仅可以直观地展示故事发生的时间地点，同时也可以简明地烘托故事气氛，感受故事发展。新教材绘本表达的方式明显增加。比如小学二年级《"网"到一个新朋友》通过绘本故事讲述了小兔子因为和其他小朋友不熟悉，而害怕和小朋友一起玩，小猫安慰小兔子和大家一起玩，同时小猴子抢了小兔子的玩具而引起小朋友不愿意理睬小猴子，小猴子在山羊老师的帮助下知道了小朋友不理解他的原因（如图4-14所示）。绘本叙事通过讲述一个连续的场景或事件，往往出现在教材页面的底部，通过几幅图画讲述一副故事。绘本叙事贴合低龄儿童的心理,除了故事内容本身的传递,绘本形式还可以培养学生的审美、爱、好奇心等积极道德品质。

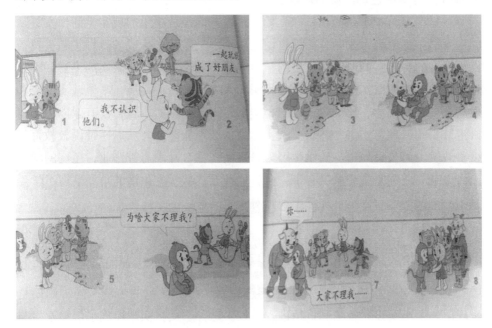

图4-14 绘本叙事图示

然而,新版教材依然存在教材审美的缺失。忽视学生的审美能力,教材画面缺少美感,幼稚化特征明显,这也是德育教材多年来的通病。檀传宝在《德育教材编写应当恪守的基本原则》一文中称,"虽然品德结构中认知、情感、行为各要素对整体人格发展都很重要,但'情感'却是价值学习最关键的要素。而突破情感阻隔、实现道德有效学习的关键在于德育内容与形式的审美化……追求教材内容呈现的审美风格就成为德育教材成败的重中之重"。①审美不仅是学生情感学习的关键,而且作为一项道德品质,在德育教材中是被忽视的。新教材中实景画面比旧教材明显减少,漫画类图片明显增加,但漫画类图片表现出明显的"去个性化"特征,表现出"换个头发、换身衣服,小朋友共用同一张脸"的现状。教材的审美取向难以引起学生的情感共鸣,也无助于学生审美的发展。

---

① 檀传宝. 德育教材编写应当恪守的基本原则 [J]. 课程·教材·教法,2014(6):35-38.

4. 新版教材凸显出积极的视角

（1）对学生道德品质的理解加深。

教材在编写中不是简单从课程标准出发，而是从学生的现实生活出发，从学生生活中生成教育主题，然后再用这些从学生生活中生成的教育主题去覆盖课程标准的要求。同时，从学生的学习规律出发，比如关注诚实的论述，不是从伦理学上论述诚实的概念，而是将诚实作为一种道德品质，来谈诚实形成和发展、培育的规律，比如章乐谈到小学三年级关于诚实主题，没有像以往教材讲清诚实的道理，不讲为什么要诚实？为什么不能撒谎？然后通过说教教育学生要诚实。而是呈现出有的学生因为恐惧而谎称自己没有带作业，还有的学生因为虚荣心谎称家中有事没有带作业，这种方式从学生生活的角度呈现了学生真实的道德需求和困惑，加深了教师对学生的理解。

（2）注重学生情绪情感体验。

新版教材内容更加贴近学生真实生活和情绪体验，比如小学一年级上册《开开心心上学去》的图画展现了学生从上学路上到校门口的场景，校门口拉着"欢迎新同学"的横幅，让学生能感受到老师对学生的热情，同时画面也呈现出一个小女孩儿害怕和抗拒进入学校。这种感受真实地体现了低龄学生与父母的分离焦虑，以及适应新环境的焦虑，这可以让一些对初入小学感觉不安的同学感同身受，被理解的感觉，这种被共情的真实的感觉可以引发学生情感上的共鸣，这种方式其实也在潜移默化地培养学生共情理解和爱的品质。

（3）积极道德教育的积极视角凸显。

"问题"的视角在逐渐减少，更多地从积极的角度看待学生，这符合积极道德教育的主旨，立足"发展"和"促进"的教学思维，关注学生的生命成长与思想提升，给了学生在生活中遇到的冲突开展对话与探讨的机会。比如在七年级下册"男女生交往方面。"在配有图文的阅读感悟故事里提到两个故事：某中学每年都举行登山活动。第一年，校长在活动总结大会上发表感慨："这次活动，我被同学们深深地感动了，特别是男同学。因为我发现，到半山腰以后，大多数女同学的书包都背在了男同学的肩上……我为同学们之间的相互关爱而感动！"第二年的登山活动结束后，校长又发表感慨："这次活动，我又被同学们深深地感动了。因为我发现，到半山腰后，大多数女同学仍然坚持自己背书包……我为同学之间相互体谅而感动！"从叙事语言里可以看到积极道德教育的取向，校长能从两次活动中分别看到学生的优势和道德品质，而没有像传统上评价女生没有背包就是依赖他人，男生没有帮女生背包就是推卸责任。同时从价值观的角度引导男生和女生各自的性格优势。同样在新教材七年级教材里淡化以往强调青春期的逆反、闭锁等心理，现在更加关注青春期学生的正面经验，强调通过各种活动和体验获得正面、积极的情感经验，这符合积极道德教育的理念。

三、通过德育课程内容实现积极道德教育目标的策略

（一）把握道德品质内涵，注重德育内容螺旋式上升

学校德育应当实施伦理道德的教育，所谓"伦理道德"是蕴涵新的道德价值观念的道德。[①] 道德品质作为特定的道德内涵，可以表达为一些相近或有关联的美德，这些美德会因为其背后的德性内涵的一致性而呈现出紧密联系的特点。[②] 以往德育课程内容设计强调怎样做就是一个"有道德的人"，从说理的角度去论证一个道理的合理性以及可操作性，这种思路遇到的困难是如何通过道德行为深刻地表达和反应道德价值，以着眼于德性内涵应该成为德育内容设计中的一个重要维度，与生活世界构成德育课程内容的内在线索和外在线索。德育内容衔接成为当前道德教育的重要问题之一，从道德品质的角度入手，有利于为不同阶段德育内容衔接提供一个内在线索，也为德育课程的综合性提供有价值的思路。[③] 把每个道德品质内涵分析清楚，将德育中涉及的规范、原则、条文、案例、美德的内涵与实质尽可能地分析清楚并统一起来，帮助学生深入理解道德的内涵，体验道德带来的内心幸福感，学会在多种复杂情境下做出道德选择。低年级阶段能够了解何种行为可以体现不同的道德品质，随着年龄的增长，了解不同道德品质的德性内涵，比如小学阶段让学生了解如何表达爱，随着年龄的增长让学生了解爱的内涵，达到螺旋上升的目的。小学阶段是从掌握基本的生活习惯开始掌握种种道德价值，初中阶段不仅要加深道德价值的自觉，而且要加深掌握人的生存方式的自觉。[④] 但同时在这一方面还需要大量的研究，高德胜在谈到新版教材《道德与法治》的编写时提到"我们在设计诚实教育的这一主题时，按照品德心理学中诚实作为一种道德品质形成的基本规律来进行活动设计。但是这样编写也遇到不可避免的困难，诸多道

---

① 陈桂生. 聚焦德育目标 [J]. 教育发展研究，2008：1-6.

② 刘峻杉. 在德育目标设计中融于中华传统核心价值观 [J]. 课程·教材·教法，2015（8）：37-42.

③ 单晓红. 新课标思想品德教材存在的共性问题及对策分析 [J]. 教育研究，2013（1）：32-37.

④ 钟启泉. 课程的德育目标与方法 [J]. 中国德育. 2013（10）：15-18.

德品质的发展规律，在学术上还是空白，找不到现成的可以参考的成果。这时候就得自己动手，通过调研和教材的试教去摸索。"可见在新教材的编写过程中研究者已经有意识地考虑将道德品质作为重要的对象来考虑，但是当前这方面的研究比较缺少，研究者多从经验的角度去设计，从经验角度去设计就会造成对学生实际道德品质发展规律的不了解，而仅是从教材编写者的角度去理解，难免出现偏差，会出现像旧版教材体现出的学生的诚信在小学四五年级发展良好，但是教材却在小学六年级才较多出现诚信相关的主题，体现了教材的选择和组织编排的滞后性和忽略学生道德品质发展规律的特点。

（二）课程内容要激发学生积极情绪体验，体现"学材"特性

作为"学材"的教材，要体现学生自主探索的过程，在这个过程中要激发学生的情感体验和情感卷入，当学生对课程内容感兴趣，在学习的过程中带来成就感、幸福感、投入感的时候，学生和教材之间就建立了联系，教材不再仅仅是通过教师的讲授才能实施的文本，而是学生在主动探索的过程中将自己生活世界的经验和自己的情绪体验结合起来，与课程内容开展对话的过程，在这个过程中学生的主体性得到了体现，教材改变了教师"教什么，怎么教"的模式，变成了学生"学什么，怎么学"的模式，教师在其中的角色变成了"助学者"，教师不再是灌输者、说服者，而是学生道德学习的辅导者、帮助者、咨询者，摆脱了以往教师在课堂上唱独角戏的局面。教材不再是简单地告诉学生应该怎么做，而是从学生成长的角度出发，设计他们感兴趣的话题，激发学生的积极情绪体验，促进学生道德学习和探索的愿望，引导学生自己去建构自己的德性世界。教材的呈现方式要符合学生心理发展特征，符合学生对于审美等道德品质的发展诉求。

首先教材的呈现方式要符合学生心理发展的特征，立足于学生的情绪情感体验。教材虽是教学的依据，但它只是传递教学内容的一个突破口，教材要提供教师再创造和再加工的可能性，摆脱以往教师只需要按照说理论证结构进行讲授的特点，教材中大量的留白给了学生探索的空间，教材不明确指导学生，而是引导学生自己独立思考，结合学生的生活体验，使学生在真实的体验中感受知识与生活的融合，在生活体验中理解和升华自我，促进自身的道德成长与道德发展。

其次要增强教材的审美特性。马斯洛的需要层次理论除了基本的五层，还提出过七层，即在尊重和自我实现之间还有审美的需要，认为审美源于人的内在冲动，是人自我实现需要满足的必要途径，审美活动的形象性、无直接功利

性、超时空性和主客体交融性，对于人格的塑造具有重要的意义。多年以来，人们将审美从德育中剔除，从德智体美的角度，认为审美应该由专门美育的课程去设计，就如同人们在观念上认为创造力、好学、好奇心等与智育有关的内容不应该放在德育工作中，这样割裂了受教育者的德性发展的可能，审美作为受教育者德性发展的诉求，理应在道德教育中受到重视。但是现实的情况从德育的角度谈审美的时候主要是从内在美的角度去谈，忽略或否定了外在美的价值。学校德育课程内容作为情感态度价值观培养的载体，应该对教材本身的审美加以重视。低年级的教材中往往以卡通形象的儿童向现实世界中教室里的儿童发出对话的邀请，德育内容的编排都是为了激发、引导和帮助现实世界的儿童进行探索。教材里的儿童是教室里儿童的陪伴者，一起去探讨同龄人在成长中遇到的问题。既是陪伴者也是镜映者，现实世界的儿童在与教材中的儿童对话的过程中也在反思自己的苦恼和困惑。但是，目前看来教材的审美是缺失的，教材里的儿童呈现出明显的去个性化的特征，难以达到教材和现实世界中儿童的认同感。无论在德育课程内容的选择和组织中多么忽视审美，但在学生的真实世界里，是有着审美的诉求和愿望。尤其在当前社会，儿童审美的诉求更加强烈，而德育课程却在这方面止步不前。如果对比儿童从小接触到的各种富有美感的绘本和教材，可以显而易见地看到德育教材在审美方面的滞后。德育课程内容在选择人物形象上完全可以建立一些性格不同、个性化明显的卡通形象，而且这些形象在德育课程内容的不同主题、不同章节持续出现，伴随着儿童的成长，呈现出每个阶段不同的儿童道德成长的困惑，儿童在每个阶段遇到的困惑都可以从这形象中得到体现和对话，就像面对一个陪伴多年的好友，可以使学生产生情感上的认同感和共情感。这种认同感和共情感是真正能激发学生德性发展的内在动力。

四、建立德育课程内容"内、外、情"三维一体线索

基于前两点提到的把握道德品质内涵，注重德育内容螺旋式上升和德育课程内容要激发学生积极情绪体验，体现学材特性，结合当前德育主流生活化理念，应形成以6大美德20项积极道德品质的内涵为内在线索，以学生的积极情绪体验为情感线索，以儿童生活世界为外在线索，建立由"内"到"外"，由"德"入"情"，从三个方面真正使德育课程内容进行螺旋式上升，通过德育课程内容有效实现积极道德教育的目标。

综合本章研究，在积极道德教育下，要通过德育课程内容实现积极道德目

标，德育课程内容从应然的角度要在德育课程内容的选择、组织和编排上将积极道德品质作为课程内容的内在线索，同时要在教材的呈现方式上能够摆脱以往说理论证式的结构，教材的内容和呈现方式要能够激发学生的积极情绪体验，增强学生的认同感、幸福感、投入感，使"教材"变成能够和学生对话的"学材"。但是课程内容选择和组织编排的实然状态如何，需要对教材进行分析和研究。研究采用内容分析法对德育课程所用的旧版教材人教版《品德与生活》《品德与社会》《思想品德》《思想政治》和新版教材《道德与法治》里面所涉及的道德品质词进行了分析，发现旧版教材里涉及的道德品质词分布不均，诸如尊重、爱、乐观、公平、合作、勇敢、创造力、诚信、自控、坚韧等道德品质涉及较多，而好学、好奇心、善良、领导力、审慎、谦虚、审美、善良、宽容、共情涉及的较少。同时结合教材呈现的方式发现旧版教材指导性过强，体现着"教材"的特性。结合学生道德品质发展的特点，发现学生领导力、感恩、审美发展相对较低，教材里这些内容也涉及较少。这意味着教材中道德品质的呈现对学生的道德品质产生一定的影响。而新版教材更贴近学生生活；道德品质词涉及的更多；模块更丰富；呈现方式更多样。总体上也体现出对学生道德品质的理解加深，内容更丰富，注重学生情感体验，积极道德教育视角凸显的特点。但同时也存在教材在审美方面的缺失这一德育教材长期以来的弊病。为了使德育课程内容实现积极道德教育目标，应该把握德性内涵，将积极道德品质作为德育课程内容的内在线索，实现课程内容的螺旋上升。同时应该激发学生的积极情绪体验，激发学生对德育课程内容的兴趣和认同，提高教材的丰富性，很重要的一点是要增强教材的审美，注重教材的对话。最终形成以6大美德20项道德品质为内在线索，以儿童生活世界为外在线索，以儿童的积极情绪体验为情感线索。由"内"到"外"，由"德"入"情"，建立"内、外、情"三维一体的德育课程线索，不仅实现德育课程内容的螺旋上升，而且使"教材"变成"学材"，真正激发学生的情感体验，促进学生的积极道德品质的发展，使德育课程内容有效实现积极道德教育的目标。

第五章　从"讲授"到"体验"

——通过德育课堂师生互动实现积极道德教育目标

除了通过德育课程内容实现积极道德教育目标，从德育方法角度，积极的师生关系也是实现积极道德教育目标的重要路径。积极心理学重视积极关系的建立，从关系中获得积极体验，比如得到爱的感受和幸福感、成就感、自尊感、自我效能感、投入感等都会成为人生发展的重要动力。同样，在积极道德教育下，积极的课堂师生关系对于学生的成长具有重要的价值和意义。师生关系是教育教学活动中最主要的人际关系，师生关系在教学活动中形成，这种人际关系具有教育教学性，它是以实现特定的教育目标为目的的一种特殊的交往关系。师生关系作为一种隐性课程，是影响德育课程的关键因素，学生在和老师的互动中潜移默化地受到影响，这样的影响是由内而外、真实有力的。道德教育对学生起作用的因素包含课程内容、教师人格、师生关系、教学方法等，有研究者在对影响学生道德成长的因素（学科内容、教学方法和课堂气氛、教师的道德品质、师生关系、同学之间的影响）的排序比较中，发现排在前三的分别是教师的道德品质，师生关系和学科内容。有人说"道德更多的是一种实践智慧，道德学习需要在行动中完成"。[①] 其实也可以说道德学习是在关系互动中习得的，正如肯尼斯·格根所说，"课堂上发生的一切都是我们共同完成的"。[②] 德育课堂教学活动注重学生的情感态度价值观，学生在这个过程中会生成各种情绪体验，这些情绪体验连同在互动交往过程中教师潜移默化的影响，对学生道德品质的发展有积极的促进作用，是实现积极道德教育目标的重要方式。

从师生关系的角度来说，在课堂场域里，师生关系的质量是通过师生互动

---

① 钟晓琳，朱小蔓. 再论德育中的"知识"与"生活"——基于义务教育品德课程改革的反思[M]. 课程·教材·教法. 2014（6）：39-44.

② 肯尼斯·J. 格根. 关系性存在：超越自我与共同体. 杨莉萍译. 上海：上海教育出版社，2017（9）：250.

和对课堂师生冲突的应对体现的。诺丁斯说："道德教育的方法包含四个主要组成部分：榜样、对话、实践和证实。"积极道德教育下，师生关系应以共情、理解、接纳和尊重为主，人本主义课程论强调对学生的接纳，是指老师在对待学生时，要对学生的情况进行共情和理解。尊重意味着老师要在接纳的基础上为学生创造一个安全的氛围，使学生充分将自己表现出来，并且使其自我价值感和自我效能感有所增强。但同时，师生互动中并不是一直都是温情脉脉的，在课堂的冲突情境下，教师处理和应对冲突的方式也会对学生的情感体验和道德品质产生影响。由于各方面因素，教师在开展教学工作时，很难做到和学生平等交流，更难以接纳表现异常的学生，同时囿于自身的权威感，习惯于以命令或教训的方式解决问题，往往容易使问题解决不良，引发师生冲突，导致师生关系紧张，即使冲突平息，也容易产生学生"口服心不服"的情况，为今后的教学，以及学生道德品质的发展和师生关系的良性发展埋下隐患。当前中小学生主体已经进入00后，他们生活在一个信息发达的时代，学生的个性化特征更加明显。学生有他们发展的独特优势，他们的表达欲和主体意识也在逐渐增强，在这种情况下，师生关系成为德育工作中越发重要的问题，良好的师生关系的建立是实现积极道德教育目标，培养和发展学生积极道德品质的重要方法。

师生关系、师生互动、师生冲突之间是相互联系的。课堂师生关系涉及师生互动和师生冲突两个方面，师生关系是静态的，而师生互动和师生冲突是动态的，这两者构成了整个课堂师生关系。同时基于文献中的阐述，师生冲突也是师生互动的一个方面，所以本研究分别从师生关系的两条路径：师生互动和师生冲突两个方面，从课堂积极师生关系的角度，探索实现积极道德教育目标的方式。本章着力探索通过课堂师生互动实现积极道德教育目标，关于处理师生冲突实现积极道德教育目标将在下一章讨论。

一、德育课堂师生互动的应然状态

积极道德教育具有关系性和体验性的特点，在积极道德教育下，师生关系首先体验在课堂师生互动方面，受传统"师道尊严"思想的影响，现代教学中的学生群体往往处于被动的地位，且基于教师在教学过程中的主导性作用，师生互动通常被视为一种调节课堂气氛的教学手段。积极道德教育下，师生互动不仅仅局限于调节课堂气氛的教学手段，而且是课堂教学的主要方式。积极道德教育将培养学生的积极道德品质作为德育目标，以激发学生积极情绪体验为方式，那么在师生互动中使学生产生被尊重、信任、关爱的体验就显得尤为重要。师生间建立起良好的互动关系会直接影响教育教学的质量、学生的身心健康。正是在学校的生活方式，很大程度上决定了学生对人际相处合理原则的最根本的理解。[①] 研究表明，师生之间如果人格平等，那么教师就很容易和学生在语言知识理论、语言技能的形成中产生"共振"和"共鸣"现象，此时，教育教学活动就达到了最佳的心理交流，在这种环境下学生的潜能更易发挥，学生的自信也会不断增强，学生的创造力也会不断地被激发出来。

2011年国家教育部颁布的《基础教育课程改革纲要》明确指出"教师在教学过程中应与学生积极互动，共同发展"。课程实施的基本途径是课堂教学，在课堂教学过程中，教师的教与学生的学构成了教学的主要内容，师生的"交往"与"互动"正是教与学实质的有机统一。师生互动对于良性的德育课堂师生关系的发展的重要作用是不容忽视的。师生互动的行为主体是教师和学生两个方面，教学是教师的教与学生的学的统一，这种统一的本质就是师生间的交往互动，即相互之间沟通、交流以及共同发展。以往的课堂教学过程中注重教师的讲授，在讲授中学生变成德育知识的接受者，师生互动缺少情感的交融。德育课程以发展学生的情感态度价值观为主要目标，积极道德教育下的德育课堂师生互动应该着重关注学生的情绪情感体验，在师生互动过程中以激发学生的兴趣、参与感、尊严感、成就感和投入其中的"心流"感这些积极情绪体验为核心，使学生在体验中发展积极道德品质。在积极道德教育下，德育课堂师生互动应该突出学生的主体地位，发展学生的主动性和创造力，在师生互动的过程中增强学生合作品质的发展，提高学生的交往能力。在互动中，教师由知识的传授者变成学生学习活动的观察者、帮助者、指导者和咨询者，学生在教学过程中是能动的、主体的、独立的学习者，学生在互动中感受到被尊重、被欣赏、被理解，产生对德育课堂极大的兴趣和投入感等积极情绪体验。同时在互动中教师也接收到从学生处传递的情感和思想，教师也同样成为课堂活动的体验者，教师从传统的传授者变成了体验者，和学生共同体验，在共同探讨中学习，在共同创建中建立积极、合作的课堂师生关系，实现积极道德教育目标。

二、德育课堂师生互动的实然状态

德育课堂的师生互动的实然状态如何？需要通过课堂观察进行实地调研，通过观察德育课堂教学现状，揭示并总结教学中师生互动存在的问题，对师生

---

① 王晓莉."立德树人"何以可能——从道德教育角度的审思与建议［J］. 全球教育展望.2014（2）：63-71.

互动出现问题的原因进行分析,在此基础上提出建立德育课堂师生互动的优化策略。

采用课堂观察法和访谈法结合的量化研究和质性研究结合的方式,对《道德与法治》初中七年级和小学一年级两位德育课授课教师的课堂行为做个案分析。课堂师生互动是通过教师课堂教学行为表现的,课堂教学行为观察是观察师生互动的着力点,研究采用顾小清的基于技术的课堂行为观察编码系统(ITIAS)观察教师的课堂教学行为(具体内容见第一章第七部分研究方法与过程)。选择两名这两个年级的教师作为分析对象,是基于这两位教师所授课程都是新版教材《道德与法治》课程,而且通过前期对教师的访谈了解到个案教师不认同德育课堂应以讲授为主的授课方式,个案老师对于德育课的教学理念和教学方法都注重激发学生的积极情绪体验,关注与学生的互动,通过提问等方式引导学生积极参与课堂。故各选取一节课做课堂观察素材,了解中小学德育课课堂教学师生互动的实然状态。

(一) 个案一教师课堂教学行为观察

1. 个案一编码过程

个案一的课堂视频时间为43分钟,按照每3秒停顿一次,结合ITIAS编码系统,将这3秒内出现的行为记录下来。表5-1所示为课堂部分原始数据表。

表5-1 个案一课堂教学部分原始数据表

序号	时间跨度	内容
1	0:00.0-0:03.0	16 老师准备多媒体课件
2	0:03.0-0:06.0	7 教师指示学生上课
3	0:06.0-0:09.0	7 教师指示学生上课
4	0:09.0-0:12.0	13 课前混乱
5	0:12.0-0:15.0	7 教师指示学生观看相关视频
6	0:15.0-0:18.0	7 教师指示学生观看相关视频
7	0:18.0-0:21.0	13 课堂前老师板书时混乱
8	0:21.0-0:24.0	18 学生观看课件

最终形成855个编码,表5-2直观地显示出教师课堂行为、学生行为、沉寂和技术的比例,如教师行为占55.91%,教师的间接影响占16.49%,直接影响占39.42%,学生行为占14.85%,沉寂占9.82%,技术占19.42%。

表5-2 个案一课堂教学行为类目分析比率表

分类		编码	内容	频数	频率	类目统计	频率A	频率B
教师行为	间接影响	1	教师接受情感	8	0.94%	141	16.49%	55.91%
		2	教师鼓励表扬	7	0.82%			
		3	采纳意见	26	3.04%			
		4	提问开放性问题	61	7.13%			
		5	提问封闭性问题	39	4.56%			
	直接影响	6	讲授	302	35.32%	337	39.42%	
		7	指示	35	4.09%			
		8	批评	0	0%			
学生行为		9	应答（被动）	5	0.58%	127	14.85%	14.85%
		10	应答（主动）	118	13.80%			
		11	主动提问	0	0%			
		12	与同伴讨论	4	0.47%			
沉寂		13	无助教学的混乱	32	3.74%	84	9.82%	9.82%
		14	学生思考	21	2.46%			
		15	学生做练习	31	3.63%			
技术		16	教师操作技术	75	8.78%	166	19.42%	19.42%
		17	学生操作技术	6	0.70%			
		18	技术作用于学生	85	9.94%			
		统计		855	100%	855	100%	

对于各项行为之间的关系，进一步做了课堂行为编码矩阵表。表5-3所示为课堂行为编码矩阵表。编码过程每3秒停顿一次，对编码赋值，共855个编码，将每个编码的前后联系起来，前一个编码代表行数，后一个编码代表列数。最后形成编码矩阵表，比如本个案前10个编码为16，7，7，13，7，7，13，18，18，18，依次组成了16-7，7-7，7-13，13-7，7-7，7-13，13-18，18-18，18-18这些矩阵。

表5-3 个案一课堂行为编码矩阵表

	1	2	3	4	5	6	7	8	9	10	11	12	13	14	15	16	17	18	合计
1				1						6							1		8
2									1	6									7

	1	2	3	4	5	6	7	8	9	10	11	12	13	14	15	16	17	18	合计
3	4	2	7	1			1			9				1		1			26
4		3	3	18		25	3			2		1	1			3		2	61
5			1		1	22	1			5			1			1		3	39
6	2		9	10	11	206	8			22			12	3	1	16		2	302
7	1	1			1	14	6			1		2	3		3	2		1	35
8																			0
9							1		4										5
10	1		4	12	28	6	2			49		4	1	9			1		118
11																			0
12				1		1				1			1						4
13			2		6	7				3			9	2	1	1		1	32
14				8		2				3			1	7					31
15				1	1	2				1					26				31
16			4	2		16	6			1			6	1		39			75
17													1				5		6
18				3	1								1			2		78	85
合计	8	7	26	61	39	302	35	0	5	118	0	4	32	21	31	75	6	85	855

　　从表5-3可以看出，本个案教师课堂行为中最大值出现在第6行第6列讲授行为里，共出现了206次，可见课堂教师的讲授占主体。进而通过课堂行为的动态曲线处理，可以看到每分钟里各个行为所占的比率，如表5-4所示。

表5-4　个案一课堂行为单位时间序列比率表

分钟	教师行为	教师行为比率	学生行为	学生行为比率	沉寂	沉寂比率	技术	技术比率
1	4	20%	0	0%	2	10%	14	70%
2	2	10%	1	5%	0	0%	17	85%
3	16	80%	3	15%	1	5%	0	0%
4	15	75%	5	25%	0	0%	0	0%
5	17	85%	3	15%	0	0%	0	0%
6	9	45%	1	5%	5	25%	5	25%

分钟	教师行为	教师行为比率	学生行为	学生行为比率	沉寂	沉寂比率	技术	技术比率
7	10	50%	2	10%	0	0%	8	40%
8	13	65%	4	20%	0	0%	3	15%
9	13	65%	3	15%	4	20%	0	0%
10	13	65%	4	20%	1	5%	2	10%
11	10	50%	5	25%	4	20%	1	5%
12	14	70%	1	5%	1	5%	4	20%
13	8	40%	0	0%	0	0%	12	60%
14	14	70%	5	25%	1	5%	0	0%
15	13	65%	3	15%	3	15%	1	5%
16	16	80%	3	15%	0	0%	1	5%
17	18	90%	1	5%	1	5%	0	0%
18	18	90%	1	5%	1	5%	0	0%
19	9	45%	5	25%	4	20%	2	10%
20	4	20%	15	75%	1	5%	0	0%
21	18	90%	2	10%	0	0%	0	0%
22	14	70%	2	10%	1	5%	2	10%
23	7	35%	0	0%	1	5%	12	60%
24	0	0%	0	0%	0	0%	20	100%
25	6	30%	0	0%	0	0%	14	70%
26	13	65%	6	30%	1	5%	0	0%
27	14	70%	6	30%	0	0%	0	0%
28	17	85%	3	15%	0	0%	0	0%
29	14	70%	6	30%	0	0%	0	0%
30	16	80%	1	5%	0	0%	3	15%
31	6	30%	0	0%	1	5%	13	65%
32	6	30%	1	5%	6	30%	7	35%
33	11	55%	7	35%	2	10%	0	0%

分钟	教师行为	教师行为比率	学生行为	学生行为比率	沉寂	沉寂比率	技术	技术比率
34	18	90%	1	5%	1	5%	0	0%
35	19	95%	0	0%	0	0%	1	5%
36	12	60%	2	10%	0	0%	6	30%
37	9	45%	0	0%	0	0%	11	55%
38	6	30%	1	5%	12	60%	1	5%
39	3	15%	0	0%	17	85%	0	0%
40	9	45%	1	5%	10	50%	0	0%
41	11	55%	7	35%	1	5%	1	5%
42	7	35%	11	55%	2	10%	0	0%
43	11	55%	1	5%	0	0%	4	20%
	483		123		84		165	

从表5-4可以看出课堂的四类教学内容（技术、学生行为、沉寂和教师行为）分别占据的比率。总的来说，每分钟内教师行为所占比率较高。一共43分钟的课堂，教师行为的比率在其中27分钟都占据50%以上。根据以上数据，本研究针对课堂教学行为所包含的四大类进行深入探究，最后再对这四种行为进行综合讨论。

2. 个案—教师课堂教学行为分析

（1）教师行为分析。

以编码系统的行为类目和进行课堂教学的行为概念为着眼点，可以把教师的教学行为分为以下几个方面：教师的表扬和鼓励、教师接受情感、提问一些较为开放的问题、提问一些较为封闭的问题、指示、批评、讲授、采纳意见等。此次研究主要针对教师的表扬行为、提问行为、讲授行为、指示行为展开深入讨论。

第一，教师表扬行为。表5-2显示教师表扬行为仅有7次，接受情感有8次。但是教师的提问行为包括封闭性提问和开放性提问，封闭性提问39次，开放性提问61次。提问的次数远远多过表扬次数。这表明大多数教师为了实现预期的教学目标，往往会忽视对学生的表扬和鼓励。而在表中的接受情感和批评这两个方面的出现次数分别是8次和0次。可以看出教师在教学中虽会考虑激发学生的积极性和参与度，并且通过提问的方式引导学生参与课堂，但是对于学生的行为，教师没有及时做出相应积极的反馈，教师对学生的情绪情感是忽略的。并且在本次研究的个案教师的表扬行为只是简单的口头表扬，类似于"好，非常好，请坐""恩对，非常好""很好"这种简单的口头表扬。给予鼓励和表扬可以激发学生的积极情绪体验，使学生产生愉悦、兴奋以及骄傲、自豪、成就感等情绪，可以增强学生的自信心和学习兴趣，但是如果教师在课堂上没有或较少对学生进行适当的鼓励和赞赏，学生的课堂活动仅仅作为一项活动而完成，学生难以产生积极的情绪体验，久而久之就有可能打击学生的积极性、参与度和自信心。

第二，教师提问行为。教师提问行为在教学过程中非常重要，及时并有效的提问对学生积极参与课堂互动，激发积极情绪体验，促进道德品质的发展至关重要。通过提问可以加强师生之间的沟通和交流，并且使学生合作交流和独立思考的能力得到加强。课堂提问可以提高学生参与课堂活动的积极性，在德育课堂中，通过提问使学生参与课堂互动，进而对问题进行深入思考。表5-2中的相关数据显示，在整个提问过程中，教师提出开放性问题和提出封闭性问题占总问题的比率分别是7.13%和4.56%。分析图5-1可以得出，在整个提问行为中，提出开放性问题的比率和提出封闭性问题的比率分别达到了61%和39%。

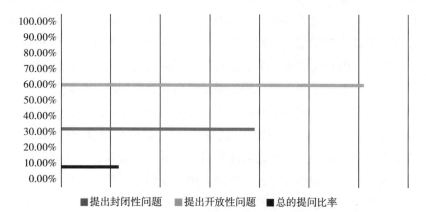

图5-1 个案一教师提问行为比率

通过分析教师提问的开放性问题和封闭性问题的比率，不难得出以下结论：在本节德育课的课堂教学行为中，个案教师所提问的问题总体较少，而且主要是开放性问题。教师通过所提出的开放性问题引导学生进行进一步的思考，从而使学生的知识面得到进一步拓展。

比如在本研究中个案教师会向同学们提问"你自己所认为的集体是什么

样的?"学生会围绕集体的概念进行回答。"大家对于学霸班的故事都有什么感受呢?"学生会对视频中学霸班的优势作出回答。从这些问题的设置和回答可以看出教师的提问主要处在较低水平的知识和理解水平。有研究者以美国的教育家布卢姆的《教学目标分类学》为依据设计了"布卢姆——特内教学提问模式"。依据布鲁姆的教育目标分类学,相应地将教学中的提问环节分为六个从低到高依次排列的不同层次,即知识水平、理解水平、运用水平、分析水平、综合水平及评价水平。① 可以看出个案教师在德育课上使用的提问多属于理解水平。分析性和综合性较高水平的提问次数较少,而这是诱发学生进行深度思考和探索的关键。缺少较深层次的提问,说明教师很少启发和引导学生高级认知水平的思维发展,过分注重内容性和知识性的传授,使得德育课堂缺少创造力和活力。

封闭性问题有提醒学生的作用,能够引起学生的注意并与同学互动起来,例如在个案教学里,在课堂正式展开教学内容之前个案教师带领学生一同观看了奥运会中国女排的比赛和获奖过程,观看视频结束后向同学提问"这是一个集体的视频吗?"或是在观看一些学生平日里参加各种各样的活动照片时,会问到"这也体现了同学们的集体意识,是不是?"在观看教师所举的高考前夕学霸班里的三位女生过生日的例子的时候问"学霸里的同学是不是很有集体意识?是不是成绩也很震撼?"这样的问题会将学生的注意力集中到课程内容上,调整了课堂教学氛围,同时也提起学生在课堂中的专心程度和对课堂的兴趣,增强学生的积极体验。本个案的教师提问行为中大部分的提问为开放性问题。但是个案教师大多采用口头的形式提出开放性问题,目的并不在于等待学生回答,当教师抛出问题没有留给学生思考和回答的时间,会导致学生不能对问题进行深入的思考。美国的心理学家罗伊通过研究课堂的提问行为发现,如果学生在教师提出一个问题之后没有马上回答,大多数教师就会组织语言之后对学生进行进一步的引导。教师提问和进一步引导学生回答之间的时间差约为0.9秒。但是仅仅在0.9秒的时间内学生是难以进行深入思考的,提问的效果也打了折扣。

在本节个案教师的课堂教学活动中,教师利用"学霸班"的故事对学生们进行集体意识的教育。教师首先是引导学生们观看学霸班故事的相关电子屏幕所展示的内容,并在学生观看的同时反复地强调或者问学生们"能不能看懂?""大家能不能看清楚?""这是一个什么班?"等问题,一直占据在课堂的

---

① 管云峰. 浅谈思想政治课课堂提问的有效性 [J]. 思想政治课研究,2009 (5):26-29.

主体地位上。接着从高考、中考对于学生的重要性和规划他们个人未来发展的目标方面，引入教学的主题并向同学们提问"这个学霸班的故事带给大家最深刻的印象是什么？是他们班的高考成绩吗？"并在学生思考时段同时抛出"我们大家能不能根据刚刚学习的集体的联结度来分析，学霸班这样的集体给同学们带来了哪些温暖？"在学生没有思考的情况下，紧接着提出另一个问题，在学生回答问题后，教师又根据学生的回答进行分析和讲授"高考前夕的生日该不该过？"同时阐述高考前的娱乐活动可能会影响到学生们的复习和高考的备战。以学霸班作为例子，提到学霸班在高考前夕却全班为三位同学过生日的事件，与集体的联结度几个概念相结合再次提出"还有哪些温暖的问题？"和"集体的联结度中成员间的相互关联程度高不高？而成员间的相互关联程度又体现在哪里？体现在什么时候？"强调学霸班的默契程度和团结程度很高，在共同目标一致、压力较大的高考面前依旧没有耽误同学们之间的沟通和交往的一些事件……又从"集体的联结度中的集体对于成员的重要性高不高？体现在哪里"开始发问一直到引导回答。可以看到在整个过程中教师积极引导学生的思考，但是抛出问题在没有等学生回答的情况下，教师自顾自开始讲授，从故事中力图阐明一个道理，课堂提问成了教师自问自答。

第三，教师讲授行为。为了更加方便地对教师的课堂教学行为进行研究，在分析表5-2的数据之后，利用柱状图和折线图来对数据进行转化。

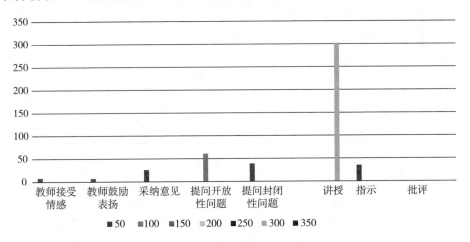

图5-2 个案一教师课堂教学行为统计

通过图5-2可以直观地看出教师的讲授行为次数较多。个案教师共有八种行为，而其讲授行为达到了302次。这也表示个案教师的课堂教学行为中讲授时间过多。例如，个案教师在对于课堂学霸班的故事举例后，在学生思考前进行了一大段的讲授内容。从对与学霸班的自我认识，到引导学生思考成员间的相互关联程度、集体对于成员的重要性、成员间相互交流的频率、成员对共同目标的共识程度、成员间的默契程度到集体存在的时间长短这些方面。讲授的时间太长从一定意义上来说意味着没有能让学生参与进来，使学生真正感受到事例和故事所传递的情感和思想。同时也看到教师在讲授的过程中依然遵循着说理论证的逻辑。教师先从集体的重要性开始讲，然后告诉学生建立良好集体的相关因素，如何建立一个良好的集体这样的方式授课，讲故事和举例子都是为了说明一个道理和观点，而忽略了学生在其中的感受和主动探索。个案教师注重对于课程内容进行说明、解释、澄清、阐述，在讲解上花费了过多的时间，这也意味着教师说教的意味过浓，指导性较强，在课堂中占据主导地位。课堂教学活动更像是教师的主场，学生在其中只是按部就班去完成一项活动。

　　教师讲授行为一直占据着绝对的优势和大量的时间。比如在原始视频中，从第12分钟一直到第17分钟都是对于"学霸班"案例的教学，并且在此段时间内根据表5-4课堂教学行为单位时间序列比率表中的数据可以看出教师行为在第12分钟到第17分钟所占的比率分别是70%、40%、70%、65%、80%、90%，而学生行为所占的比率分别是5%、0%、25%、15%、15%、5%。从这样的百分比中可以很直观地看出来在连续的5分钟内，教师讲授行为在课堂中占据了大量的时间，这在一定程度上会影响学生的参与积极性，德育课教师的讲授应该需要控制在一定的范围内，多带动学生的参与程度和思考，运用更多有效互动的方式进行教学来达到教学目的。

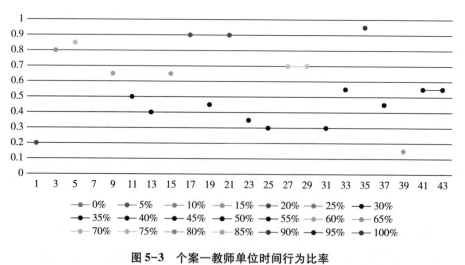

图5-3　个案一教师单位时间行为比率

　　图5-3是根据表5-4中教师在单位时间内的行为比率转化而来，从数据

波动可以得出,教师行为在课堂中的状态为高处波动。在第1分钟和第39分钟时教师行为出现了极小值,对视频进行分析可以看到在此阶段个案教师一直在操作技术和等待学生回答问题的阶段中,通过技术和互动来展示教学内容,感受教学成果。所以,此个案教师在此阶段的讲授时间较少。在第17分钟到第23分钟的时间段内此教师的行为比率达到70%以上,这段时间是教师展开课堂讲授的主要环节,教师连续讲述了大量的课堂知识。此课程的核心主题为如何使学生的集体意识有所增强?此项教学内容具有一定的体验性和思考性,教师应把讲授知识的时间缩短在一定的范围之内,更多引导学生思考和讨论。

根据以上分析可以得出,个案教师注重学生对概念的掌握和对问题解决方法的论述,个案教师在课堂教学过程中还是以知识讲授为主。虽然教师在讲授过程中使用了视频、图片、故事、案例等,但依然遵循说理论证的模式。即先抛出一个概念或者观点,然后通过各种丰富的互动和方法力图证明这个观点,或说明这个概念的重要性,然后阐明该怎样做。这个模式看上去结构完整、逻辑清晰,但在一定程度上弱化了学生的主体地位,学生在学习过程中依然需要学习并认同教学知识,学生真正对一个问题的理解和感受被排除在外,这种单一的传授价值观的"满堂灌"式讲授方法,难以触动学生的内心,也难以帮助学生去思考并解决自己在生活中所遇到的道德困惑,即便采用的方式再丰富,也难以真正激发学生的学习兴趣,使德育课教学失去其题中应有之义。

第四,教师指示行为。在教学过程中教师对学生下达的命令就是教师的指示行为,此行为的目的在于使学生服从,或对学生进行个别辅导或是点名。根据表5-2的数据,可以看出在个案教师教学行为中,指示出现的频数为35次,指示行为在个案教师的教学原始视频中大多呈现出来的是要求学生们起来回答问题,或是要求学生根据老师的指示来进行某种文本的阅读,或是根据老师的指示观看视频内容等;而个案教师的接受情感和表扬鼓励分别出现的次数为8次和7次,个案教师的接受情感在原始视频中的表现仅仅是对于学生的口头肯定;表扬鼓励的7次也均是个案教师的口头表扬,是表达对学生回答问题行为和答案的认可。这说明个案教师在教学中虽然注意到对学生的引导,但却在教学过程中没有对学生接受指示的反应进行及时的反馈,老师的指示行为在一定程度上高于对学生的情感接受和表扬鼓励。

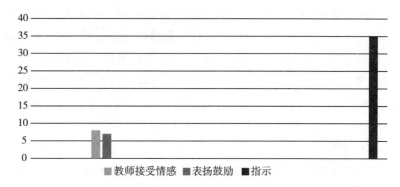

图 5-4　个案一教师的指示行为与教师接受情感和表扬鼓励的对比

根据图 5-4 可以明显看出个案教师在教学中的指示行为明显高于接受情感和对于学生的表扬鼓励行为，在指示行为高于教师接受情感和对学生的表扬鼓励之上，就说明个案教师没有注意到对学生进行及时的积极反馈，也意味着教师对学生情绪体验的忽略。

（2）学生行为分析。

在对教师行为进行分析以后，对学生行为也进行了分析。学生的行为具体可分为被动应答、主动应答、和同学展开讨论以及主动进行提问。

第一，学生回答问题行为。学生的应答行为主要包括被动应答和主动应答。其中被动应答是指学生针对老师所提出的问题及所讲述的内容，通过点名回答或者被引导回答的方式进行回答，在此过程中，学生自己的想法受到了一定的限制，只能跟随老师引导的方向来进行。这样的被动在应答原始视频资料中可以看到，学生们的被动应答主要是在观看视频之后。例如，在课程刚开始时教师对于刚刚观看过的中国女排视频所进行的一段提问。

> 老师问："我想请问一下，你们认识这些女排姑娘吗?"
> 学生回答："不认识。"
> 老师问："那她们认识不认识你们?"
> 学生回答："不认识。"
> 老师说："八竿子能打着吗?"
> 学生回答："打不着。"

学生回答的这些问题都是一些意义较低的问题。然后用这些问题来引出接下来的教学。同时，在视频中还可以看出来，在个案教师的教学中，在第 18 分钟左右教师组织学生们再次观看了一段视频，视频结束后向学生们发问。

老师问:"在这个视频中我们一共看到了几种动物?"

学生回答:"4 种。"

老师问:"4 种? 5 种?"

学生回答:"7 种","8 种"。

老师说:"到底有几种? 那我们一起来看看都有哪些动物。"

学生答:"首先是企鹅和虎鲸。"

老师说:"然后呢?"

学生回答:"蚂蚁和食蚁兽。"

老师再问:"然后呢?"

学生回答:"萤火虫。"

老师说:"然后呢?"

学生回答:"螃蟹和海鸥。"

老师说:"那么一共有几种?"

学生回答:"7 种。"

通过这样的引导,学生和教师之间形成互动,开始引出下面的教学,教师通过从这几种动物身上发生的事情,来解释本节课要讲授的内容。可以看出在整个过程中学生都处在被动应答的状态,处在教师的引导下回答问题。

主动应答是指学生所做的回答表达了自己的看法,突破了原本的固有答案,并且学生所表达出的想法比较具有创造力。在原始的视频资料中可以看出当个案教师所抛出问题时,会有学生举手主动来回答相应的问题。而在回答中学生也可以边思考边整理问题的答案,可以很好地完成个案教师所提出的问题。例如,在老师组织学生观看图片时提出问题。

老师问:"这幅图是怎么表现出集体力量的?"

学生回答:"集体改变了个人的行为习惯。"

老师问:"对于国家、军队、学校、社会团体、企业、少先队、共青团、班级、舞蹈队、文学社、田径队等,这些都是我们的集体,那么在日常生活中我们看到这么多的集体,是不是就要讨论一下什么是集体? 谁来回答一下?"

学生回答:"就是像大家一起去做一些事情。"

表 5-5　个案一学生言语中的应答比率

应答行为	比率
学生言语中的应答	14.85%
应答中的主动应答	13.80%
应答中的被动应答	3.94%

被动应答和主动应答这两种回答方式之间的本质区别就是学生表达自己观点的自由度不同。从表5-5可以看出在学生所有的语言行为中，学生回答问题的比例非常大。此外，学生主动应答的比率远远超过了被动应答的比率，这也和教师所提出的问题息息相关。但是通过详细的观察和课后访谈，发现课上只有少数的学生可以针对教师的问题作出主动回答，而整个班级中，并没有多少学生会积极参与教师的提问，仅有少数几个学生比较活跃，举手回答的学生也总是那几个，在原始视频中处于教室中间第四排的男生回答问题的频率相对于全班其他学生而言占到了绝对的优势和比率，这意味着虽然学生的主动回答情况比较多，但是多集中在个别几个人身上，其他同学参与度比较低，没有调动起整体的积极性。课后对课上几位没有回答问题的学生进行访谈，当问到"为什么课上没有举手回答问题呢"，学生说"老师平时就经常喜欢叫那几个学生"，还有学生说"我没什么可说的""就是不想回答"。当问及为什么不想回答时，学生说"觉得没什么好回答的。"这个现象值得引起思考，当学生觉得没什么好回答的时候，意味着学生对教师所提的问题兴趣不大，问题没有引发学生深入的思考，也没有激起学生的积极情绪体验，德育课的价值和意义就大打折扣了。

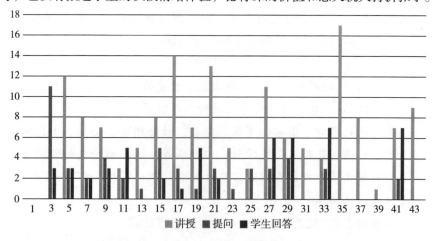

图 5-5　教师讲授、提问及学生回答问题时间序列

通过图5-5的柱状图，可以看出在课堂教学中，教师的讲授行为一直处于高处波动。在整节课的教学过程中，根据所有行为比率来看，老师的讲授行为一直都是以高频率出现，没有太大的变化。此外，在第17分钟到第21分钟之间，更是出现了几个高点，可以看到这段时间内教师的讲授频率很高，而学生对于问题的回答和思考频率都很低。另外，在这段时间中，可以看出教师提问的问题数量也没有什么变化。这些数据表示教师在这几处对学生提出的问题实际意义不大，所产生的作用只是停留在表面。比如说，当教师提出问题："同学们认为这种做法是不是对的"，这时，学生会集体作出回答"对"。从某种程度上来说，教师这时所提出的问题仅仅是一种自问自答，而学生并没有足够的时间针对老师提出的问题去深入思考，并且无法针对这些问题给出合适的解答，也就是说提出这样的问题没有多少实际意义，所起到的作用仅仅处于表面。

第二，学生主动提问行为。在表5-2中可以明显地看到，学生主动提问的次数为0。通过对个案教师展开的预先访谈得出个案教师的态度是鼓励学生主动提问，此外，个案教师注重通过由个别学生来带动整体课堂气氛的方式来使课堂的提问状况得到改善，但是从原始的视频数据看到，此种针对性的提问措施并没有显著的成效，学生主动提问仍然很少，教师只是与个别学生进行互动。

（3）沉寂行为分析。

分析了教师行为和学生行为之后，对沉寂行为进行分析。按照课堂教学的编码系统以及行为概念解释的类目，沉寂行为主要可分为学生思考、做练习以及无助教学的混乱等。整体上，沉寂行为共出现了84次，在所有的课堂行为中占据9.82%的比例，换句话说，就是课堂沉寂现象的时间为4分钟。

第一，学生思考行为。表5-2中的相关数据显示，学生的思考行为共有21次，表明学生在整个课堂的行为中思考行为所占总体课堂行为比率很低。通过对原始数据分析得出，这些思考都是学生在老师提问之后对其开放性问题进行思考，在思考完成之后学生能针对老师的问题给出较为合适的答案。但是学生的思考行为在数量上依然较少，结合教师的提问行为可以很明显地看出教师在大部分情况下，在提出问题之后没有给学生留下足够的思考时间，就急于讲解下一个知识点，这样一来，使得学生思考问题时间过短，甚至没有思考时间。

在视频中可以看出，当个案教师组织学生观看多媒体之后，比如教师通过多媒体的课件展示的四幅图片——图片一：一群男孩举着篮球的图片。加上一段文字"情景一：七年级六班活动组织得有声有色，同学们越来越有热情，就连生性内向，怯于表现的小菲也加入了进来，变得越来越活泼"。图片二：几个男生手搭在一起加油鼓劲。一段文字"情景二：班里有几位同学常在一起，慢慢地，他们说话的语气、口头禅甚至捋头发的动作都越来越像了"。图片三：升旗仪式。一段文字"升旗仪式时，全场肃立，随着国歌响起，大家情不自禁地被带入了庄严的氛围"。展示完 PPT 以后，教师问"以上这些情景都说明集体拥有怎样的力量？"这样的问题刚抛出来的时候并没有给学生足够的思考时间，而是直接问"大家谁来给我们回答一下？"教师提问没有留给学生足够的思考时间，导致学生思考问题行为过少。

此外，个案教师在教学过程中，当刚刚进行视频观看后，进行了一段讲授，然后给出结论，并没有给学生们留下相应的时间去让他们思考和理解从刚才的教学过程和教学行为中的想法和感悟，而是直接进行下一个教学视频的观看。这样的过程就没有与学生达成很好的配合，没有给学生足够的思考时间来体会、理解教学内容。这说明教师在教学过程中的提问策略出现了一些问题。通过数据可以发现，个案教师的提问大都流于形式，既缺少深层次的提问，也没有什么具体的意义，很大程度上是教师自问自答的形式。

课后访谈了解到由于个案的教师认为课堂中很重要的一点是完成教学任务，在很短的时间内所要完成的教学任务数量过多，所以教师往往会忽略需要给学生一定思考问题的时间。此外，个案教师也提到"有时候学生未必愿意回答问题，那这种情况下把问题抛出来让他们思考就行"。但事实上，这种方式只是达到了表面的互动，提问不等于启发，课堂提问的目的是引导学生思考问题，促进学生积极探索，促使并培养学生创造力、好奇心等道德品质的发展。

（4）技术行为分析。

在分析了教师行为、学生行为、沉寂行为之后，对技术行为进行分析。由表 5-2 可知，课堂教学行为中的技术行为可以分为三大类：技术作用于学生、学生操作技术和教师操作技术。从表中可以看到，教师操作技术和技术作用于学生的次数偏多，分别为 85 和 75 次，而学生操作技术仅发生了 6 次，在总的课堂行为中，这三者的占比为 19.42%，由此可以看出在课堂教学中存在一定的问题。

第一，教师对技术的应用。从表 5-2 可以看到，教师对于技术的控制可以分为两个方面：一是教师利用技术作用于学生的行为，二是教师对技术的操作。在技术应用中，这两部分的占比高达 96.37%。技术作用于学生是技术应用中最重要的组成部分，这一方面主要体现在学生长时间地关注多媒体，教师呈现给学生的视频里关于团结的内容多在多媒体的教学中体现出来，而且让学生观看了国家仪仗队庄严的升旗仪式和国歌演唱并让学生们一同观看、演唱。这些例子表明：教师利用多媒体成为教师课堂教学中重要的环节，视频是教师使用的主要工具，对于提升教学内容的体验感有很大的帮助。本课堂个案教师利用了电子屏幕来带动学生的互动性和参与性，但是学生却在整个过程中缺乏主动参与性和创新性，并且在原始视频中可以很明显地看出在学生参观多媒体演唱时并没有较积极的参与，而更多的是一种配合老师教学完成教学项目的过程而已，缺乏创新性和参与性。

第二，学生操作技术行为。学生操作技术是指学生对于教师在课堂上所呈现的教学内容进行相关的技术性帮助与操作，可以通过其来展示出自己的观点和问题。也就是说，学生对于课堂上的教学内容存有自己的观点或遗留的问题，可以通过操作技术展示来达到教学目的。在当今的信息化教学背景下，教师一般都可以通过多媒体来展示教学技术内容，传递教学知识。如果对于学生操作技术行为出现的次数少就说明教师在教学过程中没能真正意义上使用好电子设备的辅助教学，缺乏与学生的互动，那么，本研究中学生操作技术行为仅出现 6 次，则说明课堂依然以教师为主，学生并没有很好地利用资源进行深入探究和思考，师生互动依然质量不高。

（5）四种行为交互分析。

第一，教师行为与学生行为动态对比。由表5-4教师行为和学生行为在单位时间内的变化量转化而成的图5-6分析教师行为和学生行为的动态图，可以看出学生行为比率出现的频率一直低于教师行为频率，但在偶尔几个时间点里可以看到，教师的行为比率低于学生行为比率，出现了少数的学生行为比率较高的现象。而且还可以看到，当教师行为比率很高的时候，学生行为比率也出现了极低值的现象。教师行为比率出现的概率大多在40%以上，只有持续时间较短的 5 次是40%以下，出现在50%以上的次数是 14 次。在图5-6中，两条曲线也有十分接近的时刻，这表明教师和学生在这些时间段的互动很频繁。不过，仔细观察这几个时间段，15-17 分钟，17-19 分钟，19-21 分钟等时间段的线段可发现学生言语比率的变化趋势和教师行为比率的变化趋势是相反的，可以得出教师是引导师生之间互动的主要力量，但是根据原始数据和视频来看，这种交互现象是处于被动的，没有发生激烈的、主动的交互行为现象。

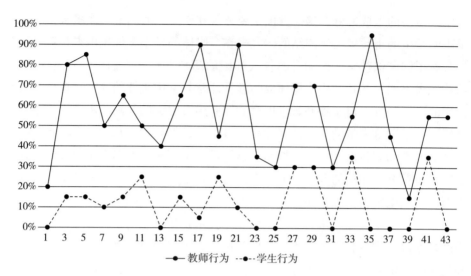

图5-6　个案一教师行为与学生行为动态特征图

在原始视频中可以看出，在老师组织学生们观看"学霸班"的故事这一阶段的教学中，老师首先进行的是指示学生们观看多媒体课件，让学生们开始观看所举的例子，在学生们观看的过程中老师会问："大家能不能看清楚？"学生仍在观看多媒体课件，没有做出反应，接下来的观看中老师提问："这是一个什么班？"学生边看边回答："学霸班。"接下来老师从例子中引入高考的话题来带到几年后学生将要面临的中考问题。

　　老师问："那么我想问一下，这个学霸班留给大家最深刻的印象是什么？是他们的高考成绩吗？他们的高考成绩确实挺震撼的，是不是？全班平均分达到645分，湖南呀，你看我们前面说每个人都希望在集体中获得温暖，对吗？那我们能不能用刚才的集体联结度的知识来分析一下学霸班这样的集体给同学们带来了哪些温暖？谁来分析一下？"

　　学生答："团结的温暖。"

　　老师问："团结的温暖，那么体现在哪里？能说一下吗？"

　　学生答："他们都马上要高考了还能记住三位女生的生日，并挤出一点时间来为三位女生庆祝生日。"

　　老师："恩，非常好，请坐下。"

随后，老师进行了一段讲授并说明了一系列活动对考试的影响，并将学霸班里的三位女生过生日的例子进行了对比。然后提问学生："还有什么温暖？"随后在老师不断的示意下学生的回应仍然不明显，然后老师又对之前讲授的内容进行回顾，在回顾中不断地提问一些简单的问题。总体而言，在整个教学活动中，教师占据着最重要的主导地位，并且课堂教学的秩序主要由教师组织和管理。学生处于被动状态，并没有自发地展现出积极性，而是通过教师的带领和引导表现出来，由此看来，在课堂活动中，如果缺少了教师的引导和发问，也不会出现学生的主动性发问或是交流。这足以表明学生在课堂活动中处于被动地位。

第二，语言比率和技术比率动态分析。图5-7是结合表5-2和5-4的数据形成的数据分析，表示在单位时间中体现出技术和语言比率的变化。语言比率由教师行为比率和学生行为比率组成。从图5-7可以看出技术行为比率要低于语言行为比率。

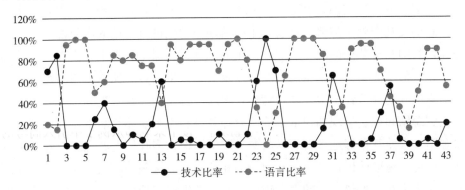

图5-7 个案一技术比率和语言比率动态图

由于下课时的自由活动，学生在一节课刚上课的时候很难立刻保持安静，因此在整节课的始端，教师很难维持教学秩序，所以此时的课堂十分混乱，教师的行为比率出现较低，并低于技术行为比率。在这段时间内，技术比率和语言行为比率呈现出相反的变化趋势。43分钟后的数据由于有效编码不足20个而失去了代表性。从图5-7可以看出：在5-7分钟、21-24分钟、35-37分钟这几个时间段内，当语言比率下降的时候技术比率也会有所上升，技术比率下降同样伴随着语言比率上升。这个现象反映了技术在教师教学的过程中起辅助作用，当师生之间的互动较少的时候，技术就会帮助教学的进展。课堂言语行为在整节课的后半部分呈现下降的趋势，而技术行为却在这个时间段内呈现上升的趋势，在观察教学视频后发现，教师在对课堂知识进行总结的时候着重使用了技术。

第三，课堂交互类型分析。将师生之间的交互分为四个方面，分别是接收感情、提问封闭性问题、接受意见以及开放性问题。学生自己练习与学生之间的讨论是生生交互的一部分。师生与媒体交互可以分为三类：学生操作技术、技术作用于学生、教师操作技术。

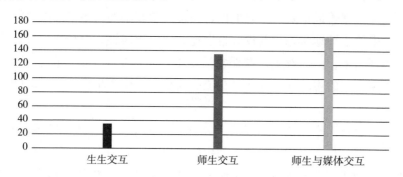

图5-8 个案一课堂交互类型编码个数图示

从图5-8可以看出，在总的交互中，师生交互占据重要地位，但是生生交互在总的交互中处于劣势，这表明小组活动和学生进行讨论的次数都很少。多媒体是教师在这节课的教学中主要使用的工具，在课堂教学中，多媒体起辅助作用，它的功能是集中学生的注意力以及展示教学内容。比如运用多媒体来进行课堂的互动环节让学生一起跟随多媒唱歌进行互动、观看视频、对问题进行讨论、总结知识、呈现知识框架等。教师可以利用多媒体给学生播放视频、故事和图片来使其更好地理解和运用课堂所学知识，多媒体上展现的内容还可以让学生更直观地认识自己所学的知识，并得到更加深刻的印象。在观察视频后发现，生生互动不仅发生的次数较少，并且学生在互动过程中表现的活跃度也很低，课堂气氛在生生互动期间呈现出十分低沉的氛围。学生在课堂教学活动中的自主交流发生的次数较少，这一现象对培养学生分享观点，以及拓展学生的思维和进行合作学习存在负面影响，由此来看，教学活动在生生互动方面存在的缺陷很大。

第四，四种行为综合分析。图5-9是由表5-4中的四大行为动态表现而来，对技术比率、学生行为比率、教师行为比率和沉寂比率的数据进行转化后所得到的折线图。该图主要表现了技术比率、学生行为比率、沉寂比率和教师行为比率的增减幅度以及这四种课堂行为变化的对比。

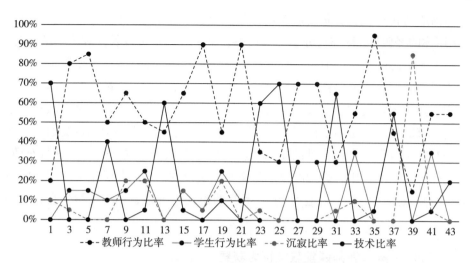

图 5-9 个案一课堂教学行为动态特征图

由图 5-9 可以看出，较高的分别是教师行为比率和技术比率，学生行为比率和沉寂比率都很低，并且二者的比率都出现过 0%。教师行为在 9—13 分钟这一时间段内呈现不断下降的趋势，而学生行为比率在这一时间段却呈现出不断上升的趋势，这一现象表明师生互动在 9—13 分钟内最为频繁。这一现象的发生是由于学生在课堂的前半段时间内注意力比较集中，并且对老师所讲解的内容有较大的兴趣。学生行为比率、技术行为比率和教师行为比率的曲线在 27—37 分钟的时间段内不断出现交叉的现象，并且学生行为比率和教师行为比率的变化在这一时间段内总是出现相反的变化趋势，通过观看视频发现此时学生行为主要发生在观看多媒体的播放，而且此时的参与并不是学生主动进行的。在图 5-9 中，教师行为比率的折线经常高于学生行为比率的折线，总是处于最高的位置，并且表示教师行为比率的折线仅在 35 分钟和 37 分钟这两分钟的时间段内才低于学生行为比率的折线。在这四个行为中，只有沉寂比率的曲线增长较为平和，而教师行为比率、学生行为比率和技术比率的曲线走势忽上忽下，教师行为比率和学生行为比率分别在高处和低处出现起伏。

经过对个案一教师的课堂行为观察分析，可以看到在这节课上，整个课堂师生互动是以教师为主导，教师对学生的鼓励、表扬和接受情感都非常低，教师所提问题缺少深度，难以引发学生深入思考和探究。而且学生的应答比较被动，与同学之间的互动也比较少。同时也看到课堂纪律较好，无助教学的混乱情况比较少，同时也感受到课堂缺乏生动和活力。而且教师在讲授的过程中遵循着"是什么""为什么""应该怎样做"的说理论证模式，在这种模式下，学生的主动性和创造力被忽视。在对课堂所授内容对应的德育教材内容《集体生活邀请我》进行分析之后发现，课程文本有大量的留白，有"相关链接""运用你的经验""探究与分享"等内容，学生有大量可以发挥和表达的部分，包括关于情感的表达，但是在教师预设的框架下，学生的表达被压制了，进行深入思考和探究的需要被压制，而且学生积极情绪体验也是缺失的。即便教师使用了多媒体辅助教学，教学方法也比较多样，但从根本上依然是以教师为主导，所有的活动都是为了说明一个道理，教学活动的重点是学生接受道理，而不是在这个过程中带着自己的生活经验与困惑和教师、同学、文本进行对话。在实际的教学工作中，教师的教学与文本是脱节的，教师与学生的互动是脱节的，教师依然主张以"讲道理+讲故事"的模式来说理，忽略了学生在其中的参与。

（二）个案二教师课堂教学行为观察

1. 个案二编码过程

个案二课堂观察视频时间为 32 分钟，按照每 3 秒停顿一次，结合编码系统，将这 3 秒内出现的行为记录下来。表 5-6 所示为课堂部分原始数据表。

表 5-6 个案二课堂教学部分原始资料数据表

序号	时间跨度	内容
1	0：00.0-0：03.0	6 教师课前讲授
2	0：03.0-0：06.0	6 教师课前讲授
3	0：06.0-0：09.0	6 教师课前讲授
4	0：09.0-0：12.0	6 教师课前讲授
5	0：12.0-0：15.0	6 教师课前讲授
6	0：15.0-0：18.0	6 教师课前讲授
7	0：18.0-0：21.0	6 教师课前讲授
8	0：21.0-0：24.0	6 教师课前讲授

最终形成 625 个编码，表 5-7 直观地显示出教师课堂行为、学生行为、沉寂和技术的比率，如教师行为为 54.88%，教师的间接影响是 16.32%，直接影响占 38.56%，学生行为占 25.76%，沉寂占 11.04%，技术占 8.32%。

表5-7 个案二课堂教学行为类目分析比率表

分类		编码	内容	频数	频率	类目统计	频率A	频率B
教师行为	间接影响	1	教师接受情感	18	2.88%	102	16.32%	54.88%
		2	教师鼓励表扬	12	1.92%			
		3	采纳意见	8	1.28%			
		4	提问开放性问题	61	9.67%			
		5	提问封闭性问题	3	0.48%			
	直接影响	6	讲授	178	28.48%	241	38.56%	
		7	指示	56	8.96%			
		8	批评	7	1.12%			
学生行为		9	应答（被动）	6	0.96%	161	25.76%	25.76%
		10	应答（主动）	141	22.56%			
		11	主动提问	1	0.16%			
		12	与同学讨论	13	2.08%			
沉寂		13	无助教学的混乱	60	9.6%	84	11.04%	11.04%
		14	学生思考	9	1.44%			
		15	学生做练习	0	0.00%			
技术		16	教师操作技术	23	3.68%	166	8.32%	8.32%
		17	学生操作技术	0	0.00%			
		18	技术作用于学生	29	4.64%			
统计				625	100%	625	100%	

对于各项行为之间的关系，进一步做了课堂行为编码矩阵表。表5-8所示为课堂行为编码矩阵表。编码过程每3秒停顿一次，对编码赋值，共625个编码，将每个编码的前后联系起来，前一个编码代表行数，后一个编码代表列数。最后形成编码矩阵表，比如本个案前10个编码为6，6，6，6，6，6，6，6，6，6，依次组成了6-6，6-6，6-6，6-6，6-6，6-6，6-6，6-6，6-6这些矩阵。

表5-8 个案二课堂行为编码矩阵表

	1	2	3	4	5	6	7	8	9	10	11	12	13	14	15	16	17	18	合计
1	1	1								14							2		18
2	1	4	1	1		1	1			2	1								12

续表

	1	2	3	4	5	6	7	8	9	10	11	12	13	14	15	16	17	18	合计
3	2	1		1						4									8
4	6	2	2	14		12	6			12			6						61
5					1	2													3
6	3	2	3	3		123	11	5	3	12			4	1				3	178
7	3		2	9		9	14			7		1	9	1			5		56
8				1		4		1		1									7
9				1					3				1						6
10	2	2		33	2	9	8	1		79			1						141
11							1												1
12							1					11	2	1					13
13		1		2		7	8			3		1	31	1				2	60
14				1		1	2							5					9
15																			0
16																			0
17						1	3						3			16			23
18						3							2					24	29
合计	18	12	8	61	3	178	56	7	6	141	1	13	60	9	0	0	23	29	625

从表5-8可以看出，本个案中最大值出现在第6行第6列讲授行为里，共出现了123次，可见课堂教师的讲授占主体。通过课堂行为的动态曲线处理，可以看到每分钟里各个行为所占的比率，如表5-9所示。

表5-9　个案二课堂行为单位时间序列比率表

分钟	教师行为	教师行为比率	学生行为	学生行为比率	沉寂	沉寂比率	技术	技术比率
1	20	100%	0	0%	0	0%	0	0%
2	17	85%	3	15%	0	0%	0	0%
3	10	50%	10	50%	0	0%	0	0%
4	13	65%	7	35%	0	0%	0	0%
5	12	60%	4	20%	4	20%	0	0%

分钟	教师行为	教师行为比率	学生行为	学生行为比率	沉寂	沉寂比率	技术	技术比率
6	13	65%	6	30%	1	5%	0	0%
7	9	45%	10	50%	1	5%	0	0%
8	14	70%	5	25%	1	5%	0	0%
9	6	30%	14	70%	0	0%	0	0%
10	9	45%	9	45%	2	10%	0	0%
11	12	60%	5	25%	3	15%	0	0%
12	18	90%	1	5%	1	5%	0	0%
13	14	70%	0	0%	1	5%	5	25%
14	3	15%	0	0%	4	20%	13	65%
15	12	60%	0	0%	3	15%	5	25%
16	11	55%	1	5%	8	40%	0	0%
17	8	40%	5	25%	7	35%	0	0%
18	10	50%	10	50%	0	0%	0	0%
19	9	45%	10	50%	1	5%	0	0%
20	13	65%	7	35%	0	0%	0	0%
21	8	40%	0	0%	1	5%	11	55%
22	10	50%	0	0%	2	10%	8	40%
23	14	70%	6	30%	0	0%	0	0%
24	6	30%	3	15%	11	55%	0	0%
25	11	55%	9	45%	0	0%	0	0%
26	5	25%	15	75%	0	0%	0	0%
27	14	70%	6	30%	0	0%	0	0%
28	8	40%	11	55%	1	5%	0	0%
29	17	85%	3	15%	0	0%	0	0%
30	5	25%	0	0%	15	75%	0	0%
31	10	50%	1	5%	0	0%	9	45%
32	0	0%	0	0%	0	0%	5	25%
	341		161		67		56	

表5-9展示了课堂教学四大行为在每分钟内的比率分配。总的来看,每分

钟内占据比率最高的是教师行为，并且教师行为在大半节课的时间段内都能维持50%以上的比率。对学生行为、沉寂、技术和教师行为这四个方面的数据分析主要来源于上述研究所导出的数据，在对每一方面单独分析完后又进行了综合的分析。

（1）教师行为分析。

利用编码系统的具体行为类目和课堂教学的行为概念，教师的教学行为包括八个方面。此次研究着重分析教师的表扬行为、提问行为、讲授行为和指示行为。

第一，教师表扬行为。通过表5-7可以发现，该表中有12次教师表扬行为。教师的提问分为封闭性提问和开放性提问，封闭性提问有3次，开放性提问61次。表扬的次数远远小于提问的次数，表明了在实际教学活动中，个案教师并不是非常重视激励学生，而在表中的接受情感和批评两个方面的出现次数中，分别为18次和7次。在表扬行为原始视频中有一段，当老师提问："这一年的时间过去了，我们小朋友都有些什么收获呢？我们每个小朋友的生活是不一样的，每天干的事情也是不一样的，那我们来谈一谈你们的收获，你们可以从自己的学习方面，也可以从生活方面或者是自己的身体以及活动方面，好不好？我们一起来谈谈。"一个学生回答："这一年里我学会了扎麻花辫。"老师说："哦，扎麻花辫呀。那你是学会了给自己扎还是给别人扎？我都不会扎，大家掌声送给她。"个案教师用这样的互动方式来与学生互动，同时又及时地给学生以反馈和表扬，这样的方式会增加学生的学习兴趣。但同时类似的表扬出现得比较少，本次研究的个案教师的表扬行为更多的是简单的口头表扬，类似于"恩好，说的不错。""恩，你很不错。""很好""恩，太厉害了。"对于小学一年级学生来说适时的表扬不仅可以加强学生的自信心，还可以激发学生的学习兴趣。同时个案教师在教学中出现了对学生的误解现象，如当一个学生回答爸爸开车，自己把手放在方向盘上的时候，老师的反应是："你敢开车了？小朋友们，你们敢开车吗？这一点不能学他，这一点可千万不能学他，生命第一，一旦发生危险，交通事故可不得了，给你爸爸说以后再也不能这样做了。"学生反驳："那是在没开车的时候。"老师说："你还太小就不行。"学生说："有爸爸抓着我的手呢。"老师说："哦，那也不可以。记住了没有，下次再不能这样了。"在课上观察到在此后学生一直趴在桌子上，没有参与课堂互动。虽然这段对话可以看出是老师想要纠正学生的行为，但是原始视频中可以看出，老师的倾听能力略差，语气和表情都比较严厉，对于学生的辩解和回答并没有太在意，而是一味地想表达出自己的想法。小学一年级学生由于表达能力有限，有时候并不能清晰地表达自己的想法，在课后对学生进行访谈了解到这个事件中学生并没有和爸爸一起开车，而是车停着的时候他把手放在方向盘上，模拟开车，他感觉和爸爸一起开车很开心，就好像自己是个司机一样，他认为这就是他学到的开车本领。在进而问他"怎样就算是学到开车本领了"，学生说"我打喇叭，而且转动方向盘了"，在学生眼里，这样的行为就算是学到本领了。对于小学一年级的学生来说，对一些较抽象的概念理解并不是很深入，或者说表达未必准确，当学生表达他和爸爸一起开车时，未必是想表达他会开车了，而是想表达他和爸爸在一起时愉快的感受，要说本领也只能说他会按喇叭，而并非开车，事实上按喇叭并不能算严格意义上学到本领，而是一项亲子互动的娱乐活动，教师不能理解学生的感受，不能切身倾听和尊重学生，将视角仅仅盯在所授课程目标的完成上，关注学生"学到了哪些本领？"对于学生在课程中生成性的情感表达是忽视，甚至是打压的，对于教师来说，主要关注课程目标和课程内容涉及的部分，其他部分是被忽视的，但德育课堂许多内容是生成的，德育课堂的生命力和创造力也体现和反映在未被预设的情感、想法、思路上面，僵化的教育教学方式导致学生难以在课堂中与教师碰撞出心灵的火花，使学生对课堂不感兴趣，压抑一些不满的情绪，很难与教师建立积极的关系。对于这种情况，教师应该在对话的过程中允许学生表达，反复和学生澄清事实，了解真实情况，而不是在学生没有充分和准确表达自己的情况下，就给予严厉的回应，学生真实想要表达的内容被忽略，进而造成对学生的误解，对学生学习的兴趣和师生关系的建立都带来一些不良影响。

　　第二，教师的提问行为。提问是教学活动中非常重要的部分，可以帮助学生对所学内容进行思考和探索。图5-10是通过表5-7中教师提问的问题总数中开放性问题和封闭性问题所占的比率转化而来。教师提问的次数与教师行为比值叫作总的提问比率，开放性问题和封闭性问题的比率之和等于总的提问比率。图5-10中显示的数据是封闭性问题和开放性问题分别在教师提问的所有问题中所占的比率。由表5-6可得出，教师提问的开放性问题的比率为95.32%，封闭性问题的比率为4.69%，开放性问题的提问次数约为封闭性问题提问次数的20倍。

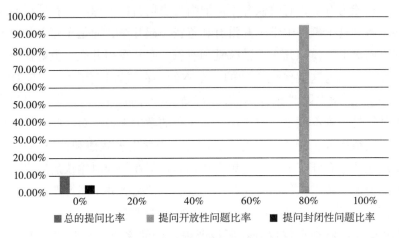

图 5-10　个案二教师提问比率

　　从图 5-10 中可以很直观地看出个案教师的提问行为以提问开放性问题为主，开放性问题在某种情况下有益于去引导学生思考来回答问题，来发展学生的思考能力和解决问题的能力。例如，在原始视频中可以看到老师会提问说："我们每个小朋友的生活是不一样的，每天做的事情也是不一样的，那我们来谈一谈你们的收获，你们可以从自己的学习方面，也可以从生活方面或者自己的身体以及活动方面，好不好？来我们一起来谈谈。""快过新年了，我们要自己制作一张新年贺卡，你们会把贺卡上面的新年祝福写给谁？你要写些什么呢？让你写给爸爸妈妈、爷爷奶奶……你想要对他们说什么，希望他们在新的一年里怎么样呢？"等等，因为是小学一年级学生，所以老师提出的问题重复性会高一点，同时这些问题也可以让他们用自己的思维来回答。为了充分吸引学生的注意，教师提问了一些封闭性的问题，比如老师问学生："你们听见了没有？""那我们一起来看好不好？""我们无论做什么事情都得经过坚韧是不是？""那我们在骑自行车时是不是需要家长的陪伴？""我们是不是做事情都要经过时间去不断的练习呢，是不是？"等等，这些封闭性的问题对于学生而言，可以提高他们的注意力。

　　本研究个案教师习惯采用开放式提问，并且多采用口头提出问题的方式。同时由于本节课属于小学一年级课堂，所以老师对于所提出的问题重复性过多，在对不同的学生提同样的问题时，教师没有用丰富的语言对问题进行调整和转换，都是用同样的语言，在多轮提问的过程中，可以明显看到其他同学不耐烦的情况。

　　第三，教师讲授行为。由于所授课程是小学一年级德育课，结合小学一年级学生注意力难以长时间集中、难以对深度问题进行思考的特点，一年级的德育课应以体验为主，讲授相应占比较低。但是在实际观察中发现教师行为在整堂课中都比较多。

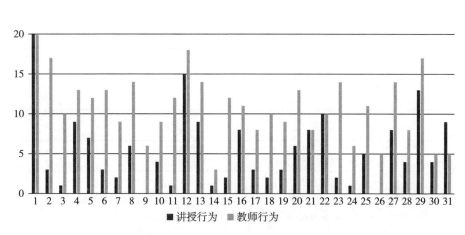

图 5-11　个案二教师行为与讲授行为

通过图5-11，可以看到教师的行为主要是讲授行为，这就说明教师在课堂时间的把握上相当紧凑，在课堂教学行为中一直处于主导地位。但是，这样的教学安排是不尽合理的，教师在进行讲授行为时，应该尤其讲究技巧性，讲授的效果不单体现在讲授时间的安排上，还应客观地根据讲授时机的掌握来判断。教师在课堂上占据大部分时间向学生讲授，而忽视学生的状态和学生学习兴趣的提升。对于小学一年级来说，教师更应该多采用和学生的互动教学模式，带动学生进入课堂和老师学生一起体验和讨论，提高学生的参与度和积极性。德育课程应是积极情感体验的场所。在讲授时，教师要注意观察学生的状态，把握正确的讲授时机，引导学生积极的情绪体验才是德育课程题中应有之义。

第四，教师指示行为。教师在讲授时，常无意识地作出指示性质的行为，在对学生进行教学时，不注重交流上平等的姿态，而采取指导、命令的形式，这种教学行为目的性很强，大多指向要求学生服从的一面，教师的指示行为还表现在对学生进行个别辅导或是点名。根据表5-7的数据中，可以看出在个案教师教学行为中，指示出现的频数为56次，指示行为在个案教师的教学原始视频中的体现大多呈现出来的是要求学生们起来回答所提出的某个问题，或是要求学生们根据老师的指示来进行某种文本的阅读或是对于老师的指示进行对于黑板上老师所列出的板书观看等；而个案教师的接受情感和表扬鼓励分别出现的次数为 18 次和 12 次，个案教师的接受情感在原始视频中的表现仅仅是对于学生的口头肯定，或是用一些手势表示出来；表扬鼓励的 7 次也是个案教师的口头表扬与对回答问题学生的行为和答案的认可。

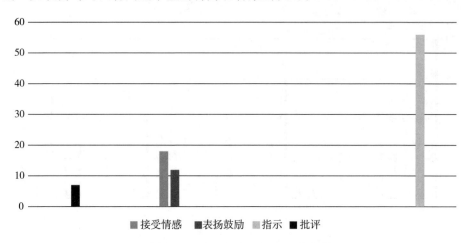

图 5-12　个案二教师指示行为与其他行为对比

如图 5-12 所示，个案教师在教学中的指示行为明显高于接受情感和对于学生的表扬鼓励行为，在指示行为高于教师接受情感和对学生的表扬鼓励之和上，就可以说明个案教师没有注意到对于学生的参与度及时进行积极的反馈，教师忽略了激发学生的积极情绪体验。

个案教师教学过程中虽然注意到了对于学生回答问题后的表扬和情感的接受一方面，但是从问题的提问和教师的情感接受和表扬鼓励的比例来看，教师的情感接受和对于学生的表扬鼓励程度还是不能和提问的问题数量构成比例。对于批评行为来说，个案教师的教学过程中存在对于学生的批评，整节课堂时间比例中出现过 7 次。在原始视频中可以看到老师在为了维持课堂纪律说："我看看谁没有听，对就是你，你就在那说话，我一会儿就叫你来说。"这样的方式虽然在一定程度上控制了课堂纪律，但对于被提出来回答问题的学生而言，这样的方式造成了他们一定的心理压力。

（2）学生行为分析。

第一，学生回答问题行为。在编码系统的分类中，学生应答分为被动与主动两种。被动应答是教师在课堂上以点名、引导的形式或课下向学生提出问题并要求学生作答，在上述过程中，学生的应答意愿是在教师行为的刺激下产生的，学生的想法在教师的引导下朝一定的方向发展，不具备完整的主动性和自由性。主动应答则是指学生不以教师的引导为参考,在自主思考之后,向教师的提问作出的应答行为,这种性质的应答使学生的发散性思维和积极主动性得到锻炼,学生可以自由地根据自己的想法进行问题应答。

表5-10 个案二学生言语中的应答比率

应答行为	比率
学生言语中应答	91.30%
主动应答	95.91%
被动应答	4.08%

分析表5-10可以发现,课堂上学生大部分的言语行为就是对教师提出的问题进行应答,另外,在教师提问的影响下,学生主动应答的频率远超于被动应答。在课堂观察中看到,一年级中多数学生都渴望参与老师的教学来展示自我,有很强的表现欲和求知欲,所以在教师下达指示命令回答问题后,大部分学生都会争先恐后地来回答老师所提出的问题。而个别学生针对问题会给出很好的回答。但在原始视频中可以看出来,仍然会有个别学生没有参与进来,后期是坐在后排的学生,对于上课内容的兴趣不大,但并没有得到老师的关注。

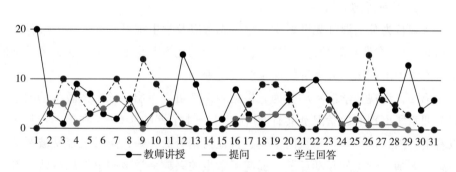

图5-13 个案二教师讲授、提问和学生回答的比例

结合表5-10中的原始数据对教师讲授以及提问、学生应答情况进行分析,得出以上动态数据结果。分析图5-13可以发现,即使教师提问行为发生得多,学生实际应答状况并没有得到太大的改善,教师依然占据课堂讲授的主要地位。在教师的讲授环节中,教师对于提问、学生应答、对学生给予表扬和鼓励等环节的重视度仍有待提高。虽然教师的讲授行为很多,但教师的提问却并不明显,在11-16分钟、21-23分钟、30-31分钟的地方可以清晰地看到,该段

时间内只有老师的讲授环节而并没教师的提问和学生的回答情况。这说明个案教师的上课方式还是按照以往那种"满堂灌"的方式在进行，没有将和学生的互动模式带入课堂，对于小学一年级学生来说，更应该去带动学生参与课堂的教学，引导学生思考、讨论、回答。去发掘学生的创新能力和学生的学习兴趣，而不是在课堂上过多讲解。在原始视频中可以发现，老师和学生的提问大多是"这样的做法对不对？""同学们是不是也会滑旱冰？""小朋友们是不是都想要这个好看的新年贺卡呢？"这样的问题，对于小学一年级学生来说比较容易回答，但是教师会把同样的一句话反复问多个学生，缺少语言的艺术，在多次回答问题以后，学生出现注意力不集中的情况。

第二，学生主动提问行为。学生主动提问的频率过低，在课堂中仅出现一次。具体情形为学生向老师提问："老师，为什么我骑自行车一个小时不到就骑会了？"教师说："真的吗？那你天资聪明呀。学习能力很强，一个小时不到就学会了。"通过老师的反应并与该学生握手夸赞他，对学生而言是一种鼓励和激励，有助于学生的发展，这是在整堂课中教师与学生积极互动比较明显的一个行为。通过前期对个案教师的访谈可以发现，该个案教师鼓励学生提问，而且表示她也喜欢和学生在一起，喜欢给学生上课，通过鼓励和表扬可以调动学生的积极性，对学生产生潜移默化的影响。但是通过之前提到的仅出现一例的提问现象可以看出，该个案教师的课堂方案试行的效果并不明显。

（3）沉寂行为分析。

沉寂行为分为混乱无助教学、学生思考以及学生练习。本个案中沉寂行为达到69次，在课堂教学行为中占到11.04%的比重，也就说明了在个案教师的整节课堂中出现了三分多钟的课堂沉寂现象。

第一，无视教学混乱的行为。根据表5-7可以看出，该个案教师的教学中本节课堂所出现的教学混乱共有60次，占到本节课的9.6%。在原始视频中可以看出，因为是小学一年级的学生，自控力相对低一些，同时很容易被调动起情绪，老师与学生的互动环节，提起了学生的兴趣，学生们争先恐后地回答问题过程中就在一定程度上造成了课堂的混乱，同时还可以看出个案教师对于多媒体课件的使用掌握程度不够，这在一定程度上也是导致课堂秩序混乱的一大原因。在个案教师的教学中可以看出在与一年级学生互动的过程中，学生热情参与度，提高学生的学习积极性。但由于学生年级偏低，自我控制能力不强，这很容易导致课堂的混乱问题出现，教师需要花费一定的时间去控制课堂秩序管理学生，一定程度上将会影响课堂的正常教学进度。

第二，学生思考行为。从表5-7中可以看到，本次的课程中学生们的思考行为出现了9次,主要在教师提出问题时发生,学生在主动思考之后,会对教师的问题作出应答。然而,教师提出的问题占到大多数,而学生主动思考并作出应答的行为却在少数,即并不是每次教师提出的问题,学生都会进行思考。这种现象的一个重要原因就是,教师提出的问题或者说提出问题的方式超出了学生的思考能力范围。另外,根据对数据的分析可以发现,教师虽然提出了相当数量的问题,但是,并未根据问题的实际难易程度等给学生以相应的思考时间,就紧接着进入了另外一个部分的教学环节,这样影响了学生的思考。

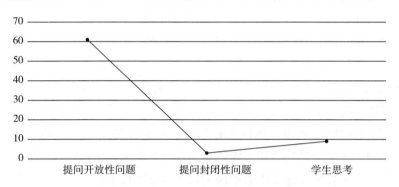

图5-14 个案二教师提问与学生思考比例

从图5-14可以看出教师对于学生思考行为给予的关注明显不够,甚至忽略掉了这个环节。通过上图可以看出在老师的提问比例上很明显高于学生思考比例。在整节课堂中个案教师提问后给学生留下思考时间,学生再回答的现象并不多。从原始视频中更多地可以看出在课程教学中,个案教师一直在不断的提问,但是并没有给学生留下足够的时间去思考问题。在视频中还可以发现,因为是一年级学生所以个案教师的提问大多是重复性发问,对语言并没有进行调整,只是循环式提问,提问过后学生较少思考,往往根据前一名学生的答案进行回答,答案都比较接近。如果教师能够转换提问的用语,可以更好地引发学生思考和回答。

(4)技术行为分析。

课堂教学中技术行为的部分分为教师操作技术、学生操作技术、技术作用于学生三种。表5-7可以看出以上三个方面的频数依次为:23、0、29。整体技术行为在课堂教学行为中所占比例不高,为8.32%。根据这些数据可以发现课堂教学行为中出现的一些问题。

第一,教师对技术的应用。教师对于技术控制行为和教师操作技术以及教师利用技术对学生的影响行为,可以完全覆盖整个技术应用。技术应用主要指技术对学生的作用,具体表现为课堂中板书以及多媒体的使用,学生对于这些内容的关注甚至超过了对教师实际讲授的关注。例如，在原始视频中可以发现，在个案教师的教学后半部分，通过从多媒体呈现出来的教学内容中的新年贺卡样式，让学生了解新年贺卡的时间这一部分上。根据这种现象可以看出，教师在操作技术的过程中，对于学生主动应用这一方面的内容关注度并不够，而单单重视将技术作用于学生。

第二，学生操作技术行为。学生操作技术行为环节中，学生的主观能动性得到很大的发挥，学生在操作技术的应用过程中将自己的观点呈现出来，对教师提出的问题进行思考并应答，并在讲授之后完成相关练习以达到巩固的目的。然而，实际教学中，学生的操作技术为38次，次数比较少，即在这个环节中，学生并没有按照理论上的概念完成该项行为，主要原因在于个案教师过分地进行课件的理想创作，而忽视了实际课堂中学生的情况，将理论与现实脱轨。

通过课后向个案教师的访谈了解到，个案教师由于年龄问题，对于新进的技术能力掌握程度比较慢，所以在教学中，对于新课件的制作PPT环节就有一定的影响，无法较好地利用多媒体对学生进行教学。比如说，在原始视频中可以发现，个案教师在课堂教学中因为对于多媒体技术的不熟练，在打开多媒体软件的操作中时间过长，导致课堂混乱的时间也较多，这在一定程度上说明了对于教师的培训以及多媒体的使用是十分必要的。通过分析该个案教师的课堂行为可以发现，该教师技术应用行为的效果不够理想。

（5）四种行为交叉分析。

第一，教师行为与学生行为动态对比。通过图5-15可以看到在多数时间段内，教师的行为比率都在学生行为比率之上。教师的行为比率几次在极大值附近波动，相反地，学生的行为比率在极小值附近波动。

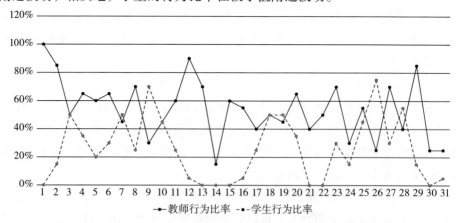

图5-15 个案二教师行为与学生行为动态特征图

从图 5-15 看到教师的行为比率多次达到了 50%以上，而出现 40%之下的次数仅为个位数，并且其延续时间都较短。但是学生的行为比率一直保持较低值。以下几段时间内教师与学生互动较多：1–3 分钟、13–17 分钟、21–23 分钟等，但是出现这种情况的原因都是教师行为比率发生一定幅度的下降，而学生言语比率升高。在这几段时间之后，学生的行为比率又马上发生下降，由此可见，学生与教师行为上的交流主要由教师引导，学生处于从属地位，而教师是整个课堂行为的主导者，主导整个教学行为。学生在教师的引导和激励之下完成一系列的课堂行为，如果没有教师的引导，整个课堂的氛围就处于十分低迷的状态。

第二，语言比率与技术比率动态分析。从图 5-16 中可以直观看出语言比率与技术比率的动态关系。从个案教师的教学中可以看出，教师的语言比率远远高于技术比例，只在少部分地方可以看到技术比例高于语言比率。

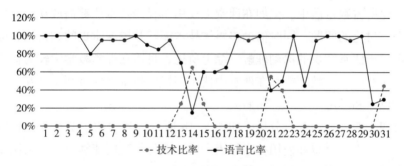

图 5-16 个案二语言比率与技术比率

从图 5-16 整体上来看，可以发现语言比率与技术比率大致呈负相关的关系。比如在 11–13 分钟、20–21 分钟、28–31 分钟等时间内，语言比率与技术比率的变化刚好相反。从整体教学效果上分析，技术比率起到了教学上的辅助作用，主要发生在教师与学生互动较少的阶段。另外在 12–23 分钟内，语言比率较低，而技术比率较高，观看视频可以发现，这段时间内，教师主要采用技术应用的形式对讲授内容进行总结，巩固学生所获。

第三，课堂行为交互类型分析。图 5-17 是从表 5-8 而来，师生交互性课堂主要是教师向学生进行提问，并在该过程中接收学生的意见与情感；生生交互主要是班级学生之间进行课堂自由谈论、讨论、完成活动、进行课堂练习等。师生与媒体交互是在传统课堂的基础上加入媒体技术，教师或者学生进行技术操作，从而获取相应的课堂效应。

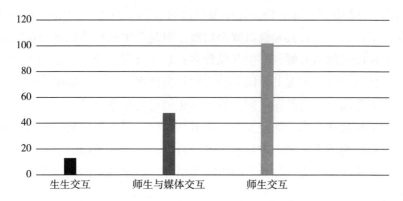

图 5-17　个案二课堂行为交互类型

如图 5-17 所示，师生交互类型是所有课堂类型中最为普遍的，生生交互课堂的占比最低。而在课堂中使用多媒体技术能够帮助教师更好地开展课堂教学，因此所占数量居中。比如在课堂上使用多媒体技术能够播放视频、展示图片和需要讨论的问题，同时借助多媒体技术能够开展课堂提问和讨论，能够帮助学生对于课堂知识的深刻理解。综上所述，目前在课堂教学中较为普遍的就是师生交互模式，教师能够在课堂中使用多媒体技术来促进师生交互，引导学生进行思考和学习。

第四，四种行为综合分析。如图 5-18 所示，其中的主要行为包括教师行为、学生行为、沉寂和使用技术行为。所形成的折现图能够充分反映课堂教学中各种行为的比率，并且显示其动态变化特征。

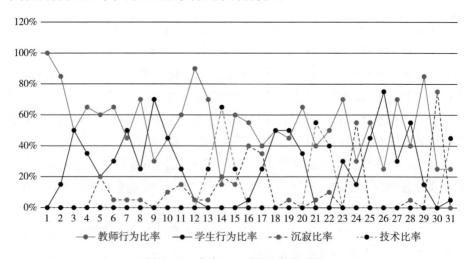

图 5-18　个案二四种行为综合分析

从图 5-18 中可以发现，在总体课堂教学行为中教师行为和技术行为占有很高的比例，而学生行为和课堂沉寂都曾经降到过最低值。随着课堂时间的移动，在 5-11 分钟时间段里，教师行为出现的波动比较大，这同时也可以看出，教师行为波动大（活跃）时也会影响学生的行为比率上升。这就说明，在这一段时间里，师生之间出现了良好的互动。原因主要就是，这段时间是课堂的开始阶段，学生的注意力和兴趣都比较高涨，对于知识的接受程度比较高，教师通过交互行为能够很好地提升学生的学习兴趣。在课堂中期的 21-25 分钟阶段，教师行为、学生行为和技术行为比率此消彼长、交互频繁，但是根据视频实录的情况可以发现，这一阶段中学生主要是在观看多媒体视频，其主要注意力和兴趣都在技术手段上，师生之间的交互并不频繁。而从课堂整体来分析，教师的教学行为一直占有较大比率。而学生行为所占比率在大部分时间都低于教师行为比率，教师行为比率所处的平均水平高于学生行为的平均水平，除沉寂所占比率变化不大之外，其余三类课堂行为所占的比率变动幅度都很大。

通过对个案二教师进行课堂行为观察，发现个案教师在教学过程中没有遵循"讲道理+说故事"的说理论证模式进行，而是从学生分享自己的生活体验开始，从学生的生活世界开始，这是其区别个案一教师最明显的一部分。同时个案二教师会对学生进行积极的反馈，但也存在反馈数量较少的问题。而且表达表扬和赞赏的语言也比较单一。教师提问缺少层次，往往就同一个问题，用同样的语言表达形式反复提问。由于小学一年级学生的特点，课堂出现纪律混乱的情况，教师对于规范纪律缺少吸引学生注意力引导的方法，更多是采用威胁学生的形式。

（三）两位个案教师课堂教学行为分析

根据分析实录视频和进行观察与访谈，并对获取的数据进行分析后发现，该教学个案中的教师在组织课堂方面存在一些问题。进行研修活动时两位教师也参与了课堂研修与讨论，经过讨论后发现了在教授《道德与法治》课程中个案教师存在的问题。

1. 教师行为方面的问题

（1）课堂提问质量不高。

两位个案教师的教学分析，分析课堂提问的质量主要从教师的问题质量、学生回答质量、思考和回答问题所需时间方面入手。通过对课后的访谈和对于视频的分析可以看出，个案教师在提问环节一直在引导学生开放思路去思考一些开放性问题，但在提问后给予学生的思考时间却严重不足，很多时候都是教师自问自答来解决这些开放性问题，很多学生在教学提问中的参与感并不强。分析课堂中教师提出的相关问题可以发现，教师提出的大多数问题都属于低水平问题，以知识和理解为主的问题，这种提问对提升学生参与度和开拓学生思路都没有太大的帮助，或者题目的目的不明确，提问过于随意。比如个案一教师的教学中有许多类似的提问："同学们，你们能不能体会到这个'学霸班'的团结呢？"学生集体回答："能。"通过分析这个教学个案，可以发现该教师的课堂提问质量并不高，很多时候不能够激发学生的学习兴趣和能力。

（2）课堂表扬过少。

当课堂中学生主动回答提问或者正确回答时教师往往会给予学生鼓励性的表扬，这种教学行为就是课堂表扬行为。在课堂教学活动中批评与表扬在课堂中同时存在并且互相对立，必须正确处理两者的关系才能维持良好的课堂质量。在个案中两位教师发生表扬行为的次数分别是 7 次和 12 次，但是其提出问题的次数却不止于此，表扬行为分别占整个课堂行为的 0.82% 和 1.92%。这个数据说明教师在教学过程中忽略了对学生的鼓励与表扬，教师在课堂上激发的学生情感较为匮乏。在这种情况下，学生很难产生积极的情绪体验。

（3）师生互动缺乏深度。

分析教师行为和学生行为的动态比率可以发现，教师行为的发生次数一直处于较高水平，而学生行为的发生次数一直较少。即使出现频繁的师生互动，学生行为中的主动参与和被动参与比率大多持平。在开展课堂时只有兼顾学生行为和教师行为，才能够保证师生互动的效率和水平。个案的数据显示，在课堂中进行提问行为时，主要是教师主动提出问题从而带动学生进行回答，这是教师带动学生的被动互动行为。

2. 学生行为方面的问题

学生行为方面的问题表现为课堂主动提问严重缺乏、课堂被动回答问题情况比较多。通过两个视频的对比分析可以看出，学生在课堂中的主动提问只在个案二中出现了一次。学生主动提问的行为在一定程度上可以促进学生的学习成果，活跃课堂教学整体氛围，但通过教学视频可以看到，这种行为的出现少之又少。并且从访谈中也发现学生的课堂提问率低下。教师需要不断改进和提升此方面，以促进学生的课堂提问积极性。

在课堂行为的研究中，对于学生是否主动回答在课堂教学行为中的问题，主要体现在课堂的气氛是否活跃、教师的教学效果是否显著、学生参与课堂是否积极等问题上。通过分析发现，学生在课堂教学行为中的被动回答情况多有发生，一部分的主动问答依靠教师的引导进行。学生被动回答暗示着学习课堂氛围的无趣和沉闷，学生对课堂的提问等无法产生兴趣，因此只能依靠教师的引导才能有效开展。由于学生无法积极思考、积极参与到课堂中，因此需要教师采取一定的教学策略激发学生学习的热情和参与度。通过实际考察发现，教师确实采取了必要的策略，例如通过个别学生的参与起到榜样的作用，使学生的回答化被动为主动，然而此策略的效果并不显著，课堂的被动回答现象依然比较明显。

3. 沉寂方面的问题

沉寂方面的问题表现为学生思考问题较少。由于教师在互动过程中，在提出问题以后没有给学生留出足够的思考时间，导致学生思考时间过短，两位个案教师都急于进行下一个问题的讲解，往往直接回答了所提出的问题，提问和回答成了老师的自问自答，学生没有积极参与进来。

4. 技术方面的问题

技术方面的问题表现为学生参与较少。所观察的两节初中和小学的德育课程，均采用多媒体教学，采用技术可以丰富课程内容，也可以吸引学生课堂注意力，但是个案教师在使用技术过程中均没有良好地运用该技术进行交互，将其作为课堂教学的展示点缀，技术的作用没有良好发挥。出现了技术的操作者主要是教师，学生参与操作较少的现象。

三、德育课堂师生互动问题的原因分析

在课堂中出现的问题基本上与个案教师相关，教师行为层面、学生行为层面、技术层面等的问题和个案教师息息相关。在前期访谈中了解到两位个案教师的教学理念都强调以学生为中心，注重德育课堂要发展学生的情感态度价值感，在教学方法上也比较注重师生互动。在课堂观察中也可以发现两位个案教师确实使用了较多的提问技术与学生进行互动，教师的课堂内容也比较丰富，看上去教师较好地完成了课堂教学任务，但是课堂依然呈现出学生参与度不高，学生主动回答问题和学生提问都相对较少，师生互动质量不高的问题。同样的问题在其他几次的听课过程中也遇到了，即看上去课程内容很丰富，教师也在坚持与学生互动，但课程依然呈现出乏味的特点。

课后从教师情感和教学技术两个方面对教师进行访谈。问到个案一 W 老师对本节课的感受时，W 老师认为"顺利地完成了教学任务"。个案二 Y 老师认为"上得非常累"。进而问到个案教师所认为的学生在课程中的感受如何

时，个案一 W 老师表示"这样已经很好了，初中生本来就不喜欢回答问题，喜欢回答问题的总是那几个"。个案二 Y 老师表示"小学生就是好动，上课不好管"。当问到教师在上课过程是否有情感丰沛、热情洋溢的体验时，个案一 W 老师表示"很少，德育课上还是要完成大量的教学任务"。个案二 Y 老师表示"比较少"。在问及原因时，个案一 W 老师表示"热情洋溢是一种理想化的状态，老师很难达到，需要学生的配合，当老师看到学生积极配合时自然也会激发较好的状态，而这是可遇不可求的"。个案二 Y 老师表示"偶尔会有，得看当天的状态和学生的配合情况"。这可以看出教师一方面在授课过程中处于主导地位，另一方面也看出教师需要学生的配合，这里看出一些教师的矛盾，矛盾的根源在于教师在课堂互动中强调学生的接受与配合，忽略了学生的主体地位。在访谈中教师也提到期望的学生的上课情绪状态是"安静""听话""配合"。

从教学技术的角度进行访谈。在问到个案一教师关于课堂提问之后给予学生思考时间少的问题，个案一 W 老师认为"有时候给的时间长了，学生还是不愿意回答问题，这样会浪费上课的时间，索性我自己讲了"。个案二 Y 老师认为"小学生一般会积极回答问题，所以没必要留思考的时间"。在问及提问中较少提出深度问题时，个案一 W 老师认为"关于要提出深度问题，确实没有思考那么多"。个案二 Y 老师认为"小学生也思考不了较深的问题吧"。在问及课堂互动中赞扬比较少的情况时，个案一 W 老师认为"自己在这方面确实是有所欠缺，除了说'好'之类的简单词，也不知道再应该说什么，而且课堂时间那么紧，也没法花很长的时间去赞扬学生"。个案二 Y 老师表示"很喜欢和学生在一起，但是有时候不知道该怎么赞扬学生"。

（一）德育教师以完成教学任务为目标

德育课教师以内容为导向，以完成教学任务为目标，按照既定的教学流程和环节开展教学工作。教师课堂中会使用大量的素材和内容，素材的使用是为了内容服务，比如个案一引入视频是为了导出"集体"的概念，在概念的基础上引导学生思考集体的重要性，接着引导如何构建一个良好的集体，整个教学还是遵循说理论证的模式。在大量丰富的教学活动中，学生真正的体验被忽视。德育课应该是生成性的课程，课堂中学生对于集体的理解，学生生活中感受到的集体，以及在集体生活中所遇到的困难和困惑都被忽略了，这样造成教师忙于完成既定的教学任务，而忽略了课堂场域中真正的主体。

（二）德育教师"对话"能力有待提高

教师对于提问和赞赏、倾听的相关技能缺少，教师对于要提的问题所要达到什么目的是模糊的，仅就问题提问，而且多数提问缺少深入地和学生的讨论。提问中多停留在低水平问题，对高水平问题涉及比较少。而且教师提问次数过于频繁，如果教师提问次数过于烦琐累赘，且使用同样的语言提问同一个问题，缺少语言的艺术性，会导致学生在整节课堂上处于被动的地位，从而会影响到教学的主体。

（三）德育教师忽视积极情绪体验

在德育过程中，如果缺少积极的情绪体验，个体很难将规则和道德知识内化为自己的行为准则。作为德育课程课堂教学重要的参与者，教师在引导学生积极体验方面扮演着重要角色，同时教师自身的积极情感体验也是激发学生情感体验的重要因素。

1. 教师忽视了学生的积极情绪体验

在德育课堂上，积极的情绪体验要通过教师的鼓励、赞赏、表扬等形式让学生直接感受到骄傲、愉快、满足被欣赏的积极情绪。同时，教师要通过生动的讲授使学生产生好奇心、满足的积极情绪体验。但在实际教学过程中，教师忽视了鼓励、赞赏、表扬等行为对学生带来的积极影响。当教师想要去赞赏学生的时候，也可能因为"词穷"而不知道如何表达赞赏。"词穷"的背后是教师没有真正看到学生的优势和优点，在看不到的情况下，教师只能用"好""很好""非常好"之类贫乏、单一的语言来表达赞赏，而且赞赏次数很少。事实上当教师能够以欣赏的眼光看待学生时，就能从学生回答问题或课堂表现感受到学生的情绪。教师能够从学生的回答里看到学生的优势，进而用积极的语言强化学生的优势。按照积极情绪扩建理论可以看到当个体感到被欣赏、满足、愉悦的时候，会进一步助于个体在某一时刻的活动指令系统得到增强，也就是说会变得更加积极，从而会产生更加积极的想法和行为。所以当教师给予学生赞赏，学生产生积极情绪体验之后，积极的情绪体验会以螺旋上升的方式不断产生，从而产生更加积极的体验，而积极的情绪体验又是产生美德的重要情绪动力和发展道德品质的重要途径。当学生回答完问题以后，教师可以说"你的回答非常有新意，这一点老师之前都没有想到"，"你回答问题的角度很好"，"你的回答很棒，看来你认真思考了""你刚才总结了三点，这三点总结得非常全面"这样的反馈使教师真正看到了学生的优势，并且给出了真实的回应。即便教师不认同学生的观点，或者对学生的观点有保留意见，也可以表达积极的态度和情感，如"你的想法也很有意义""从你的角度来看，这样想也是非常合理的""你的这个想法是怎么来的，老师很感兴趣，你可以多说一些吗""你的回答可以再具体精确些，下次再加油"等，积极的回应都可以让学生感受到他们在课堂中被欣赏，被倾听，被尊重，使学生真正成为课堂的主体。这样才能真正形成师生的互动和交流，产生具有生命力的课堂关系。

2. 教师忽视了自身的积极情绪体验

德育课堂明显的感受是教师活力的缺失，教师对于自身在课堂中的情绪感受是忽略的，同时缺少有意识的反思，将师生互动的状态归于自身偶发性的状态好坏，或者受学生积极配合和情绪的影响。西卡森特米哈伊提出心流（flow）的概念，认为心流是一种将个人精神完全投入在某项活动上的感受，当个体在从事一项活动时高投入会使人产生一种流畅（flow）和快乐的情绪体验，在这种情绪体验下，个体会形成积极的心理体验。这种体验使教师在教学过程中体验到一种满足和充实，课堂成为具有活力和美感，散发生命力的互动交流场域。但是在与教师进行访谈中发现，教师自身的情绪体验是被忽视的。教师在描述自己课堂上的情绪感受时所用的词是"严肃""紧张"。当教师处在严肃和紧张的状态时，学生同样可以感受到教师的情绪，作为德育课来说，在紧张和严肃的状态下教师很难关注到学生的积极情绪感受，而是以顺利完成教学任务为主。教师自身在课堂上没有投入其中的心流感、投入感和成就感，自然难以激发学生响应的情绪体验，德育课堂也就丧失了活力和生命力。

3. 教师在师生互动中共情能力不足

教师的共情能力不足体现在教师在课堂中体察学生情绪的能力有所欠缺，教师将关注点放在如何较好地完成每一个教学环节上，而忽略了学生的感受，当学生在课堂中出现无聊、乏味的时候，教师缺少察觉，长此以往就造成了"教师努力讲，学生闷头听"的情况，在整个教学过程中，需要不断增强教师与学生的交流和沟通，德育课堂上师生之间不仅需要保持知识的交流，更需要进行情感交流。一方面，学生的情绪通过学生的表情以及言语进行展现，教师需要察言观色，发现问题及时解决，对学生加以引导和帮助。若学生产生消极、无聊的情绪，教师应该及时予以鼓励和支持，并进行引导。但由于教师将更多注意力放在完成教学任务上，加之教师共情能力的不足，教师在实际教学过程中难以体察和照顾到学生的情绪。

四、通过德育课堂师生互动实现积极道德教育目标的策略

要通过德育课程师生互动实现积极道德教育目标，就要从讲授式的师生互动模式转化为体验式的师生互动。建立体验式师生互动模式的策略有三点。

（一）建立以学生为中心的德育教学理念

当教师持有完成教学任务为重心的观念时，就会忽略学生的主体地位，学生就成了辅助教师完成教学任务的工具，教学活动中只有"任务"而没有"人"，尽管在前期的访谈里教师都表示持有以学生为核心的教学理念，但在实际的操作过程中，教师还是难免落入完成任务的模式里。同时在课堂中发现较之小学教师，中学教师更容易落入说理论证的模式，在课程设计上从构建一个概念出发，论证这个概念的重要性和意义，然后再告诉学生应该怎么做的"灌输式"教学法里，即便课堂使用了视频、图片等辅助性工具力图增加学生的体验，但这种体验扔逃不出说教、讲理的模式，所有的教学活动和所有力图引发学生的体验都指向学生要认同和接受教师所讲的知识，即便是在新版教材具有大量留白和鼓励学生参与、思考和探讨的情况下，教师依然摆脱不了"套路"，所以教师需要从根本上理解并更新自己的理念，在教学活动中"多一些体验，少一些套路"，真正从学生出发，建立以学生为核心的理念。

（二）提高德育教师的课堂"对话"能力

对话并不意味着自说自话，并不是教师预设一个答案，根据答案来调整问题。课堂对话意味着完全的参与交流。巴赫金说，"生活的本质是对话。活着就意味着参与式对话：提问、聆听、应答、赞同……人的一生都在全身心地投入各种对话：用眼睛、嘴唇、双手、灵魂，用他全部的身体和行为。他毫无保留地投入对话，参与编织着人类对话的锦缎，并成为世界性对话的一部分。"因此，要加强德育课堂师生互动，重点应从加强教师提问、倾听、赞赏能力做起。

1. 提高教师的提问能力

要加强教师课堂提问水平，主要从控制课堂提问次数、搭配不同类型问题、鼓励学生自己提出问题和控制好提问的等待时间四个方面加强。

第一，控制课堂提问次数。教师应该从学生的认知水平和所教内容出发确定提问数量。如果教学中的提问次数过于烦琐累赘，会导致学生在整节课堂上

处于被动状态，从而会影响学生课堂中的主体性地位，所以对于教学课堂的提问次数应该有所控制，避免提问烦琐而无用的问题，占用学生应有的课堂思考时间和影响中学生的教学主体地位。

第二，搭配不同类型问题。德育课堂上教师提的问题属于低水平的理解性类型偏多，这类问题不应大量地出现在教学课堂中，教师应设计大量思考探究性问题，引发学生深入思考来发散学生的思维能力，提高学生的创新能力。同样地，教师应根据学生的认知发展水平，对不同学生提出不同的问题，这样可以使尽可能多的学生真正参与进课堂的教学中进行思考，从而达到提问的真正意义。

第三，鼓励学生自己提出问题。学生主动提问是学生参与学习活动的重要形式之一，也是开展师生互动的重要方面，积极的学习方式一般都涉及主动的提问。教师在教学中应该注意培养学生的提问意识，鼓励学生尽可能多提问，同时也应在一定程度上去提高自身的提问技巧。根据调查发现，由于学生的一些心理因素导致在课堂中主动提问或是主动回答老师问题的学生占比不到总数的30%。对于这种现象，教师在课程设计中应考虑如何营造一个宽松的课堂气氛，让学生的心理放松下来，尽可能地消除学生紧张害怕的心理因素，激发学生的积极情绪体验，进而产生新的积极的想法和行为，使学生在和谐放松、积极的环境下畅所欲言，开展师生间的对话与互动。

第四，控制提问的等待时间。美国心理学家罗伊的研究结果表明，教师在提问以后，留给学生大约3秒钟的思考时间，学生回答问题的质量将会提高。当然，提问后老师等待学生回答问题时间的长短也不是固定的，这可以从问题的难易程度来进行划分，对于比较简单的问题，等待时间可以短一点，对于比较难的问题，等待时间需要长一些。具体到德育课教学实践中，当教师将问题抛出后，应先观察学生的表情和思考状态，经具体分析后再决定是否给学生们留下足够多的思考时间。同时，当学生回答后，教师应该留下一些时间赞赏和表扬学生。

课堂教学称得上是一门艺术，课堂提问作为其重要组成的一部分，贯穿于课堂教学之中，直接影响课堂教学的效果。因此，对于课堂提问环节的设计，应该引起教师的重点注意，在设计中做到真正有效的提问设计，而不能流于形式。

2. 提高教师的倾听能力

倾听是一种把他人当成人而不是物的存在，是对说者发自内心的尊重。通过倾听他人的想法、观点、诉求、愿望、情感，可以使自己在理解的基础上有所领悟，倾听的过程是与对方的生命内在交流的过程。德育课堂中倾听包含两层：一是专注、仔细地听，能够复述对方说过的话，和对方想要表达的意图；二是从现象学的角度搁置自己的想法和念头，放下评判，站在他人角度，不带任何偏见，不对对方施加影响，理解他人的想法，领会别人话语背后的意义。所以倾听是开展对话的第一步，课堂的倾听更多不是用耳朵听，而是用心灵倾听。如个案二中当学生向教师描述自己和父亲一起"开车"的体验，教师没有能够从学生的表达里感受到学生想要表达的情感，只是一味强调这样做是不对的，学生的真正诉求和情感被挡在门外了，这种做法不仅没有做到用耳朵听，更没法产生心灵的沟通与碰撞，如果没有心灵的碰撞，师生间的对话就难以生成。

3. 提高教师的赞赏能力

除了加强教师的提问能力外，还应加强教师赞赏和表扬的能力。教师要从多元的角度去理解学生所回答的问题，并且主动建构学生回答问题的核心和意义，从建构和欣赏的角度对学生的参与和回答给予反馈。如果教师仅关注问题回答的对错，就难以真正触动学生的情感反应，难以真正理解学生，也做不到欣赏学生。如果教师紧紧站在二元的角度去判断学生回答问题的对与错，就失去了理解学生其他方面的可能性。只有当教师具备建构的思考方式，从多元的方式去看待学生时，才能理解学生想要表达的内容都具有其意义，教师才能够发自内心地欣赏学生，从而用言语化的方式表达出对学生的欣赏、赞赏和表扬。

（三）培养教师的共情能力

共情是一种站在他人立场上去理解和感受他人想法、情感和意图的反应倾向。共情具有认知、情感、行为等因素。[1] 认知因素是指观点采择能力，是对他人想法的理解能力；情感因素是对他人情绪的反应；行为因素是指言语或非言语的体验沟通能力。共情在中文中可以理解为"设身处地""感同深受""将心比心"等词，在英文中可以用一句谚语来表达"Put oneself in the shoes of another"。在道德领域，更强调共情的道德情感层面，共情是一种道德想象力和情感呼应能力，能够设身处地、将心比心地站在他人的角度去理解他人的感受，这是一种普遍性的情感，也是一种可贵的道德情感品质。[2] 当有人遭遇

---

① Goubert. L., Craig K. D., Vervoort. T. et al. Facing Others in Pain：the Effects of Empathy. [J]. Pain, 2005（3）：285-288.

② 詹世友，汤清岚. 美德的内在结构及其塑造途径 [J]. 道德与文明, 2009（3）：15-20.

不公的时候，人们会产生一种愤怒的情绪，由于共情与同理心产生的同感和共感，人们会对不公平和不公正的行为产生痛恨的情感，哪怕受损害的人不是自己，他们也能感同身受。当人们看到他人遭受不幸时，在共情作用下人们会产生仁慈、关爱等情感和行为。

共情作为动机直接引发利他行为，① 促使人直接产生良好的道德行为，产生共情的人更倾向于采取亲社会行为方式。② 不仅如此，共情既对利他行为产生直接影响，也通过神经质间接影响着利他行为。③ 共情作为中介因素间接促使道德行为的产生。研究表明共情作为中介因素，使积极情绪下产生亲社会行为。④ 同样，在促使感恩影响大学生的助人行为中，共情反应也作为中介作用。⑤ 共情反应是道德强度和助人意愿的中介因素。⑥ 总的来说，共情不仅是一种积极道德品质，也是一种积极情绪体验，它也具备动力的因素，能促进积极关系的建立。研究表明共情能够影响教师情绪预测的准确性，如果教师设身处地站在学生角度思考问题，可以克服自我中心偏差，则有助于师生关系的发展。⑦ 没有情感卷入的关系是冷冰冰的，共情的过程形成了人和人之间的情感联结和社会关系，形成人际合作。⑧

在日常教学过程中，教师应发展共情、爱和宽容的能力，给予学生深入的理解和关怀，建立基于共情、爱和宽容基础上的积极师生关系，使学生在关系里产生积极情绪体验，进而发展道德品质。师生间的课堂互动中产生的积极情绪体验并不仅仅是快乐、愉快、开心等感官愉悦，相比于感官愉悦，积极心理学和积极道德教育更强调心理享受，即互动过程中产生的满足感、成就感、幸福感、融入感、自尊感等积极情绪体验。当一个老师具有共情能力时，能够向

① Hoffman M. L. Empathy and Moral Development：Implications for Caring and Justice ［M］. Cambridge，UK：Cambridge University Press，2001.

② 黄翯青，苏彦捷. 共情中的认知调节和情绪分享过程及其关系 ［J］. 西南大学学报（社会科学版），2010（6）：13-19.

③ 李辉，李婵，沈悦等. 大学生共情对利他行为的影响：一个有调节的中介模型 ［J］. 心理发展与教育，2015（5）：571-577.

④ Telle. N. T.，Pfister. H. R. Not Only Miserable Receive Help：Empathy Promotes Prosocial Behavior Toward the Happy ［J］. Current psychology，2012（4）：393-413.

⑤ 丁凤琴，宋有明. 感恩与大学生助人行为：共情反应的中介作用及其性别差异 ［J］. 心理发展与教育，2017（3）：289-296.

⑥ 丁凤琴，纳雯. 真实急病情境下共情对大学生慈善捐助的影响：有调节的中介效应 ［J］. 心理发展与教育，2015（6）：694-702.

⑦ 陈宁，卢家楣，汪海彬. 人际共情鸿沟可以跨越：以教师预测学生情绪为例 ［J］. 心理学报，2013（2）：1368-1380.

⑧ Stephan W. G. The Role of Empathy in Improving Intergroup Relations ［J］. Journal of Social Issues，1999（4）：729-743.

学生表达爱和宽容，能够关注学生的情感需要，能够以积极的眼光看待学生，了解学生的特点，给予学生关心和支持，能够采用更多鼓励、赞赏的方式来进行课堂师生互动，同时也能让学生在这个过程中感到"我能行""我可以""我很好""我喜欢上课"这样的体验，从而促进学生道德品质的发展，实现积极道德教育目标。

综合本章研究，积极的师生关系是实现积极道德教育目标的重要路径，对学生道德品质的发展具有重要的意义。在学校德育课堂上，师生关系作为一种隐性课程会潜移默化地对学生产生各种影响。师生关系通过课堂师生互动和积极应对课堂师生冲突动态地体现出来，相比于师生活动和师生冲突，师生关系是相对静态的存在，由于师生互动和师生冲突是动态的，就更具有培养、干预的价值。本章主要从课堂师生互动的角度探讨了通过课堂师生互动实现积极道德教育目标。积极道德教育下师生互动应该注重激发学生的积极情绪体验，积极情绪体验主要强调心理享受层面，包括在课堂活动中学生感受到的投入感、自豪感、成就感、兴趣、自尊自信等积极体验。

通过课堂观察法和访谈法了解德育课堂师生互动的实然状态，对小学一年级和初一教授德育课程的两位教师进行课堂观察和访谈，发现教师课堂提问质量不高、缺少对学生的赞赏和表扬、师生互动缺乏深度，同时学生严重缺少主动提问，以及回答问题较被动等情况，而且学生课堂思考时间比较少，学生对多媒体的应用也比较少。相比而言，小学一年级教师比初中教师与学生的互动更强一些，更注重激发学生的积极情绪体验。

课堂师生互动出现诸如此类问题的原因是教师持有以完成课堂任务为主要目标的理念，在教学的过程中忽略学生的情绪感受，同时教师对自己的积极情绪感受也是忽视的，而且教师缺少对话和沟通交流方面的技巧。

基于此，要通过课堂师生互动实现积极道德教育目标，就需要教师真正树立以学生为中心的理念，而且不仅仅是理念层面，还要在实践中真正认同，通过课堂教学行为传递并表现出这种理念。教师需要提高对话、沟通交流能力，重点提高提问的能力、倾听的能力和赞赏的能力，而且要重点提高教师的共情能力。共情具有认知、情感和行为等因素，既作为一种理解能力，又作为一种对他人情绪做出回应的能力，还作为一种沟通的能力，同时共情也作为一种道德品质，有助于建立积极关系的建立，这是德育教师应该具备和提高的一种能力。基于这样的策略，通过提高课堂师生互动实现积极道德教育的目标。

第六章 从"消极"到"积极"

——通过应对课堂师生冲突实现积极道德教育目标

本研究在前一章探讨了通过课堂师生互动实现积极道德教育目标，师生关系既有以激发学生积极情绪体验为核心的师生互动对话的一面，也有冲突的一面，而且师生冲突也是师生互动的一个方面。当下师生关系正在走向民主与平等，但同时也出现了疏离和冲突等不良症候。① 长期以来在应试教育的主导下，学校和教师习惯以管制、惩罚、压抑的方式应对问题，崇尚教师的权威，不允许学生违抗老师。对于成长于经济高速发展，互联网快速发展时代，且越来越崇尚自由、个性和平等的学生来说，以管制为主的教育方式已不再适用。"学生们要么把教师视为与之战斗的敌人，要么把教师看作无法超越的权威，他们只有暂时忍受，在这样的关系里学生们失去的不仅仅是学术知识，更大的损失是那些可能使其终身受益的友谊和智慧。"② 课堂是师生交流和互动最为频繁的场所，师生的冲突也多见于课堂，德育课程以培养学生情感态度价值观为主，教师本应更加注重与学生的沟通与交流，更好地应对课堂师生冲突。积极道德教育下，德育教师在应对师生冲突时应具备消极到积极转化的视角，具有良好的沟通、交流技巧，这是德育课堂师生冲突应对的应然状态。但是实际上德育课堂师生冲突的实际情况如何，需要基于对德育课教师和学生在访谈的基础上，全面了解德育课课堂师生冲突的实然状态，在此基础上提出应对课堂师生冲突实现积极道德教育目标的策略。

一、应对课堂师生冲突的应然状态

从社会建构论的角度来说，"问题"是人类建构的，同样引发冲突的"问题"也是人们建构的，在二元思维下对对错进行判断和评价时，人们难以从

① 李长伟. 师生关系的古今之变 [J]. 教育研究, 2012 (8)：113-119.
② ［美］内尔·诺丁斯. 学会关心：教育的另一种模式 [M]. 北京：教育科学出版社, 2003：140.

多元的角度去理解对方。在传统的师生关系里，教师具有"权威"和话语权，学生课堂行为的对错是由教师基于一定的准则判断的，这就意味着学生要听老师的话，同时学生不听话的行为被视为"问题"行为，陷入"问题"意识里，教师最想做的是纠错，纠正学生的行为。而在教师纠正学生行为的过程中往往忽略了学生的情绪情感体验，仅仅用自己认为所谓对的方式去处理问题，这难免会引起学生的负面情绪。在这个过程中教师处于权威地位，教师所说所做都是"对"的，难以平等地与学生进行对话，因为老师说的是"对的"，老师所做的都是"为了学生好"，在这样不平等的关系里，学生难以发出自己的声音，学生行为背后的需要和动机难以被理解，学生的情感被压抑。随着学生年龄的增长和自我意识的发展，当学生越来越不满足于听话和服从的时候，师生之间的矛盾很容易爆发出来，而且压抑的情绪越多，爆发的程度越激烈。社会建构论强调语言作为一种符号系统影响了社会建构，社会建构是通过语言实现的。积极道德教育具有转化性和可操作性的特点，积极道德教育强调从"消极"到"积极"的转化，教师应放下头脑中对学生的评价和判断，站在理解一个人的角度去看待学生出现的各种不符合课堂要求的行为。在教师能理解学生的情况下，放弃管教的思路，合理使用语言话术，把课堂"问题"进行转化，当学生出现各种行为"问题"时，不将"问题"和"人"画等号，将"问题"外化，和学生一起去解决"问题"，而不是把人当成问题对待，在这种理念下应对课堂师生冲突的发生，即使出现了师生冲突，也能用多种方法去合理巧妙地应对。积极道德教育不主张采用批评、惩罚、羞辱等方式解决"问题"，而是在积极的视角下，通过语言的运用，将学生课堂上出现的"问题"进行转化，将"消极"转化为"积极"，体现出对学生深深的理解，共建良好的师生关系。

二、应对课堂师生冲突的实然状态

采用访谈法对 7 位德育课教师和 3 位学生进行访谈，了解德育课堂教学过程中师生冲突具体表现和特点，包括引起师生冲突的各种因素，分析师生冲突给师生双方带来的影响，尤其是对学生道德品质的影响，以及教师应对冲突的困难所在，从而全面了解德育课堂师生冲突的实然状态。

（一）德育课程课堂师生冲突的特点

1. 德育课堂师生冲突多由课堂纪律引发

汪昌华通过问卷调查发现冲突主要由于学生违纪，不满于教师的批评而引发，师生冲突的产生伴随因违纪被老师批评时学生的情绪、对教师权威的认同、师生关系与学生行为的转变，最初的冲突也可能进一步演变为恶性冲突，冲突的产生也使师生关系由亲密到敬而远之。[①] 这一点在访谈中也得到印证，德育课堂师生冲突也多由纪律问题而引发。

访谈记录

Q：在你的任教过程中，有没有发生师生冲突的情况？

W-J 老师：师生冲突肯定存在。

H 老师：有，比较少。

Z 老师：有，非常少。

L 老师：有，比较少。

W-L 老师：有，还是比较少的。

G 老师：有，很少。

H-M 老师：会有，但是很少。

Q：在你现在上学时，（小学《品德与社会》、《品德与生活》、《道德与法治》、初中《思想品德》、《道德与法治》、高中《思想政治》）这些课上你们班上有没有学生和老师发生冲突的情况？

Z 男生：比较少。

L 女生：有，不是很严重。

W 女生：没有。

Q：师生冲突的原因是什么？

W 老师：00 后的思想更具自由性、表达性，相对于 90 后，他们自身的思维冲突比较显著，愿意表达，他们非常占有优势，家庭教育和学校教育也鼓励孩子去说，跟教师的课堂风格不一样，我在课上也会鼓励学生当堂提出问题，学生当堂表达会对学生有指导性。

H 老师：从学生的角度来说是因为学生对老师不认可。学生觉得老师的上课模式没有达到学生的要求，觉得老师课上得不好，觉得老师不能胜任课程，有时候学生也会觉得老师不够尊重他们。有时候课堂上一些小问题，老师没有落实实际情况，对学生有误解和冤枉。从老师的角度认为学生不够自律，而从学生的角度觉得可以挑战老师，而老师应该承受。

---

① 汪昌华. 小学课堂师生冲突产生的过程与机制［J］. 中国教育学刊，2014（12）：67-72.

Z老师：高中阶段的学生自我意识比较强，也会质疑老师，如果老师的引导方式有问题的话，会比较容易发生冲突。

L女生：个别脾气暴躁的老师说一些带有侮辱性的语言的时候会导致冲突。

W女生：学生上课不听话。

Z男生：老师讲课不好，我们不喜欢听，上课觉得无聊的话会容易和老师起冲突，因为不喜欢听，就会做一些其他事，老师就不高兴。如果上课方法有趣，愿意耐心帮学生解答问题，性格比较好的老师我们比较喜欢。

Q：师生冲突由哪些事件引发？

W老师：学生和老师发生冲突，绝大多数是学生做错了，有关课堂纪律、作业问题还有老师指出的时候学生嘴硬、态度不端正。其实老师的地位并不高，学生对老师的尊重不足，学生一开始做得有问题，老师语气就不好，尤其是对于经常有问题的学生，如果学生刚好也在爆点上，就会激化师生矛盾。最常见的引起冲突的是纪律要求，我从初一开始带德育课的时候发现，很多学生在小学阶段没有养成良好的纪律习惯，一些男生连坐在教室里都做不到，前两周，"副科"老师都在要求课堂纪律，可以说在第一个月里和老师发生冲突会比较多。课程进行到正常区间内时，会出现因作业方面引起的冲突，还有学生的理念和老师的理念不同，师生观点不一样引起的冲突，有的学生会当堂提出来，有些学生则私下去询问，还有的不赞同不认同也不说，有时候上课通过学生的表情可以看到学生对老师讲的内容是不认可的，甚至非常排斥，我会重点观察这样的学生，这些学生释放这些信号的时候，挺危险的，有时学生三观不正，比如进行挫折教育，感恩教育，生命教育的时候，有些学生的表情是非常排斥的。

H老师：从老师的角度来说课堂纪律不好，学生不交作业，或者老师认为学生不尊重他，比如老师正在讲，学生在笑，老师会认为就是学生不尊重他。

Z老师：学生上课玩手机，睡觉。

W-L老师：学生不遵守纪律。

L老师：主要是学生不注意听讲，同学之间玩耍。

G老师：主要是没有完成作业，不参与不投入课堂，开小差或者和同学交头接耳，并且不服管理顶撞老师。

　　H-M 老师：课堂师生冲突大多由学生的违纪问题引起；老师在批评时可能会因方法不当或学生个性及年龄特点；主要是处在青春期等原因引起冲突。

　　Z 学生：同学上课睡觉，不遵守纪律。

　　L 女生：比如学生上课玩手机、睡觉，老师说两句，学生不服气。

　　从访谈可以看出，德育课程课堂师生冲突在整个教学过程中会发生，但是发生较少。冲突多由课堂纪律方面问题引起，表现为学生上课不认真听讲，和其他同学说话，也有班级整体纪律欠佳的情况。此外还有由于作业问题，不完成教师要求的任务，以及师生之间的一些误解引起。引起冲突的原因有来自老师的，也有来自学生的，老师和学生普遍认为师生冲突由学生的具体行为引起。同时也可以看到老师对于学生引发冲突的理解也不同，普遍上老师能理解自己所教学段学生的心理特点，能够结合学生所处的时代特征和个体特征来反思师生冲突发生的原因，认为老师的引导很重要，老师都认可学生发生纪律等问题时要进行课堂管理。但同时也可以看出有些老师持有"管教"的思路，认为是由学生引发的错误"问题"，教师指出时学生应该有积极的认错态度，如果学生态度不好，会引起老师的语气不好，进而激发师生矛盾和冲突。可见在德育教师眼里权威意识较强，这一点上也体现出师生关系的不平等，当学生发生违反课堂纪律等问题时，教师往往是以"问题"的视角看待学生，教师难以从积极的视角将"问题"与"学生"区别开，做到"就事论事"而非"就事论人"，或者"就人论事"。当教师"就事论人"和"就人论事"的时候就陷入消极教育的误区，将"问题"与学生等同起来，认为学生就是"问题"，对于学生难以做到理解，从学生的角度来说，教师授课方式单一、内容枯燥也是容易造成学生纪律问题的原因，教师无视问题背后的原因，仅关注学生"问题"本身，采用"教师批评，学生认错"的打压方式解决，随着学生年龄的增长，自我意识增强和自尊感发展，学生出于维护自尊难以直接低头认错，即便认错也隐藏着"口服心不服"的隐患，给师生关系带来潜在的消极影响。

　　2. 课堂冲突的处理方式

　　（1）德育课教师多采用批评教育的方式。

　　Q：课堂师生冲突多是什么形式的？

　　W 老师：一般都是口头上的冲突，如果观察到学生情绪比较激动，我一般就不说了，没有肢体冲突的情况。

H 老师：一般是口头冲突。

Z 老师：就是会说几句，也不会说伤及学生人格的严重的话。

Z 男生：老师会说几句，不会罚站也不会打学生。

W 女生：老师会批评学生，会让罚站。

L 女生：一般是口头冲突，体罚的情况也有，比较少。

Q：发生师生冲突的时候，老师会如何处理？

W 老师：当我在课上发现学生对于比如生命教育所传递的情感态度价值观非常排斥的时候，会觉得他们的观念是非常危险的，有时候我会跟班主任了解学生的情况，发现多数学生的家庭有问题，如单亲、离异，或者父母离世等情况，再观察两三节课以后基本上能掌握学生的基本情况，然后做一些引导。比如，我带的一个学生，之前在我们初一上生命教育的时候，他在上课时也认真听课，但涉及感恩教育、生命教育的时候表现出的是对生命的漠视，有一些暴力倾向，我通过了解发现学生是和父亲两个人生活，父亲对他是简单粗暴的教育方式，当我讲到亲情的时候，我听到他嘴巴里瞎嘀咕，可以感受到他对亲人是仇视的状态。然后我会和班主任沟通，也会和心理健康教育老师沟通。老师多和班主任联系，有些学生心理承受力强一些，有了不符合课堂纪律的行为，我会当堂指出来。有些学生心理承受能力弱一些，就不会在课堂环节指出。具体的做法我看严重程度而定，如果是全班的纪律问题，导致我没办法上课，我会停课；从全班的角度去说，如果没有严重影响，会以教学为主；如果涉及个别学生的纪律问题，我会找个别学生解决，不能因为某个学生耽误正常教学秩序。

继续追问 Q：你一般会说什么话？

W 老师：我会通过语气、表情，示意学生停下来、安静下来，有些学生知道老师生气了就会停下来。比如，一个班有 4 个组，如果每个组都有学生说话的话，课堂纪律没办法正常进行了。我就停下来不说了，学生看老师不说了也就不说了，我会说"说完了没""说完了继续上课"，一般一次两次就有效，如果个别班级停下二三次以后，还是没办法停下来，课堂纪律还是比较混乱的情况，我会整个停下来，用严肃的腔调强调课堂纪律的重要性，会提要求。比如，我会说"上课的方法有很多种，你希望我们用自由的方法来进行呢，还是满堂灌的方法，还是你们自己写""如果不听课的话，老师就满堂灌了"。这种情况下班里其他想听课的学生会呵斥捣乱的学生。经常性纪律出现问题的是少数，如果影响其他同学听课，其他听课的同学也会维持。

H老师：以前有来自老师的语言暴力，说一些侮辱性的语言，现在很少了，现在老师都比较注意，有意识地尽量不说。我的课上发生学生纪律问题时，我一般会对学生说"你在干什么""请注意你的言行，不要影响他人""我已经看见你几次了，注意一下哦"这样说的时候一般情况下作用明显，比较有效。但是也有些情况下，学生会为自己解释，如我说"你怎么又说话呢"学生说"我没有说话嘛"。我说"你确定你没有说话吗那我刚才看到的是谁在说"学生说"老师，不是我要说话，是他在招惹我。我没有先找他，是他先找我的"。我说"我确定看见就是你，你先说你自己，先不说别人"。我会让学生先知道他不对，这种情况下学生会低下头不再说话，小学生相对来说比较听老师的。然后我再提醒另外一个学生。事情一般都能比较顺利地化解。

Z老师：我一般会直接说"上课要注意听讲"，学生一般会听。

W-L老师：我一般会在课上不正面处理，课后单独谈。

L老师：我会在课上直接批评学生，会说"你们上课不要说话，注意听讲"。

G老师：我一般会及时干预，通过眼神警示，走近关注，语言批评，偶尔点名罚站，有时课堂冷处理，课下调查、纠偏。我会说"请相互尊重，不要违反课堂纪律"，"某某今天怎么这么亢奋，都上课了，还手舞足蹈"。情节严重的会说"某某你闭嘴或站一会儿，不说闲话了再坐下"。

H-M老师：我会尽量克制，避免发生更加不可挽回的、更严重的事情。上课的时候会跟学生说"不要影响我们正常的课堂学习，有什么事下课后我们再处理"。

Z学生：老师一般会先提醒我们，老师会说"××同学，上课别再睡觉了"。如果提醒3遍以后，学生还是不听，老师就给班主任说了。德育课老师交给班主任处理。品德课老师上完课一下课就走了，发生不了什么冲突，顶多批评几句，批评的时候老师会说"×××同学，你哪个地方做错了"。当老师这样批评同学的时候，对其他同学有杀鸡儆猴的作用，起码我自己就不会犯那些错。

L女生：如果有同学上课睡觉，老师一般说"你要睡觉你回家睡去"，学生表现出不耐烦的表情的话，老师就特别生气"你一天来学校干嘛来的"，一般老师如果看学生脸上有点生气的话，就不说了，继续上课，学生看老师不说也就不说了，有时候老师会罚站。

W女生：学生调皮的话，老师有时候会点一下脑袋，敲脑袋，有的老师在学生不听话的时候，说几句话让学生安静，"你们不要说话了，不要影响同学，不要影响上课进度"。

可以看出，德育课老师采用批评教育的方式来应对学生纪律等问题，在课堂情境下，为了不耽误教学进度和快速有效解决问题，往往会采用批评的方式，开展批评教育的同时会以事实为依据，但也会在批评的时候辅以责骂的方式，甚至也会出现体罚的方式。冲突主要是由于学生违反课堂纪律，在老师批评之后，学生不满老师的批评所引发。导致学生被批评的违纪行为主要有两种：一是由于行为上管不住自己而违纪，二是出于反感老师而违纪。此外也有核心价值问题引发的冲突为恶性冲突。良性冲突占 97.6%，恶性冲突占 2.4%。学生的不满情绪是产生师生冲突的直接诱因，而学生不满情绪的累积和压抑是师生恶性冲突产生的直接原因。①

此外，德育课教师在处理师生冲突方面较被动，较少正面处理，更多依赖于班主任的工作，在实际的德育工作中，与班主任的协同工作必不可少，但协同工作应表现为德育课教师和班主任都能以积极主动的态度应对问题，而不是德育课教师在遇到问题时采取被动的策略把问题扔给班主任解决，这也体现出德育课教师比较认同德育课作为一门边缘性课程，教师主要以"教书"为主，而忽略了师生关系本身所具有的"育人"功能，当德育课教师放弃了积极主动与学生建立关系，德育的效果和价值也会大打折扣。

（2）课堂冲突由于老师处理不当引发为严重冲突。

Q：什么情况下会变成严重冲突？

W老师：学生捣乱，带着情绪，本身学生不喜欢这个课，不喜欢老师，学生上节课有一些情绪没有释放，或者在课间和学生发生冲突，或者家里有事，或者他自身有情绪方面问题，都有可能把情绪积累在课堂上，如果老师上课用严厉的态度去斥责他，就很容易成为一

① 王后雄. 课堂中师生冲突心理因素分析及应对策略 [J]. 教育科学，2008（1）：45-50.

个爆点，学生就在课堂上一点就爆。

我自身也经历过这样的事件，我刚大学毕业的时候，刚带班，学生上课纪律也不好，沟通交流无果的情况下，学生还是我行我素，我就严厉斥责了她，她推门就走了。现在来看，当时处理矛盾时，没有处理好。当老师做了很多坚韧，但是没用的时候，老师也会生气。在经验增加的过程中，我也意识到年轻的时候，对课堂问题的处理简单粗暴了。那个女生属于嘴特别硬，她情绪不好时，不管其他人是什么状态，虽然她后来对我道歉了，但当时的方法对老师和学生都不好。其他严重的情况，我会和班主任，心理健康老师，家长协同解决。

H老师：一般不会，小学生对老师的权威性和震慑力很明显。小学低年级的学生很听老师的话，老师说什么一般他们都会听，小学高年级的学生，老师批评时一般会注意分寸，注意方法，不会冲动地说学生，我还没有遇到与高年级学生发生严重冲突的情况。高年级学生更爱面子，自尊心更强，往往上课我会提点一下，课后再处理，不把矛盾扩大。一般情况下，尽量不要刺激学生，不要出现暴力的行为。要关注学生的情况，对学生的情绪有掌控力。现在师生冲突比较敏感，学生心理承受能力比较差，老师也会软处理，害怕学生承受力不行。我比较认可现在倡导的方法。从老师的角度来说，软处理的方法比较好，对学生来说，其实我觉得还是有点儿放纵，该有的力度还是应该有。

继续追问Q：怎么做可以体现该有的力度？

H老师：不好说。一般情况下老师不会过多放大事情。稍微严重一些的情况会叫家长，跟家长说，老师会提出来引起学生的重视，最后还是需要家长来处理，老师执行力如果过分了，老师面对的舆论和各方面压力也承受不了，所以老师也更多希望把教育放到家庭里，让家长自己把握。德育课只是上课而已，一般不会去处理实际问题。如果问题发生在德育课上，德育课老师辅助解决，最终还是由班主任来解决，德育课还是比较边缘的。

W-L老师：教师过于强势的话会造成较为严重的冲突。

L老师：教师通过批评教育后学生仍然不改，让学生站起来。学生可能会反抗，接着会造成严重的冲突。

G老师：教师语言过于严厉或过热处理，翻旧账，处理有问题的学生时，会造成严重的冲突。

H-M 老师：老师控制不住情绪时会引发严重的冲突。尤其是双方不妥协，情绪失控。

L 女生：最严重的老师给班主任反应，直接把问题踢给班主任，如果拿手机的话班主任会收手机，也会骂两句，叫到教室外面骂，说得重的会说"你一天亏你们家先人。"带有一些侮辱性的语言。

W 女生：严重的时候老师罚站，老师敲完脑袋说"上课要好好听讲。"罚站的时候老师会说"你在这站上 10 分钟"，有时候站 15 分钟，严重的是 15 分钟，老师说"你去站 15 分钟，15 分钟后我问你问题。"学生站完后，老师会问"你以后上课好好听不听讲？""以后再不能这么调皮捣蛋。""回你座位上坐吧。"

Z 男生：把老师惹生气了，老师把同学赶出去了，交给班主任了。

可以看出个别德育课老师会使用侮辱性语言，采用敲打学生头部、罚站等体罚性措施，这些措施会引发较严重的冲突。但是更应该引起重视的是潜在的冲突，学生在课堂上没有表现出对老师的不满，但是积累的负面情绪久而久之不仅会影响师生关系，也会影响学生学习的兴趣，最后导致对整个课程丧失兴趣，影响德育课程的效果。同时发现小学学段师生冲突比较少，随着学生年龄增长，与教师的冲突相对表现得较明显。德育课教师较少与学生发生严重冲突，教师一般会寻找班主任的帮助，或者会有意识地协同心理健康老师和家长一起处理。同时德育课教师认为德育课是边缘学科，教师主要负责上课，其他问题多交给班主任处理，德育课教师自身忽略师生关系的建立，与学生较少互动，也难以得到学生的尊重。

(二) 德育课程课堂师生冲突的影响

1. 课堂师生冲突对老师的影响

Q：课堂师生冲突会对老师有哪些影响？

W 老师：老师会生气，生气伤身，不利于老师的教学管理。如果一个学生这样，就会有第二个、第三个。方式方法不恰当，就会变成更为严重的事件。班级的差异也很明显，老师有时候很难，比如有的老师非常风趣幽默，同样的两个班上课，跟学生的关系不一样，课程效果也不一样，老师在一个班里说"你们这些顽童们"，学生会哈哈笑，他们觉得特别开心，但是在另一个班说同样的话，那个班的学生会觉得受到了侮辱。老师有时候也不知道该怎么做。老师也不愿意发生冲突，对老师的伤害大于对学生的伤害，会激化师生矛盾。其实老师是劣势群体，舆论普遍认为出现问题学生是对的，老师是错的。这会让人觉得很委屈，也很悲哀，这不是正常的师生关系，我认为"严师出高徒"，老师是要批评的，需要严厉的。但是老师批评以后可能就是违法的。当不能让老师用正常的渠道去教的时候，老师就没办法教了，古时候有戒尺，现在没有，我们也很难保护我们自己。

H 老师：师生冲突会对老师的权威性有影响，在学生中的形象会打折扣。对老师的上课更不利。对老师的情绪会有影响，老师在面对一些问题时，宁愿不处理，就当没有看见，会自保。这样做对学生和教学的积极性有影响。

Z 老师：师生冲突如果处理不好的话会打击老师的积极性。不过现在老师的意识增强了，老师的法律意识，法制观念增强了，师生平等，尊重学生的观念也增强了，老师的教育观念发生改变了。社会上发生的一些案例也会让我去反思怎样和学生建立关系，怎样合理有效得处理冲突。

W-L 老师：产生冲突的时候老师会愤怒，也会觉得委屈。而且老师在学生心中的形象受到影响。

L 老师：老师很生气，心情特别差，影响课堂任务的完成。

G 老师：老师会感到不被尊重，很失落。情绪具有感染性，会或多或少的影响教师的情绪，打断教师的教学思路，更有甚者，会产生职业倦怠。

H-M 老师：感觉不被尊重，下不来台，可能对今后管理学生造成困难。而且老师的职业自尊感会受到打击，教学积极性也受到打击，对学生的教育管理产生消极情绪。

W 学生：老师可能就不喜欢给我们班讲课了。

课堂师生冲突对老师的影响有情绪方面的负面影响，反之教师的负面情绪也会影响与学生交往的耐心，久而久之也会影响师生关系的建立。为了避免冲突，教师的自我保护意识也在增强，与此同时教师也陷入困惑之中，不知道该如何有效教学。2013 年 9 月教育部发布《教育部关于建立健全中小学师德建设长效机制的意见》。2013 年 12 月教育部就中小学教师违反职业道德行为处理办法公开征求意见。发布《中小学教师违反职业道德行为处理办法（征求意见稿)》《教育部关于进一步加强和改进师德建设的意见》《中共中央国务院关于全面深化新时代教师队伍建设改革的意见（2018）》等文件都涉及师德问题，而师生冲突最容易凸显师德问题的议题。文件对教师来说一方面是约束，另一方面教师面对文件和要求时，会使教师陷入迷茫，当一些老师秉持传统的"惩戒"的教育观念时，难以把握"管""教"的分寸。但同时也可以看到有老师也会从中进行反思，寻找积极的应对方式。

2. 课堂师生冲突对学生的影响

Q：课堂师生冲突会对学生有哪些影响？

W老师：对学生自尊心会有挫伤，学生会因为不喜欢某个老师，进而不喜欢某门课，最终会影响到学生的成长，最直接的是影响成绩。在矛盾冲突过程中，绝大多数是学生做得不好，一旦激化以后，他在班上其他同学眼里的形象也不好。发生激化矛盾冲突的是少数，他们往往是惯犯，其他同学会觉得他是坏学生，要跟他保持距离。

H老师：对学生来说积极的影响是"把睡着的人叫醒了"，消极的影响是学生如果凌驾于老师，其他学生就可以模仿，挑战老师的权威。老师和学生发生冲突，如果处理不好的话，学生对老师的认可度降低，认为老师水平低，学生不喜欢学习这门课程，也会怀疑老师说的话，影响老师在学生心目中的形象。

Z老师：每个学校的状况都不一样，学生的情况不一样。

W-L老师：学生会感到委屈和愤怒。学生易被激起心中积攒的怨气。

L老师：学生受到批评，心里会感到不痛快。学生的心理会受到影响，不喜欢上这门课。

G老师：学生会觉得尴尬或没面子。有些学生甚至产生逆反。教师对于冲突的处理方式，会影响学生对教师的评价和印象，影响整个向师程度；也会打断其他学生的思路，分散学生注意力，对于作为当事人的学生来说，会影响学生情绪的变化。

H-M老师：学生会觉得没面子，青春期的学生不想在同学面前没面子，会感到很愤怒。然后会对老师的教育产生逆反，甚至故意和老师对着干，影响或放弃学习。

W女生：我觉得老师敲学生脑袋不好，因为如果敲脑袋的话，敲傻咋办呢？也会影响我们上课的进度。

L女生：老师说同学，或者罚站时，老师说的重时，或者带有侮辱性语言时，我会替其他同学打抱不平。不敢当面打抱不平，只是同学之间私下会说，会对老师有意见，不会直接跟老师说。会影响师生关系，学生心里会觉得老师讨厌。对学生的影响就是尽量少惹这种老师，另外也想挑战这样的老师。有些脾气暴躁的老师会动手，会打学生。其他同学在背后使眼色，说老师太过分了，没有人直接说老师做错了。有些老师说"亏你们先人"，我会觉得很生气，我觉得老师不应该这样说，如果老师这样说我，我会和老师吵起来，平时很少会和老师吵起来，如果和老师吵起来的话，老师肯定会叫家长。如果德育课老师把课堂上的问题踢给班主任，让班主任解决，班主任也管不过来，就会叫家长和学生解决，学生一旦想着叫家长，就不想和老师继续争执下去，就会想反正要叫家长，你骂就骂。我非常不喜欢班主任叫家长，小事情，如果家长心理素质不强，家长觉得没有希望，家长会非常伤心。学生也特别抵触，学生就皮。班主任不是以和家长合作的方式，而是告状的方式，都是小事情，作为班主任可以自己解决，让家长处理问题。学生特别讨厌叫家长。家长会把小事放大，学生回家和家长继续争吵，家长吵不过学生，让家长觉得学生叛逆。小错误，正常的事情，到家长那里就成了叛逆。毕竟是高中生，不想学校的事情连累家长。觉得是小事儿，没必要连累家长，家长知道以后事情可能会变严重，所以一般会忍，学生忍气吞声的感觉。学生特别生气，但是会忍下来。

继续追问 Q：忍下来对学生会有什么影响？

L 女生：学生会厌恶这门课，就不想见到老师，慢慢就会有抵触心理。

可以看出师生冲突对学生的影响主要是在学生的情感方面，冲突处理不良的情况下，学生会对教师产生抵触心理，进而对课程产生抵触心理，这些负面的情绪往往被压抑，而更应该引起注意的是这些被压抑的不满和抵触情绪是隐性的，学生没有表达出来，但是在学生的内心产生了不满，这种情况下也许会在某个节点上成为冲突的原因，也有可能对学生产生潜在的影响。所以，当教师以消极方式应对，持有"只要不出事就好"的想法的背后，也隐藏着巨大的关系危机和信任危机。

传统上，教师往往会在遇到棘手的问题时采取请家长的做法，对于学生来说，请家长不是出于教师和家长合作的角度，请家长意味着"告状"，往往会扩大矛盾。长久以来，对家校合作的忽略，以及对家庭教育作用的忽视，使许多家长持有学生要由教师管教的心态，教师和家长的联系缺少建设性，而更多是反应问题，导致学生对于教师请家长的反感，反而影响师生关系的建立。

3. 对学生道德品质的影响

Q：师生冲突对学生的哪些道德品质有影响（研究者分别口述 20 项道德品质，由被访者谈）。

W 老师：师生冲突对学生的创造力有影响，尤其是批判精神，他们可能会认为老师是为了批评而批评，觉得所有人都是伤害他们的，他不认为老师是在帮他，而是不理解他，老师对学生的规劝往往是以老师的经验展开，学生会认为是老师不喜欢自己，看不惯自己，教育自己。可能会因为跟老师发生冲突，因为讨厌老师而讨厌这门课，就不喜欢学习了。对诚信也有影响，对学生诚信的影响是学生为了避免冲突会撒谎，这样的学生都是"惯犯"。影响学生对爱与被爱的判断，学生会认为老师不喜欢他，老师用了各种方法无效时，老师可能就会放手，当老师对学生视若无物时，学生就不被老师关注了，之前对学生有关注，有情感投入时，学生对爱与被爱的判断是有问题。会影响学生宽容的发展，取决于老师对事情的后续的处理，学生他们不会宽容别人，只是被宽容的。对学生的公平会有影响，一些矛盾是和公平有关系的，比如老师转身在黑板上写字，学生被后桌打了头，忍无可忍，拿本子拍了后桌的头，老师先批评学生，就跟公平有关系，学生没有及时解释，或者解释以后老师不理解，学生就觉得老师不公平。学生自控自律性强弱非常明显，自控自律性差的学生会违反课堂纪律，老师处理不好的话反过来也会影响其他学生，课堂师生冲突对学生的自控自律影响最明显。对审慎有影响，和自控有重复不审慎的学生不会犯如此"愚蠢的错误"。对学生的尊重也有影响。对共情有影响，如果老师较少共情的话，学生也难以学到共情。对学生的感恩有影响。有些学生属于不觉得老师是在帮他，这样的学生是不感恩的，也有一些学生不是不感恩，只是情绪点到那里了。

H 老师：对学生的好学有影响，如果学生不认可老师，不喜欢上课，热情就会降低；对学生的宽容有影响，学生觉得有些事情可以被原谅，对公平有影响，老师处理问题时，不能百分之百都准确。老师批评学生时会有一些冤枉，可能会影响学生的公平感；对学生的自控自律也有影响，师生冲突会对学生带来影响，杀鸡儆猴对其他学生有影响，其他学生会自律；对学生的尊重有影响，学生觉得老师应该尊重他，师生冲突时学生觉得没有被尊重；对学生的共情有影响，学生觉得他没有被理解，对感恩有影响。

W-L 老师：师生冲突会影响学生的好奇心，勇敢，善良。

L 老师：会影响学生的好学，好奇心，诚信，爱，善良，自控，尊重，乐观，感恩等受到影响。

G 老师：会影响学生的好奇心，合作，领导力，共情。师生矛盾引发学生情绪的变化，分散学生对课堂的注意力，让学生觉得尴尬，没面子，被批评的学生可能会考虑到老师、其他学生对他（她）的看法，课堂的参与度、积极性会降低，进而（不合作，不探究等）无声的反抗，当时不良情绪（或低落或生气或委屈）的主宰会影响对老师的情感交流。

H-M 老师：可能会对好学、爱、宽容、公平、合作、自控、尊重、乐观、感恩都有影响。

Z 男生：对创造力有一点影响，同学和老师对话时可以想到新的东西，会有更多想法；对好奇心有影响，如果和老师关系比较好，冲突比较少，喜欢听老师上课的话，会比较有好奇心；对好学有一点影响，老师会用平衡心情的方法，对我提出的问题比较有耐心，帮助我解答问题；对勇敢也有影响；对坚韧有影响，我喜欢上课，会更坚韧；对善良有影响，如果老师方法不恰当，我们会觉得老师讲的是假话，他讲的东西我们不相信；对宽容有影响，老师对学生宽容，学生也会学会宽容老师；对公平有影响，有时候学生和老师发生矛盾与老师的处事不公有关，会影响学生的公平感；对领导力有影响，老师处理冲突的方法是领导我们，把我们领导完，从老师身上学到领导的方法；对自控自律有影响，老师尊重学生的时候，学生也会尊重老师；对共情理解的影响是学生会觉得被老师理解了；对乐观和信念的影响是学生的情绪是稳定的；对感恩的影响是老师教我们很多，我们用他对我们的方式来感恩；对审美的影响是不能从外表看人，还要看内心。

L 女生：对学生创造力有影响，对那个老师有抵触心理，在课堂上就不愿意听老师的课，也不愿意回答问题，老想着怎么和老师对抗；对勇敢有影响，发生师生矛盾时学生很难坚持表达自己；对学生坚韧也有影响，对老师有抵触，就不想学习这门课程；对公平的影响是老师会对好学生犯的错误，和成绩不好的学生的态度截然不同，老师对好学生比较宽容，对成绩差的学生比较严厉，让学生觉得老师不公平，也会影响学生的公平感；对审慎有一些影响，学生上课会审慎一些，害怕老师"找事"。老师带着偏见，就觉得你在课堂上是"找事的人"。老师害怕学生在课堂"找事"，学生也害怕老师给学生"找事"。高中阶段更多的纪律行为是个体的，不是影响全班的；对尊重的影响是学生会觉得老师不尊重学生；对感恩有影响，学生对"找事"的老师不会心存感恩。

　　W 女生：对勇敢有影响，老师敲学生脑袋，有些学生胆小，就变得不勇敢了；会影响学生爱老师；对学生的合作和自控也有影响；对共情理解的影响是学生可能不理解老师；对乐观有影响，老师有时候罚站学生的时候，学生觉得自己做得不太对，应该改正，就不像原来那么乐观了；对感恩也有一点影响。

总体可以看出老师和同学认为课堂冲突对学生的感恩、尊重、公平、共情、宽容、自控、勇敢影响比较大。对学生的创造力、好学、爱、审慎也有较明显的影响。

(三) 教师处理课堂师生冲突的困难

　　Q：德育课老师处理课堂师生冲突时，面对的困难是什么？

　　W 老师：时间少，一周只有 2 节课，老师处理的技巧非常重要。德育课的弊端就是课时不够。一个老师带 7、8 个班，不可能对每个学生都了解，上课的时候不可能对所有同学都关注到，德育课这个学科不关心成绩，最关注的是态度价值观情感出现"问题"的学生。可能不具备深入沟通的条件。班主任工作的优点是长期有效性，权威性，三年当中可以对学生进行干预，还可以对家长进行干预，跟家长的沟通是其他带课老师做不到的，班主任具有权威性，学生愿意听，也更愿意做。德育课老师发现的话，课间可能只是解决皮毛。班主任面对学生工作的劣势可能是看不到对学生的优点，很难做到合理的比较。应该加强沟通合作，班主任必须一碗水端平，班主任是从多个方面都要关注到，但是关注的点多，精力也有限，有些地方可能就关注不到。德育老师可能更专心一些，但是很难综合学生所有情况。总的来说，就是时间少，对学生基本情况的了解不足，需要和班主任沟通。

此外，老师没有得到支持，大方面没有，老师举步维艰，怎么教都不对。现在的师生关系更严峻，尊师重道非常渺茫。还有些老师确实也不太会使用积极的和学生沟通的方式，我们也需要一些培训，但是培训比较缺乏。

H 老师：在与学生的沟通方面没有接受过培训，全靠自己的理解。应该有培训，关于沟通和冲突的处理方法，应该教给老师怎样使用沟通的语言。老师很需要方法，老师都知道尊重和理解这些师生相处的原则，但是对于处理过程中，语言的使用需要培训。在政策方面，出现师生冲突时，学校应该对老师给予支持，让老师不要觉得"把事情丢给老师，让老师再处理一个大麻烦。"老师也需要情感方面的支持。

Z 老师：培训确实比较有限。我一般都是自己在网上学习，而且现在学生整体素质提高了，老师除了关注所教课程知识的传授，还需要学习更多与学生相关的心理学知识，还有沟通交流的方法。我们一般参加的培训多是关于学科培训和班主任培训，而沟通交流方面的培训几乎没有。

W-L 老师：面对学生的情绪，老师有时候不知道怎么安抚。同时老师也需要家长、校长和社会的理解。做老师的都是为了学生好，但是现在我们也不敢怎么管学生，一方面学生不好管，另一方面我们管得严厉了，家长也会到处告老师，学校有时候的处理方式也让我们老师寒心，所以有时候我也想，就这样吧，我尽心，学生想学了就学，不想学了只要别出啥事儿就行。

L 老师：老师缺少和学生沟通的时间，老师需要学生的理解。

G 老师：德育课堂的隐性效果和考核机制，使学生的学科认同感不高，在整个学校课程中处于边缘地位（副科），学生对本学科的重视度不够，对于教师的严格要求或教育，不在乎甚至反感。同时老师需要学生的理解和尊重，即使当时不是很理解，事后也能理解，我一直认为在教育教学中师生间发生的冲突是不可避免的，但是作为教师，希望班级内发生师生冲突事件，针对整个班内的学生能够明辨是非、顾全大局，理解老师批评的目的，不是针对谁，而是针对某种行为，希望学生养成良好的学习习惯，参与到课堂中，有所获有所得。

H-M 老师：老师需要学生的理解和关心，也需要相关老师的帮助，还有学校要协调解决事件。

可以看出对于德育课老师来说，主要有三个方面：一是沟通交流方面的培训；二是政策方面的支持；三是来自情感方面的支持。同时也能看到老师把那些容易引发师生冲突的学生称为"问题"学生，依然是一种消极的取向，同时持有严格要求和管理的理念。

三、德育课程课堂师生冲突的原因分析

（一）教师方面

1. 教师"问题"取向的德育理念

长久以来，为了管理课堂教学秩序，纪律的管理是课堂管理中非常重要的方面，但是在纪律管理过程中，往往采取控制、命令、禁止、打压的消极方式，力求实现学生服从，达到管理课堂的目的。这些消极的方式容易引起学生消极的情绪体验，使学生产生羞愧、沮丧、愤怒等情绪，以及不被尊重，不被理解、反感的感受，进而产生逆反心理，引发师生冲突。或者忌于教师权威，以及请家长等方面的压力，学生对于那些负面情绪采取压抑的方式，以"口服心不服"的应对策略，表面顺从而内心反对，为师生冲突埋下了隐患。

2. 德育教师专业化水平不高

在听课的过程中，发现专业的德育教师比例较低，城市学校初中和高中相对情况会好一些，许多教师具有思想政治教育专业背景，而在小学，德育课程往往由其他课程教师兼任。在听课的某市普通小学，共 6 名德育课教师，有 5 名是其他课教师兼任，1 名专门教授德育课的教师是由于年龄较大临近退休，从"主"课调到德育课，可以说全校没有一名专业的德育课教师。在另一所普通小学进行访谈时，了解到这种情况非常普遍，德育课多由即将退休的老师"过渡"一下，或者由其他课教师兼任。而在老教师教学职业生涯过程中，长期以来只注重纪律的管制和对规范的维持，而缺少对学生情感态度价值感的关注和理解，"问题"取向更明显，在课堂管理过程中更易采取命令、禁止等消极方式，甚至出现体罚学生的现象。在听课的过程中，一位老教师面对课堂纪律混乱，屡次说"你们真是太糟糕了"等负面语言。

此外德育课是对教师教学方法的设计能力、教学活动实施能力以及教学过

程的组织与监控能力要求比较高的课程，德育课程的丰富性要求教师能够活动课堂气氛，调动学生的兴趣，激发学生的积极情绪体验，但如果教师这些能力比较缺少的话，很容易陷入另一个阶段，即把学生的积极情绪体验简单地理解为快乐、高兴等感官愉悦，使德育课陷入"德育课谁都能教，只要让学生高兴就行"的误解和窘境，积极道德教育下的积极情绪体验更多关注的是心理享受，即学生的投入感、自豪感、幸福感、参与感、兴趣等情绪体验。当然感官愉悦是随着心理享受出现的，如果一个教师授课方式呆板无趣，缺少与学生的积极互动，课堂缺乏生机和活力，难以调动学生的积极性，学生容易产生厌倦、无聊等情绪，进而产生纪律问题，而教师的消极应对方式又会导致学生的负面情绪，导致师生冲突。

3. 教师缺少冲突应对技能

教师缺少倾听、共情等对话和沟通的技能，大多数德育课教师既不是专业出身，也没有接受过心理学相关的沟通技能训练，德育课作为一门以学生情感态度价值观发展为重点的课程，对教师自身的道德品质、情感表达能力、沟通能力要求是比较高的，难以期待一个性格冷漠、内心贫乏的教师能够使课堂焕发生命力和活力，使学生产生积极情绪体验，能够对学生的道德品质产生积极的影响。师生关系作为一种特殊的人际关系，在课堂的场域里，关系是由师生双方共同积极构建的，但如果教师缺少相应的冲突应对技能，那么很难建立起积极的师生关系。在访谈中了解到有些老师会主动学习一些心理学知识，帮助自己了解学生，提高沟通技巧，但是从学校的层面几乎没有接受过这样的培训。

（二）学生方面

1. 学生情感需要没有得到满足

访谈中发现，在学生眼里，公平公正是老师最重要的品质之一。教师的公正之心有利于学生的道德成长。[①] 而在应试教育的影响下，学生被人为地划分为"好"学生和"差"学生，现实中许多教师存在对学生的刻板印象和偏见，对"好"学生另眼相看，对"差"学生严加管教。同样是纪律问题，"好"学生往往可以网开一面，或者老师视而不见，甚至对"好"学生进行美化，出现诸如同样是上课睡觉，对于"好"学生，老师会说是"昨晚学习太晚了，上课补觉"，对于"差"学生就是"晚上肯定没好好学习，上课也不好好学

---

① 檀传宝. 走向德育专业化 [M]. 上海：华东师范大学出版社，2012：180.

习，要睡觉回家睡去"这样的事例。罗森塔尔提出的期望效应表明，当教师对学生给予积极的期望时，学生愿意按照教师的期望发展。但是当学生没有从教师那里体会到公平，学生的情感需要难以得到满足时，会变得焦虑、自卑、敏感，自我效能感降低，自我效能感是积极道德品质形成的动力机制中一个至关重要的环节，从而表现为课堂中捣乱，来释放心中的不满。

德育课不像其他课程强调知识与技能的发展，相对来说教师对成绩看得没那么重，但是教师还是会以学生上课表现将学生区别对待，出现老师所说的经常违反纪律的"惯犯"，对"惯犯"也更容易采取专制、控制、否定的方式，甚至出现老师所说的"放弃"学生，放弃意味着漠视，当学生感受到被教师漠视的时候，一方面容易以更多的违纪行为引起教师关注，另一方面容易从内心滋生对教师的否定和排斥，进而引发更深的、潜在的矛盾和冲突。

随着学生年龄的增长，自我意识的发展和思考能力的提高，学生与教师之间有更多观念和意识上的碰撞，他们抗拒简单粗暴的说理，更渴望探索真理，学生不认同教师的观点时往往会据理力争，敢于去表达，引发师生冲突。同时学生往往也容易挑战教师的权威身份，当学生在师生关系中感受到不公平、不被尊重的时候，容易对教师的人格权威合法性提出挑战、质疑和否定，学生不易相信教师批评学生是为了帮助学生，而会理解为教师是为了"跟自己过不去"或"老师拿学生发泄自己情绪"。有研究者说在现实的师生交往中，学生一般很难具体说清楚喜欢或者讨厌一位教师的理由，学生对教师的情感是建立在对某位教师总体印象基础之上的，当一个学生表达喜欢或者讨厌、爱或恨的时候，便反应了他赞同或反对、认同或对抗的倾向，他可能会因为爱或恨一位教师而热爱或厌恶某一门学科。[①]

2. 学生心理发展阶段的影响

总体来说小学阶段师生冲突相对较少，严重冲突情况更少，初中和高中阶段师生冲突相对较多。较之小学生，中学生报告的师生关系质量明显下降，学生认为中学阶段的教师更少支持和关心他们，态度更不友好。[②] 小学阶段，学生的思维出于具体运算阶段，学生克服自我中心，能够多角度看问题，同时小学阶段的学生受家庭自然关怀的关系的影响，在情感上对老师有较多的依恋情

---

① 朱晓宏. 他者经验与儿童成长：师生关系的另一种解读——基于舍勒的情感现象学理论视域 [J]. 教育研究，2011（9）：76-81.

② Heather A. Davis. Exploring the Contexts of Relationship Quality between Middle School Student and Teacher [J]. The Elementary School Journal，2006（3）：193-223.

感，学生期待教师给予他们自然关怀，一种无须伦理坚韧而激发的关怀形式。① 所以他们愿意接受老师的批评并在行为上与老师合作。随着年龄的增长，尤其是进入青春期以后，学生独立意识增强，具有"成人感"，有着强烈的独立自主的心理需要，认为自己的思想和行为已达到成人水平，渴望家长和老师给予他们成人式的尊重和信任，并且表现为行为上的逆反和冲动，当教师和家长难以理解这种特点的时候，他们会容易以抗争的形式表达，表现为违反课堂纪律，并且加剧冲突和矛盾。包括学生挑战教师权威，从另一个层面来说也是学生渴望独立的表现之一，如果教师对此缺少理解，且难以进行适当的应对和处理，会加剧冲突的发展，影响师生关系的建立。具体来说初中阶段学生的思维批判性发展较快，他们对待权威能够以审慎的态度看待，但认识问题容易偏激，导致师生冲突。高中阶段学生的形式逻辑思维能力已经基本成熟，辩证逻辑思维占据优势地位，但没有完全发展成熟，这导致他们在对关系的认识上容易出现偏差，同时由于学生的学习任务较重，压力较大，学生也进入埃里克森所说的"自我同一性"发展阶段，同时也面临着"同一性混乱"的问题，如果学生的人格发展和情感需要被忽视和压制，师生的心灵沟通受到限制，会增加师生之间的冷漠甚至冲突。

3. 学生个性的差异

Flynn 研究发现活动水平、坚持性、注意分散性三种气质维度与师生关系的关联最为密切：活动水平高、任务坚持性差、注意易分散的儿童与教师不够亲密、容易发生冲突、师生关系较差。② 也有研究发现性格羞怯的儿童难以与教师建立亲密关系，但与此同时师生冲突也较少。③ 活动水平高的儿童常表现出攻击、违纪等外显问题，容易与教师发生冲突，难以与教师建立良好关系。④ 他们在与教师交往时会认为攻击和敌意是解决争端的有效方法。⑤ 所以，要考虑学生的个性差异，总体来说，气质是学生的个性特征里较稳定的因素，

---

① ［美］内尔·诺丁斯. 始于家庭：关怀与社会政策［M］. 北京：教育科学出版社，2006.

② Flynn. B. M. . The Teacher-child Relationship, Temperament, and Coping in Children With Developmental Disabilities. Unpublished doctoral dissertation. Columbia University, 2000.

③ Rydell. A. M. , Bohlin. G. , Thorell L. B. . Representations of Attachment to Parents and Shyness as Predictors of Children's Relationships with Teachers and Peer Competence in Preschool ［J］. Attachment and Human Development, 2005（2）：187 - 204.

④ Oren. M. . Child Temperament, Gender, Teacher - child Relationship, and Teacher - Child Interactions. Unpublished Doctoral Dissertation. The Florida State University, 2006.

⑤ Myers. S. S. , Pianta. R. C. Developmental Commentary：Individual and Contextual Influences on Student-Teacher Relationships and Children's Early Problem Behaviors ［J］. Journal of Clinical Child and Adolescent Psychology, 2008（3）：600 - 608.

对于活动性较强的学生来说容易与教师发生冲突，这意味着在实际的德育教育教学过程中，教师要充分了解学生，并且理解学生某些行为背后的原因，而不是从消极的角度将学生的某些行为表现"泛道德化"。比如，学生上课喜欢说话，教师认为这是学生不尊重教师，而一味给学生贴"不尊重老师""扰乱课堂纪律"的标签。只有在了解学生的基础上，才能真正做到"因材施教"，化解师生冲突。

（三）学校方面

学校方面主要体现在德育课程的边缘化。长期以来德育课程被视作"副课"，教师的安排和课时的设置，都弱于"主课"，除了具备专业教育背景的德育课教师较少，教师兼课情况较普遍，德育课程的受重视程度不足外。在我国，虽然一再宣告道德教育的重要性、道德教育的首要位置等，然而在实践中"聚精会神抓好语数外"却是对这种宣告的反讽。[①] 有研究者通过课堂观察和访谈法研究了共情在师生关系中的作用。国外一项研究提到尽管教师的内心想支持和关心学生，但他们常常受到工作时间等环境因素的制约。"当前的教育体制使得他们的时间非常紧迫，学生数量庞大，与学生的接触频率较低，尽管他们知道关心是学生想要并且是需要的。"这种现象在我国德育课程中也是普遍存在的。在听课和访谈中发现，尤其在小学阶段，存在德育课程被其他课程挤占的情况，包括在听课的过程中，研究者拿着课表去教室听课，发现当天的课程已经被其他课占用，老师也坦言面临考试周时，这种情况会比较常见。此外德育课上也存在教师安排学生写其他课程作业的情况。当德育课程边缘化以后，给教师和学生双方都带来这门课不重要的感知，师生认为德育课不是主课，彼此都缺少对对方的尊重，教师也陷入被动的局面，对于德育课程教学过程中发生的问题和冲突缺少积极主动应对的心态和策略。

（四）其他方面

1. 家庭的影响

Stright 等人考察了学生气质与母亲教养方式对小学一年级师生关系的影响。结果发现难养型气质与教养方式的交互作用能显著预测师生关系：难养型儿童在母亲教养方式较好时的师生关系明显优于母亲教养方式较差时的师生关

---

① 鲁洁．边缘化　外在化　知识化——道德教育的现代综合症 [J]．教育研究，2005（12）：11-14.

系；易养型儿童的这种差别则不明显。① 气质是人格因素中较稳定的个性心理特征，这说明母亲的教育方式对师生关系的影响较大。从系统论的角度来说家庭是包含父母与儿童在内的整体系统，夫妻、母子、父子、兄弟、姐妹都是家庭系统的子系统，系统内的个体都在互相产生影响。从积极家庭构建的角度来说，家庭的整体情感环境是所有家庭成员在互动基础上形成的积极的情感氛围，良好的家庭氛围对于孩子与他人建立关系有重要的影响作用，研究发现气质活动水平、节律性、趋避性三种不同气质类型的学生，在家庭情感环境的交互作用下会对师生关系有显著的预测作用。② 这意味着对于不同气质类型的儿童，家庭情感环境的作用非常重要，如果在家庭对学生的控制程度降低、家庭冲突水平减少的情况下，可以帮助学生建立积极的师生关系和良好的师生交往能力。

此外，研究者发现家庭背景对小学课堂的师生冲突也会产生影响，研究发现来自社会底层比来自社会上层的学生违纪严重，其中来自农民阶层的学生违纪尤为严重，但其师生冲突强度却较低；直系家庭比完整核心家庭的学生违纪严重，但是他们的冲突形式与冲突功能的差异并不显著；隔代教养比由父母教养的学生违纪严重，隔代教养的学生冲突形式最强。父母不同的教养方式也会影响师生冲突，教师拥有课堂话语权、惩戒权和评价权等，学生必须听从教师的命令，课堂中师生具有制度化的支配与服从关系，在师生冲突中教师对学生行为的支配与崇尚民主、自由和平等的来自社会上层学生的抵制之间矛盾较为突出，尤其是来自社会上层学生对教师家长制的教育方式和教师权威的滥用非常反感，乃至会强力抵制，产生师生冲突。③

2. 社会发展的影响

科技的快速发展使学生可以大量接触到海量信息，学生接受新知识的速度一定程度上要比教师快，人类社会由前喻文化时代向后喻文化时代转化，教师作为知识的权威面临着巨大挑战，随着社会文明程度的提高，学生的民主、平等和主体意识增强，教师的权威在不断消解。一方面，教师作为知识的权威代表会受到质疑，有老师说"学生接受的信息太快了，德育课上我们讲的许多

---

① Stright. A. D., Gallagher, K., Kelley, K. Infant temperament Moderates Relations between Maternal Parenting in Early Childhood and Children's Adjustment in First Grade [J]. Child Development, 2008 (1): 186 - 200.

② 张晓，王晓艳，陈会昌. 气质与童年早期的师生关系：家庭情感环境的作用 [J]. 心理学报，2010 (7)：768-778.

③ 汪昌华. 家庭背景对小学课堂师生冲突的影响 [J]. 教育学报，2015 (6)：69-74.

东西他们都懂。"这种情况如果教师不及时更新知识，不断学习，很容易导致学生对所学内容失去兴趣，学生在课堂上会感到无聊、无所事事，产生纪律问题，进而导致师生冲突。另一方面，价值观的多元导致教师在德育课上所授内容难以得到学生深刻的认同，当德育教师在授课过程中表达一些固有、陈旧的观点时会引起学生的质疑，易发生师生冲突。

四、通过应对德育课堂师生冲突实现积极道德教育目标的策略

（一）加强师德建设

课堂师生冲突中有很重要的一个方面是教师难以秉持公正对待学生，公正既是积极道德教育下要培养学生的道德品质中的一种，也是教师应具备的道德品质。公正意味着对人对事要一视同仁。传统上教师容易将自己置于"权威"的地位，认为自己说的都是对的，漠视学生的主体地位。古代社会产生的"师道尊严"的观念有违师德，尤其是有违现代教育伦理的基本要求。[1] 教师的威信和威望依然是重要的，但是在关系中应持有尊重、公正的态度，教师不能以自己的私利和好恶作为处理师生关系的标准，应给所有学生平等的机会，教师在对学生的爱护、帮助方面应该一视同仁。教师需要提高自己的修养，就如俄罗斯的一句谚语所说"漂亮的孩子人人爱，但是爱难看的孩子才是真正的爱。"

（二）建立转化视角

在访谈中也发现教师会探索积极应对课堂师生冲突的策略。如幽默、课上快速处理课后谈心等方法。

> Q：除了批评，你会采取哪些积极的方法？
> W老师：个别情况，一两个学生，我会用冷幽默方式，调侃，学生就不好意思了，是很有效的，不需要严肃、严厉提醒他，比如男生上课照镜子，我先看他两眼，他知道我在看他，我会把书放下来说"来，同学们，大家参观一下，有的同学时时刻刻都会关注自己的形象，你是对镜贴花黄吗？"

---

① 檀传宝. 教师职业道德［M］. 北京：北京师范大学出版社，2015：46.

H 老师：上课我要注意课堂节奏，课后安抚和谈心。这种方法让学生觉得被尊重，觉得老师是在解决问题，而不是为了批评他而批评。学生会比较认可。我课后会给学生说明我批评你的目的是什么，会给学生讲道理。

Z 老师：我有时候会在课后跟学生讲道理，讲明白我为什么要说他，争取达到学生的理解。

Q：除了批评，老师还会采取其他什么不批评的方式呢？

Z 男生：某个同学上课犯错，偶尔会用幽默的方式，讲个段子，把同学给包进去了，大家会乐一下。这种方式对我有减压的作用，同时也有一点震慑的作用。

Q：批评和幽默的方法，你更喜欢哪一种呢？

Z 男生：直接批评和幽默的方式，我觉得幽默的比较好。

Q：你不用批评方式的时候学生的反应是怎样的？

W 老师：是比较有效的，会避开冲突的焦点。可以把冲突控制在有效的范围内。

可以看出教师也在积极探索应对冲突的方法，但是在积极应对的背后也存在积极教育不是常态，以及方法单一的问题。幽默是较好的积极应对的方式，但对于中国人来说，总体性格偏含蓄内敛，缺少幽默表达的文化传统，有时候教师自认为的幽默在学生看来反而是讽刺。方法的使用场景和语境，以及师生关系本身显得尤为重要。此外教师采用的课后谈心的方法是一种较好的积极应对策略，也是积极关系建立中较为提倡的，但是在实际操作过程中容易忽略谈"心"，而演变成说"理"。"通情"才能"达理"，积极教育中如果缺少了"情"的表达部分，"理"自然变成控制和压制学生的手段。

所以教师首先需要转化视角积极看待学生的"问题"和师生冲突，积极道德教育强调建立积极的师生关系，在面对师生冲突时，从访谈中可以看出，教师会用"惯犯""问题学生"这样的字眼，这是传统上将学生视为"问题"，进而将引发冲突，当教师秉持着这样的消极观念和学生互动、沟通时，难免力不从心。所以，教师要建立信任学生的信念，从转化的视角看待学生的"问题"，试图去理解学生。

（三）通过言语化的方式化解师生冲突

正如教师所言，教师也知道要用尊重、理解的方式和学生沟通，但在实际问题解决过程中，老师不知道如何才能做到尊重、理解。积极道德教育强调"和学生一起解决问题，而不是把学生当成问题。"积极道德教育基于人本主义和建构主义，倡导主动积极关系的建立，相信人有解决问题的办法，罗杰斯认为懂关怀的教师会通过"站在学生的立场上来体验"，要通过学生的眼睛看世界。对于教师来说，许多教师了解尊重学生的各种理念，但是对理念的理解不深，尤其缺少各种理念下相应的可操作的方法和策略。当层出不穷的教育理论提出各种理念，对教师提出要求和期望的同时，并没有或者较少给教师提出相应的、具体的、可操作的、行之有效的方法，教师往往陷入如何做的困惑中，当教师不知道如何做的时候，也难以深入理解和内化这些理念，通过访谈也了解到，一线教师最需要的是具有指导性的方法，这些方法能够使教师在应用中切实感受到可行，在这种情况下教师才能形成自己的内化的教育理念。积极道德教育主要基于社会建构论和积极心理学理论和研究，尤其是社会建构论强调语言在建构中的作用。所以积极道德教育也强调合理使用语言在德育实践中的重要性。索绪尔认为语言本身是一个自在系统，它有自己的内在逻辑。所以语言并不是对世界的描绘和复制，它可以独立于世界之外，有着自己的系统和结构，同时也在建构着这个世界。语言是人类自己建构的，人类通过语言也在建构自己，建构关系，所以人类可以通过对语言的重构重新去理解自己，重新去理解关系。所以，积极道德教育强调在通过对语言的使用，将消极符号模式转化为积极符号模式，转化之后传递给学生，帮助学生重新建构自己，摆脱自己对自己的消极建构，找到自己的资源，激发道德成长的力量，重新塑造积极的自我。

（四）从"消极"到"积极"转化的方法

结合周围在其《积极道德教育——积极心理学视域中的道德教育》① 一书中提出的正面意图法、情境改变法、聚焦结果法三种方法，以及多种心理学理论流派和研究者在实践工作中总结的经验，提出共情理解法、关系信任法、叙事解构法六种处理师生冲突的积极方法，从积极的视角应对问题。

1. 正面意图法

正面意图法发现个人行为背后积极的、正面的动机和意图，来重新评估行为者及其行为。正面意图法较少关注行为本身，而关注学生行为的动机和真正

---

① 周围．积极道德教育——积极心理学视域中的道德教育［M］．北京：中国文史出版社，2014：179-182.

意图，肯定并理解学生的意图。比如，老师上课时在黑板上写字的时候，乙同学戳了甲同学，甲同学转身用书打了乙同学，老师看见后往往会批评甲同学打人。甲同学也许会申诉是由于乙同学戳了他，传统上老师可能会各打五十大板，同时强调"不管是什么样的理由，打人都是错误的"。有时甲同学可能不会申诉，但是内心会压抑许多对同学和老师的不满。H-M老师谈"这种情况下我可能先批评乙同学，提醒他认真上课，不要做小动作，再劝诫两人，能够成为同学，在一起学习游戏，是非常难得的，应该珍惜同学友谊，互相关爱帮助，不要因为一些小事引发冲突"，可以看到H-M老师会采用说理的方式。

老师采用正面意图法可以对甲同学说"你打人的行为是错误的，但是我知道你的本意不是打人，而是不想让同学影响你或者欺负你。"

H老师认为"这种方法很好，学生能接受，学生能认可，被理解"。W老师认为"真实的课堂没有这么复杂，老师在课堂上应该秉持公正的态度"。W老师对这种方法在课堂上的使用打分较低。

2. 情境改变法

道德往往与情境相关，采用情境改变法是用更加灵活的方式去理解学生的行为。即将个体的行为放置在另外的情境中，通过改变情境来改变对个体行为的评价，使个体看到其行为在不同情境中的不同意义。比如，甲同学打伤了乙同学，他找到的理由是乙经常欺负其他同学，这时，如果老师评价"不管在什么情况下，你打人都是错误的"即无视情境的因素，就像H-M老师谈的"如果乙欺负同学行为确实存在，那他肯定是错误的，应该把这种情况告知老师，对他进行批评教育，以暴制暴绝对是不可取的，别人的错误不能成为你犯错的理由，你的行为老师同样要批评"老师常用的方法是评价学生的对错。

老师采用情境改变法可以说"如果你长大了，见到别人受欺负，你这个行为就属于见义勇为，所以要把好的行为用在正确的地方。"

H老师认为"语言对小孩子处理问题的认识拔高了。学生会认为我现在做的不对，换个情境是对的。被认可，被肯定。"

3. 聚焦结果法

聚焦结果法较少关注学生行为本身，而是更多关注问题解决的策略。比如，甲同学打伤了乙同学，他找的理由是乙经常欺负其他同学，这时老师可以说"你打人这种做法是不对的，你想想怎么样不采用这种方法，也能让乙不再欺负其他同学？"

W老师认为"这样可以让学生主动寻找解决问题的方法。"H老师认为

"对小学高年级同学比较好用，能够引导学生会思考。"

G 老师认为"让学生明辨是非，并引导学生智慧地解决问题。"

4. 共情理解法

共情是一种非常重要的道德情感，同时也是重要的道德品质，是一种"感同身受""换位思考""设身处地"的情绪预测和反应能力。共情倾向与共情反应和利他性有密切关系，能够引发亲社会行为，也可以减少团体内部成员之间的冲突。① 当教师有较强的共情能力，能够换位思考，真正站在学生的角度设身处地理解学生的情绪感受，才能准确预测显示的情绪反应，做出有效的回应，从而构建积极的关系。如果教师仅仅从自己的角度出发，忽略学生的感受，或者想当然地认为学生的情绪感受就是自己所认为的那样，就会导致情绪预测错误，学生认为老师不理解自己，成为师生冲突的原因。共情影响教师情绪预测准确性，教师若将自己置于学生角度进行设身处地思考，可以克服自我中心偏差，有效跨越共情鸿沟，说明设身处地共情是提升教师情绪预测准确性的有效策略。② 可以说共情是真正意义上、深层次的理解。通过教师对学生的共情性反应，教师和学生之间可以建立一种积极的关系，这种关系不仅可以影响学生的学业成就，还可以影响学生的一生。③

共情理解法不关注错误行为本身，而是设身处地理解学生行为背后的情绪情感，当学生的情绪被理解了，就可以积极寻找解决问题的方法。在实际的生活和德育过程中，人们往往把情绪感受和行为混为一谈，行为有好坏对错之分，但情绪感受没有好坏之分，喜怒哀惧是人类的基本情绪，人们往往关注诸如兴奋、快乐、高兴、愉悦等积极情绪，压抑或力图消除愤怒、悲伤、恐惧等负面情绪，积极情绪和负面情绪就如硬币的正反面，每一种情绪都有其意义。积极心理学关注积极情绪体验，并不意味着积极心理学要消除这些负面情绪，而是对负面情绪持有接纳、理解的态度。共情主要由他人的痛苦和烦恼等消极情感诱发，是共情者基于他人的幸福，并以他人为中心而出现的关心、怜悯等情感。④ 共情正是对他人负面情绪的体察、预测和理解、接纳，同时像一面镜

① Batson. C. D., Early. S., Salvarani. G. Perspective Taking: Imagining How another Feels versus Imagining How You Would Feel [J]. Personality and Social Psychology Bulletin, 1997 (7): 751-758.

② 陈宁，卢家楣，汪海彬. 人际共情鸿沟可以跨越：以教师预测学生情绪为例 [J]. 心理学报，2013 (12): 1368-1380.

③ Peart. N. A, Campbell. F. A.. At-risk Students' Perceptions of Teacher Effectiveness [J]. Journal for a Just and Caring Education, 1999, 5 (3).

④ Batson. C. D., Eklund. J. H.. An Additional Antecedent of Empathic Concern: Valuing the Welfare of the Person in Need [J]. Journal of Personality and Social Psychology, 2007 (1): 65-74.

子一样将这种对他人深深的理解反馈给对方，从而让对方感受到自己被理解，从而化解冲突和矛盾，建立积极的关系，可以说共情是双方心灵的共舞。所谓先"通情"后"达理"。比如"你刚才打人的时候，我想你可能觉得很生气，很愤怒，你觉得你被他冒犯了，你一时火冒三丈，就打了他，老师理解的，对吗"，之后再倾听学生的表达，再跟学生探讨"但是你打人的行为是不允许的，现在你觉得除了打人，你可以怎么做呢"，当学生认为老师理解了自己的感受之后，自然而然会思考如何采用合理的行为来解决问题，这样更容易诱发学生采用道德行为。

H 老师认为"在对学生理解的基础上，进行引导效果比较好。"

5. 关系信任法

关系信任法聚焦关系的建立，当学生从老师的语言里感受到自己被理解尊重后，很容易主动学会承担责任和解决问题。Pianta 等人基于依恋理论和师生互动研究，提出了影响师生关系的三个因素：亲密性、依赖性、冲突性。[①] 根据依恋理论，在关系亲密或情感安全的师生关系中，教师对于学生来说起着"安全基地"的支持性作用，师生之间产生温暖的情感联结，师生之间有情感的流动，师生之间的互动和交流是开放的。当教师给予学生表达信任的时候，学生能够感觉到是和老师站在一起解决问题，而不是处在自己的对立面"和自己过不去"。比如，"你打了同学，我很感谢你可以和我谈这件事，我们可以一起来面对这个事情。我想，你一定有你的理由，你能跟我说说你为什么打他吗?"在关系建立的基础上，学生容易打开话匣，表达自己的情感、动机和想法，在此基础上再做出引导，就能起到消极向积极的转化。

H 老师认为"单独叫来，顾及了学生的面子。真诚和学生说话，老师愿意倾听。学生会根据老师的态度决定他们的态度。被倾听，真诚，尊重"。W 女生认为这种方法"容易让我与老师建立信任关系，我愿意跟她讲，我也觉得她能理解我。"

G 老师认为"尊重学生，放下教师的角色，设身处地地替学生着想，让学生知道师生可以共同面对一些问题，进而亲近老师，相信老师，但是在实际的教学中我不会采用这种方式，更倾向于立竿见影有效的教育方式。"

6. 叙事解构法

叙事解构法来自叙事治疗理论，叙事治疗受社会建构论、后结构主义和福

---

① Pianta R C, Steinberg M, Rollins K. The First Two Years of School: Teacher- child Relationships and Deflections in Children's Classroom Adjustment [J]. Development and Psychopathology, 1995 (2): 295-312.

柯思想的影响，属于后现代三大治疗理论之一，该理论相信每个人是解决自己问题的主体，人不是问题，问题是问题，将人从"问题"这种消极的取向中解脱出来。叙事治疗从灵魂深处相信来访者不等同于他们所遇到的问题。① 叙事治疗通过"故事叙说""问题外化""由薄到厚"等方法使人变得更加自主和有动力，可以让学生的心灵成长，发展学生的自我认同和反思。叙事治疗通过当事人讲述自己的故事，关注和挖掘人具有积极功能的自我，强化人的过去生活经历中的"特殊意义事件"，将其丰厚，扩展到人的自我意识主题，并延续下去，达到自我成长的作用。叙事治疗理论认为"如果我们将一个人在学校的主线故事定位于生性愚钝、素行不良、害群之马，那他将依循这样的生命故事脚本而活。这样的负向描述将造成标签化的效果，使得被建构的负面形象常常如影随形。"② 叙事治疗对德育的应用是当学生在面临困难或问题时，教师不把"问题"与学生等同起来，而是和学生一起，从学生过去的经验中寻找解决问题的方法。比如，"你打了同学，你说你当时脑子突然一热没控制住自己，那我想，你肯定在过去也有过很愤怒的时候，你肯定有控制住自己的时候，你当时是怎么做的？"通过这样的对话引导学生去探索自我的力量，不仅避免了师生冲突，提高处理问题的能力。

H老师认为"这是一种很好的处理冲突的方式，老师没有就事论事，拔高到另一个层次，拔高到学生处理问题的能力。"

G老师认为"不仅委婉地指出了学生的错误，而且引导学生学会控制。"

可以看出老师和学生普遍比较认可这些积极的处理冲突的方法，但也有老师提出在课堂上应以高效处理问题为主，这些方法在课堂上不实用，不高效。所以，"课堂上发生的问题绝不能仅限于课堂"，教师在课堂上秉持公平的态度，就事论事，在课后对学生进行安抚，双管齐下，通过这样一些积极的方法促进学生道德情感的发展，进而建立良好的师生关系。正如H老师说"这些方法让学生觉得被尊重，觉得老师是在解决问题，而不是为了批评他而批评。学生会比较被认可。"

在课堂处理冲突的过程中应以具体化的方式，只描述学生行为本身，而不去给学生贴标签。比如，"你刚才打了同学，我希望有什么问题我们下课可以谈一谈，但是现在我希望你能平复心情好好听课"，而不是"你打了同学就是不遵守纪律""老师说的时候你还嘴硬，你这样做是不尊重老师"。

综合本章研究，德育课堂教学过程中，面对师生冲突，教师应秉持积极的

---

① 肖凌，李焰. 叙事治疗的西方哲学渊源 [J]. 心理学探新，2010（119）：29-33.

② John M White&Gerald D M. 学校里的叙事治疗 [M]. 北京：中国轻工业出版社，2014：13.

视角理解和对待学生。但是通过访谈发现德育课程课堂师生冲突相对发生较少，多由纪律引发，学生发生课堂纪律现象又与教师的授课方式、课程内容、师生关系等因素有关，教师应对课堂纪律的消极方式会导致冲突，影响师生关系的建立，形成恶性循环。冲突的表现形式以口头冲突为主，教师往往采用批评教育的方式，某些教师会采用罚站、体罚等方式，德育课教师往往寻找班主任帮助，回避了冲突的同时也失去了与学生建立积极关系的可能性，或者会采用请家长的方式，而学生对于请家长的方式是不认可的，会加剧冲突或隐藏潜在的冲突。冲突伴随师生双方负面情绪的产生和累积，既影响师生关系的建立，又对学生的道德品质产生巨大影响。在关注师生冲突的同时，应看到师生在处理冲突的时候也面临着困难，教师需要得到有关处理冲突、沟通交流方面的培训，此类培训无论是职前培训，还是职后培训都比较少或者没有。同时教师也希望获得政策方面和情感方面的支持。

德育课程课堂师生冲突发生的原因有教师方面、学生方面、学校管理方面以及家庭和社会方面。综合这些原因，最主要的是长期以来"问题"取向的消极德育观念，"问题"取向的消极模式根植于以控制、支配型教师权威地位为主的师生关系中，这种师生关系使教师在课堂教学过程中处于绝对支配地位，教师权威不容挑战：以教师为中心，学生从属于教师，从"问题"的视角来看，但凡学生犯错，教师批评学生就是天经地义，学生不敢反对教师。即便在各种德育理念的影响之下，教师在教学过程中的师生关系依然难以真正做到平等和尊重，"问题"取向的消极模式使得教师往往将"问题"与"人"等同起来，在处理问题的同时也否定了人的积极性、主动性和创造力，教师缺少对学生心理发展特征和个性差异的理解，以及缺少对当前处于经济高度发展和社会文化更加多元背景下学生新的特点的了解，在应对问题和冲突的过程中忽略学生的情感需要，导致学生的不满，从而导致师生对立和冲突。学校德育课程边缘化也是导致德育教师被动应对师生冲突的原因之一，当德育课教师放弃利用德育课堂建立积极的师生关系的机会时，德育课程对于提高学校德育实效性也就大打折扣了。同时，家庭因素也对师生冲突有明显影响，在课堂师生冲突的应对过程中，教师采用请家长的方式将问题抛给家长，不是和家长采取积极合作沟通的方式，反而会进一步破坏师生关系。

德育课程教师也会有意识的采取积极的方式应对问题，但方式较单一，教师亟须沟通技能方面的培训和学习。重点是要加强师德建设，尤其是关于教师公正等方面的道德修养和品质的培养，此外基于社会建构论和积极心理学视角，应使教师持有"转化"的积极视角来看待学生和学生的"问题"，采用言语化的方式切实提高教师的沟通能力。结合心理学理论和治疗方式，将其引入积极德育中，提出应对师生冲突的积极方式。比如，正面意图法、情境改变法、聚焦结果法、共情理解法、关系信任法和叙事解构法，通过应对师生冲突探讨积极师生关系的建立，从积极的视角去理解学生，通过语言实现"消极"到"积极"的转化，将"问题"与"人"区分开，建立教师和学生一起解决"问题"的积极道德教育方法，从而通过积极应对师生冲突实现积极道德教育目标。

第七章　结论与建议

积极道德教育是将积极心理学理论、方法和成果在道德教育领域的延伸和应用，用以探索新的德育思维模式和实践策略，积极道德教育思想为道德教育提供了全新的视角，在某种程度上体现了对德育理论的创新。积极心理学的研究集中在积极人格特质、积极情绪体验、积极支持系统和积极关系的建立这几个方面，在各自的研究领域取得了丰富的成果，尤其在积极人格特质方面对美德的研究取得了全球范围内的巨大进展。同时积极人格特质、积极情绪体验、积极支持系统和积极关系这三个方面又是相互联系、相互作用、相互影响的。积极人格特质（包括美德）的形成是建立在积极情绪体验基础之上的，要培养个体的积极人格特质和美德，必须增强个体的积极情绪体验，积极支持系统和积极关系为积极情绪体验和积极人格特质以及美德的形成提供了支持力量。基于积极心理学这些方面的研究包括：积极情绪扩建理论，以及社会建构论对积极道德教育的内涵和特征，以及对积极道德教育的目标作出了理论和实证验证，提出将培养学生积极道德品质（6大美德20项积极道德品质）作为积极道德教育的目标，并在此基础上探索了当前中小学生积极道德品质发展的现状，从学校德育课程的角度对积极道德教育目标实现的路径进行了研究，主要从德育课程内容和德育课堂教学两个方面进行探讨。德育课程内容重点探讨德育课程内容的选择与组织，由积极道德教育的积极性和体验性的特点，提出了德育课程内容的应然状态，并采用内容分析法分析了当前德育课程内容的实然状态，并提出通过德育课程内容实现积极道德教育目标的策略；德育课堂教学重点关注师生关系，由于师生关系涉及课堂师生互动和课堂师生冲突两个方面，本研究分别从这两个方面对德育课堂师生关系进行了研究。由积极道德教育关系性和体验性的特点，提出课堂师生互动的应然状态，采用课堂观察法对两位德育课个案教师进行了课堂行为观察和课后访谈，发现德育课堂师生互动的问题所在，并对其进行了原因分析，提出通过德育课堂师生互动实现积极道德教育目标的策略；由积极道德教育转化性和可操作性的特点，提出教师应对课堂师生冲突的应然状态，采用访谈法分别对教师和学生进行了访谈，了解了德育课堂师生冲突的特点并分析原因，提出通过应对德育课堂师生冲突实现积极道德教育目标的策略。基于以上这些方面的研究，本研究对积极道德教育目标、当前中小学生积极道德品质发展的现状、积极道德教育目标实现路径的研究结论进行论述。

一、结论

（一）积极道德教育重视"消极"到"积极"的转化

积极道德教育是基于积极心理学的德育新理念，积极心理学重点研究的三个方面：积极人格特质、积极情绪体验、积极支持系统和积极关系，对积极道德教育理念的提出产生直接影响。积极道德教育的内涵也是主要基于积极心理学这三方面的研究进行探讨的。积极道德教育所谓的"积极"是针对以往道德教育持有的"有则改之，无则加勉"的消极理念，习惯性地关注人们身上的"问题"，试图解决各种品德"问题"、行为缺陷和思想"问题"提出的，尤其是针对在解决"问题"的过程中采用批评、指责、惩罚、辱骂等消极方式，并且在解决未果，或者效果不明显的情况下给学生贴上"道德品质差""品行恶劣""无可救药"等负面标签提出来的德育新理念。积极道德教育强调要关注人的积极方面，重视挖掘人身上已有的、潜在的积极道德品质，积极道德教育不关注消除人的"问题"，而是强调培养和发展受教育者身上本身具备的良好的积极道德品质，激发受教育者道德发展的愿望，同时在道德教育方法的层面采用鼓励、欣赏、倾听、共情、关心等积极方法，尤其是具备"消极"和"积极"转化的视角，帮助受教育者建构和理解受教育者的德性世界，重点通过言语化的方式，使用转化性语言与受教育者开展对话、交流、沟通、互动、激发受教育者的积极情绪体验，使受教育者在积极情绪体验的基础上，生成更多道德意识和道德行为，促使受教育者产生更多道德品质和促进受教育者形成道德人格。同时积极道德教育不对人贴标签，提出要将人和"问题"分开，认为受教育者是完整意义上的"人"，而不是作为"问题"的存在，强调"人是人""问题是问题""人是解决自己问题的主人"、道德教育不是为了"解决人身上的问题"，而是"和人一起解决问题""帮助人具备解决问题的能力"，从这样一些积极的视角强调人的道德主动性和自觉性。基于这些讨论积极道德教育将其内涵表述为：积极道德强调对人的美德和积极道德品质的培养与发展，采取鼓励、欣赏等积极的教育方法激发学生的积极情绪体验，同时在教育过程中建立积极关系，采用言语化的方式进行消极和积极的转化，积极道德教育相信人不等于问题，强调将人和问题区分开，帮助学生应对各种问题，使学生具备自主解决问题的能力，实现学生积极道德品质的良好发展。同时积极道德教育具备积极性、体验性、关系性、转化性和可操作性的特点。

（二）积极道德教育的目标是培养人的积极道德品质

积极道德教育关注人的美德，以培养受教育者的积极道德品质为目标，但是积极道德教育并不排斥培养人的规范性，积极道德教育认为某些积极道德品质里含有对人规范性的德性内在要求。比如，自控和审慎就指向了人们遵守规则和社会规范方面。通过理论探讨和采用问卷调查法对600名中小学生进行问卷调查，进行模型探索和验证的方法，构建出以培养6大美德20项积极道德品质为目标的积极道德教育目标体系。具体目标体系为：智慧美德下的创造力、好学、好奇心；勇气美德下的勇敢、坚韧、诚信；仁爱美德下的爱、善良、宽容；正义美德下的公平、合作、领导力；修养美德下的自控、审慎、谦虚、尊重；卓越美德下的共情、乐观、感恩、审美。积极道德教育并非要使每个人具备所有的美德和道德品质，而是根据学生的情况发展某几个方面。

（三）当前中小学生的道德品质发展总体呈下降趋势

采用问卷调查法对600名中小学生进行问卷调查，发现当前中小学生积极道德品质的发展存在显著的个体差异，以及反映在家庭、学校方面某些积极道德品质的显著性差异。总体上中小学生的道德品质从小学一年级到高三随着年级呈下降趋势，并且在小学二年级、初中一年级、高中二年级出现低谷。学生道德品质随年级升高而下降，其中有学生心理成长和发展方面的因素，也有学校、家庭、社会等方面的因素。至于更丰富和具体的影响因素，需要在以后的研究中专门作深入探讨，同时在未来的研究中需要扩大样本量深入研究。

（四）有效选择和组织德育课程内容是实现积极道德教育目标的路径

积极道德教育以培养学生积极道德品质为目标，在德育内容上应有所体现，这意味着德育课程的内容选择和组织要将积极道德品质作为内在线索，基于学生年龄的发展，对每个道德品质内涵作出深入探讨，将积极道德品质作为课程内容的内在线索。同时在德育课程内容的编排方面要以学生为主体，课程内容要能够激发起学生的投入感、兴趣、幸福感、心流感等积极情绪体验，使学生产生主动探索的愿望，将德育"教材"变成学生的"学材"。但是通过内容分析法对中小学旧版和新版德育教材进行分析，发现实际的德育课程内容在选择和组织方面：旧版教材对于领导力、审美、谦虚、审慎、好学、好奇心、善良、宽容这些道德品质是忽视的，同时具有指导性过强的"教材"特性。虽然新版教材《道德与法治》注重学生的主体地位，课程内容的呈现方法更丰富、呈现方式多样、加入绘本叙事的元素，同时课程内容凸显出积极的视角，包括对道德品质的理解加深、注重学生的情感体验等这样一些优点，但是依然存在教材审美缺失的问题。德育课程内容要通过构建以"积极道德品质"为内在线索，以当前德育主流倡导的生活世界为外在线索，以学生的情感体验为情感线索，加强德育教材的审美，构成"内、外、情"三维一体线索来选择和组织德育课程内容，使德育课程内容帮助教师的"教材"成为帮助学生学习的"学材"，从德育内容的角度实现积极道德教育目标。

（五）加强课堂师生互动的积极体验是实现积极道德教育目标的路径

积极道德教育下重视积极师生关系的建立，德育课堂师生关系主要体现在师生互动方面，传统的德育课堂以教师的讲授为主，积极道德教育下强调应该通过师生对话和交流激发学生的投入感、自豪感、幸福感、骄傲感、自我效能感等积极情绪体验，通过实现课堂的活力和生命力，来实现积极道德教育目标。采用课堂观察法分别对初中一年级和小学一年级教授新版教材《道德与法治》的两名德育课教师的课堂教学行为进行课堂观察分析，以及进行课后访谈，结果发现德育课教师在教学过程中以完成教学任务为目标，教师的提问、倾听、赞赏等对话能力不足，同时教师在授课中不仅忽视了学生的情感体验，也忽视了教师自身的情感体验，教师缺乏理解学生的共情能力。基于此，教师应该建立以学生为核心的教学理念，同时要提高教师提问、倾听、赞赏的对话能力，着重培养教师的共情能力，加强德育课堂师生互动中的情绪体验，使德育课堂教学从以往的"讲授"式转为"体验"式来实现积极道德教育目标。

（六）从转化的视角应对课堂师生冲突是实现积极道德教育目标的路径

德育课堂师生关系不仅体现在师生互动方面，也体现在师生冲突方面，由于师生冲突具有隐蔽性、内隐性等特点，往往对师生关系带来的伤害更大，对学生道德品质的发展也带来很大影响。以往当学生出现违反纪律、不完成作业等情况时，教师往往采用批评、指责，甚至体罚等方式处理，然而随着学生年龄的增长，逆反心理增强，以及教师权威的消解，这种消极的应对方法容易引发师生冲突，如果教师处理不当会引发更严重的冲突。积极道德教育下强调从积极的角度看待学生，同时应具备从"消极"到"积极"转化的视角来应对师生冲突。通过访谈法对 7 名德育课教师和 3 名中小学学生进行结构化访谈，了解了德育课堂师生冲突的实际情况，发现德育课堂师生冲突的特点，以及对师生带来的负面影响，不仅带来师生情绪方面的影响，恶化师生关系，也会影响学生的道德品质。究其原因，从教师的层面来说，教师依然持有"问题"取向的德育理念，力图通过各种方法消除学生在课堂上出现的各种"问题"，同时教师缺乏冲突处理的技巧和技能，以及德育课教师多为兼职，教师专业化水平不高等方面。从学生的层面来说，学生的情感需要没有得到满足，尤其是学生渴望公平和被尊重的情感被忽视，以及学生个性的差异和处在心理发展不同阶段。从学校管理方面主要体现在德育课不受重视，处于边缘地位。此外与家庭因素和社会发展的因素均有关系。基于此，应该加强教师的师德建设，教师需要建立转化的视角，积极看待和理解学生，注重语言使用的技巧，通过言语化的方式向学生表达出理解、尊重和关爱，使学生切实感受到教师和学生是站在一起解决"问题"，而不是把学生当成"问题"和"问题学生"来看待，同时教师需要掌握，如正面意图法、情境改变法、聚焦结果法、共情理解法、关系信任法、叙事解构法这样一些具备"消极"到"积极"思维转化的言语沟通交流方法，通过这样的策略和方法从积极应对课堂师生冲突的角度实现积极道德教育目标。

二、建议

道德教育工作需要德育研究者、教育行政和管理部分、各级学校、教师、家长全力配合，合力开展，积极道德教育也需要在各方面的支持和配合下开展。基于本研究，对德育研究者、教育行政和管理部分、各级学校、教师、家长提出如下建议。

（一）重视培养学生的积极道德品质

《教育部关于整体规划大中小学德育体系的意见》明确指出"学校德育，育人为本，德智体美，德育为先"。积极道德教育下强调以积极道德品质作为积极道德教育的目标。积极心理学的研究表明某些道德品质与学生的不良行为、情绪问题呈显著负相关，而与学业成就和亲社会行为等积极发展结果呈显著正相关。比如，智慧领域的积极道德品质有利于学业成功，当学生将身心投入到探索未知领域时，他们被外界诱惑的几率随之降低。勇气领域的道德品质促进了学生的亲社会行为模式，学生可能表现出更多的助人行为；修养层面的道德品质可以有效预防性早熟和物质滥用。2008 年，美国心理学家进行了一项针对 383 名美国非洲裔的中小学生的研究，研究发现具有好学道德品质的学生有较低的物质滥用行为，智慧和修养领域的道德品质发展与青少年物质滥用有显著负相关。① 学生道德品质的发展可以预防负向行为，并对正向行为产生影响。Scales 等人研究了美国六个种族共 6000 名 6 年级到 12 年级的中小学生，发现积极品质对于学生学业成功、领导才能、助人、保持健康的身体、延迟满足、尊重差异、克服困境这些方面具有积极影响。② 所以，培养学生的积极道德品质对学生的道德发展有着重要的意义。

皮亚杰的认知发展理论认为儿童的道德构建过程不是社会规则的翻版，而是人与社会相互作用的产物，儿童在与环境互动中建构着自己的观点，是"一个道德哲学家"。新时代教师不仅仅负有传道授业解惑的责任，也要具备认识学生、理解学生的技能。教师要敏锐地发现学生的才能和优秀道德品质，并且在师生互动中进行培养和强化。当教师抱怨现在的学生太难教的时候，意味着教师往往以成绩这种单一的评价标准来评价学生。教师往往看到好学生的光环，而难以看到"差生"身上的闪光点。同样是课堂纪律问题，教师往往对好学生网开一面，而对"差生"重点关注，好学生犯错是思维活跃，而"差生"犯错就是捣乱，这样不仅难以使教师采用有效的方法管理课堂，也使教师难以将公平公正这些品质传递给学生。积极心理学研究发现内心体验层面的优势，如爱、乐观和感恩在预测幸福感方面起到主要作用；好学、创造力、好奇心这些涉及认知层面的优势，由于受到认知能力发展的局限和社会期待的影响，在预测主观幸福感方面没有显著作用，所以，对于教师来说，仅仅关注学生的成绩和智力发展，对于学生的主观幸福感并没有显著影响，教师应该更全面关注学生的道德品质发展，尤其关注情感层面的发展。此外积极道德教育相信每个学生都有积极品质，如果给予个体积极的关注，提供适宜的心理环境，那么积极的力量就会发展起来。每个学生身上具有的道德品质是不一样的，有些学生在某个道德品质方面比较突出，在某个品质上可能相对较低，教师应当在教学过程中去发掘每个学生的道德品质，对学生已有的品质加以鼓励和强化，当学生感受到自己被认可时，就会更有自信和成就感。《礼记》中记

---

① 陶新华. 教育中的积极心理学［M］. 上海：华东师范大学出版社，2017：145-146.
② 同上.

载:"教也者,长善而救其失者也。"这与塞利格曼的观点是一致的:发现和发展孩子的长处。关注学生的积极道德品质,同时对学生的积极关注就能起到镜映的作用。

苏联著名教育家苏霍姆林斯基说"从我手里经过的学生成千上万,奇怪的是,留给我印象最深的并不是无可挑剔的模范生,而是别具特点、与众不同的孩子。"所以教师应以平等的眼光看待每个学生,关注学生的积极道德品质发展,用善于发现的眼光去寻找学生身上的闪光点,给予学生及时的肯定和强化,把学生积极的品质表述出来,用学生可以接受和理解的方法提升学生的自尊感和成就感。当老师能够对学生给予积极、正面、公正的反馈时,可以使学生获得积极的情感体验,进而对学生产生激励效果,促使学生更多积极道德品质的发展。

(二)探索德育课程内容"内、外、情"三维一体的线索

德育课程内容在选择、组织和编排时要在当前生活世界的基础上,把生活世界作为内容编排的"外在线索",同时把积极道德品质作为德育内容编排的"内在线索",探索各个道德品质的内涵,研究每个内涵对应的学生年龄发展的情况,使学生在不同的发展阶段接受符合本年龄特点的道德品质的内涵,如诚实有可能在小学四年级的内涵为"不说谎",在初中阶段表现为"说话算话",在高中阶段体现在"重承诺""守信用"等社会规范和社会交往方面,相应关注学生在学习过程中的情感体验,将情感体验作为一条"情感线索"。尤其注重教材的审美,去除现有教材人物形象"去个性化"的特点,在可能的情况下,教材的设计方面加入美学工作者,设计一些固定的人物形象,每个人物形象具有鲜明的个性和特点,同时也具有学生在每个年级、每个成长阶段面临的道德发展困惑,随着学生的年龄增长,教材中的人物也随着成长,使教材成为学生真正的伙伴和朋友,成为学生真正能够与之对话的"学本"。通过这样的方法,建立德育课程内容"内、外、情"三维一体线索,实现德育课程的螺旋式上升。

(三)建立积极的师生关系

罗杰斯在《论人的成长》一书中说"我该怎样来提供一种关系,使这个人可以借助它来进行个人成长?"根据生态系统理论,在儿童与学校、家庭等微观系统的相互作用过程中,儿童与教师、家长的互动及关系作为重要的环境因素影响着儿童的发展。教师作为学生生活中的重要他人,在德育课程教学过

程中，教师对学生的期望通过师生互动表现出来，反映在教师的提问、反馈、赞赏、鼓励等教学行为中，同时通过积极应对课堂师生冲突，学生得到积极的情绪体验，随着自我效能感、自我认知的提升，道德品质也随之得到发展。有研究表明师生关系对小学生创造力思维、创新效能感有显著的正向预测作用。[①]

积极的师生关系自身具有道德教育的功能，只有充满尊重、关爱、信任、公正等涉及道德意义和积极品质的教育关系，即受教育者被道德地对待的道德教育关系，才有可能激发受教育者的积极体验，对受教育者的美德培养产生积极影响。[②] 尊重不是基于法律和制度规定而对学生作为法人主体和班级成员资格的尊重，而是指教师应该关注学生的天性成长。[③] 积极的师生关系会促进学生的道德品质发展，良好的师生关系不仅可以促进学生积极道德品质的发展，也可以促进学生对教师、对学习产生积极的主观体验，从而调动学生的主动性和积极性，激发学生的学习兴趣，对于学生的全面发展起到积极的促进作用。积极的师生关系使学生感受到自己被爱，同时发展了学生爱的能力，也使学生感受到公平、尊重等，有利于学生积极参与班级和学校活动，发展合作能力，形成积极正向的情感关系。

（四）在师生互动中重视激发学生积极情绪体验

人本主义课程论既关注教学中认知的发展，又关注教学中学生动机、情感、兴趣的发展规律。构建课堂教学中积极的师生关系要做到"以学生发展为本，把课堂还给学生"。在师生互动中要激发和关注学生的投入感、自豪感、骄傲感、自尊感、自我效能感等积极情绪，了解学生学习动机和兴趣的发展规律，对学生的反应和情感具有敏感性，主动关注学生的内心世界，增加教师在课堂教学中的情感投入，理解并尊重学生的个性发展，发掘学生潜能，发展学生的创造力和主动性，给予学生更多空间。所以教师要了解学生的内心世界，观察学生的爱好、需求和已有的经验，尊重个体差异，才能更好地开发学生潜能、激发学生的学生兴趣，培养学生的创造力和创新精神。在教学过程中，教师要善于把握每一个细节，关注每一次生成，使课堂充满温暖和活力。

---

① 师保国，王黎静，徐丽，刘霞．师生关系对小学生创造力的作用：一个有调节的中介模型 [J]．心理发展与教育，2016（2）：175-182.

② 周围．思维方式的变革与积极取向道德教育的构建 [J]．中国德育，2014（01）：6-9.

③ 柴楠，刘要悟．基于社会关系理论视角的师生关系研究 [J]．中国教育学刊，2012（5）：77-79.

（五）积极应对师生冲突

长期以来，师生关系中强调教师为主导，强化教师的权威性，当过分强调教师的权威性时，容易形成教师与学生情感上的疏离，以及亲密度的降低。在高亲密、高支持、低冲突的师生关系中，学生感知到教师对自己喜爱、安慰、鼓励和表扬时，有利于增强学生的自信，使学生身心处于较放松的状态；而在低亲密、低支持、高冲突的师生关系中，学生感知到教师对自己的批评、指责、讽刺或者不高兴、不满意和不喜欢，不利于学生形成积极的自我概念，而且容易使其缺乏心理上的温暖和安全感，总是处于一种对教师的批评或否认的高度紧张和担忧的状态中，及对自己的不满中，从而产生较高的焦虑和抑郁情绪。[①]

从积极的视角看待师生冲突，功能主义冲突论代表人物科塞说"冲突被表达出来，表明了这种关系有生命力"[②]。要从冲突中产生焕发关系的生命力，需要对冲突进行"消极"到"积极"转化。积极心理学强调对个体问题作出积极解读，并使个体从中获得积极的意义。[③] 每个学生在学校学习和成长过程中都会出现问题，某教师在访谈中说"有一次我去其他学校观摩听课，结果我也睡着了，从那以后我就觉得学生上课睡觉，上帝也会原谅。"可以看出这位老师具有很强的共情能力，在此后的课堂教学过程中他对于学生上课睡觉，不再以惩罚的方式，而是以幽默的方式对学生加以提醒。积极道德教育所谓对问题作积极解释，并不意味着掩耳盗铃、忽略问题，也不是"头疼医脚"、放任学生，而是对"消极"进行"积极"的转化、通过转化性的语言进行解释和理解，从根本上实现教师对学生的理解，促进积极道德教育目标的实现。

（六）注重德育教师情绪体验和对话能力培训

师生关系的现代性转型和教师专业道德的塑造，是课程改革和教育教学改革的重要内容或关键。[④] 以师生关系为依托的、以教师行为的自我调控为依托的德育中，教师需要通过道德敏感性了解学生需求、把握教学进程并给予及时的适切的反应，以抓住教育契机、促进教学民主，超越德育或教育的表面效

---

① 唐淼，闫煜蕾，王建平. 师生关系和青少年内化文化：自尊的中介作用 [J]. 中国临床心理学杂志，2016（6）：1101-1104.

② Lewis A. Coser. The Functions of Social Conflicts [M]. London：Free Press，1956：41.

③ 马彩霞. 立足积极心理学 积极转化后进生. 教育实践与研究，2007（16）：11-12.

④ 潘希武. 教师专业道德：师生关系现代性转型中的构建 [J]. 教育学术学刊，2014（5）：80-85.

果，以抵达真实的德育对于学生心灵的触及，从而达到对学校德育的改善。[①]

加强德育课教师师德和关系应对、沟通交流等方面培训。师生关系作为一种特殊的人际关系，会受到各种因素的影响，而且关系本身非常微妙，学生往往会因为喜欢一位老师而对一门课感兴趣，学生也会因为教师的鼓励和欣赏产生积极的情感体验。在关系的建构过程中，言语作为最重要的媒介和方式，对关系的建立、发展甚至破裂具有重要的影响。在课堂教学过程中，言语起着非常重要的作用，但是对于教师来说，无论是提问和反馈的技巧，还是表达赞赏与认同，或是应对课堂师生冲突，语言表达方面有一些困难，而语言的表达对于课堂师生互动和师生冲突的处理都异常重要。然而，绝大多数教师极少受过这样的专业训练，教师面临的困难是难以通过有效的语言表达诸如"尊重""关爱"等理念，所以在加强教师各项技能培训的同时，尤其要加强教师的对话和沟通表达技能，对于许多教师来说，理念的学习属于认知层面，比较容易理解，但是要将理念转化为实实在在的技能和方法，需要参加专业的培训和训练，而无论是职前培训或职后培训，这部分的培训明显是不足和被忽视的。研究中提出的六种处理冲突的沟通表达方式得到了教师和学生的认可，为职前、职后教师培训主题和内容也提供了有益的思路。

重点加强德育教师共情能力培训。共情不仅作为学生的道德品质，同样也应该作为教师的道德品质和教学技能。在教师共情能力培训方面，国外已有丰富的经验。Warner 认为理想的教师有共情学生的能力，而且教师能够通过培训学到共情。他在 Carkhuff 人际技能训练模型的基础上采用观看录像的方式帮助教师培养共情，结果发现看过录像的教师比没看过录像的教师有更高的共情能力。[②] Pierce 研究了 34 位职前教师的共情能力对于他们处理多元文化的影响和作用，对这些教师进行了培训，结果发现这些职前教师使用共情倾向和行为，与多元文化背景的学生有更多的积极接触，营造了支持性的课堂氛围，教学实践中更多地使用了以学生为中心的方法。[③] Feshbach 实施了一项促进职前教师共情技术和能力的项目，该项目为职前教师提供了关于共情人际关系的发展过程、结构和技术的相关经验，包括道德两难的讨论，同时项目采用心理剧或同伴咨询的方式，将教师放置在较贴近生活的情境中，尤其是教室里发生的关于教师与学生沟通交流方面的故事，让职前教师体验各种角色，学习感知他

① 何蓉，朱小蔓. 论教师道德敏感性与学校德育改善 [J]. 教育科学，2014（2）：48-52.

② Warner R. E.. Can Teacher Learn Empathy [J]. Education Canada，1984（1）：39-41.

③ Pierce C.. Importance of Classroom Climate for At-risk Learners [J]. Journal of Educational Research，1994（1）：37-42.

人的观点。培训结束后采用标准化共情量表评定这些职前教师的共情能力，结果发现这些教师的道德判断能力和共情理解能力都有所提高。① 也有研究者从共情的角度提出了教师人际训练的四个步骤：对"共情"进行定义；帮助教师评估自己过去的共情水平；帮助教师评估其他教师的共情水平；帮助教师相对准确地判断自己的共情水平。还有一项研究对教师进行了持续 10 周关于共情的人际关系培训，结果发现培训之后的两个多月，教师对少数民族学生明显地表达出更多共情。② 以上研究表明对职前和职后教师开展共情能力的培训，可以取得良好的效果。共情培训项目可以帮助教师改善沟通交流的技巧，提高教师的共情理解能力，不仅有助于建立积极的师生关系，也可以通过教师共情能力的提高帮助学生发展共情这一道德品质。

此外，在德育教师的筛选和选拔中，也应该将教师的共情能力作为选拔的一个因素来考虑。③ 德育课作为一门发展学生情感态度价值感的课程，本是一门很容易让学生产生积极情绪体验的课程，课堂上贯穿的积极情绪体验可以作为教师教学的丰富资源，使教师将工作的重点放在"情"上，以情育德，以情育人，推动学生积极道德品质的发展。

（七）重视德育课程的学科地位

针对德育课程边缘化的现实困境，从政策的制定者到学校的管理者，应该重视学校德育课程的学科地位，保证德育课程的课时，使德育课不被其他课程占用、保障德育课活动的经费。重点是配备专业的德育课教师，德育课教师不仅需要有教育学、思想政治学、社会学等相关的专业背景，还需要有心理学的专业背景或培训，使得德育课程的重要性凸显出来，发挥德育课的作用和价值，提高课程德育的实效性。

（八）促进家校合作

积极道德教育是回归现实、贴近生活的，因此，家庭在道德教育中起着重要的作用。基于积极心理学关于积极支持系统的研究，积极心理学强调家庭关系，其中包括夫妻关系和亲子关系的重要作用，良好的夫妻关系、正确的父母

---

① Feshbach N. D. . Empathy in Children: Some Theoretical Empirical Considerations [J]. Counseling Psychologist, 1975 (2): 25-30.

② George L. Redman. Study of the Relationship of Teacher Empathy for Minority Persons and Inservice Human Relations Training [J]. The Journal of Educational Research, 1977 (4): 205-210.

③ Sharon Tettegah, Carolyn J. Anderson. Pre-service Teachers' Empathy and Cognitions: Statistical Analysis of Text Data by Graphical Models [J]. Contemporary Educational Psychology, 2007 (1): 48-82.

教养方式、积极的家庭文化氛围等因素都对子女健康人格的形成有着重要作用。本研究也发现家庭因素对学生道德品质发展的影响作用。家庭培养孩子的基本人格，父母的一言一行都是孩子模仿的对象，并且父母的这种道德影响是深远的。当代社会中，家庭德育的滑坡究其根本，是家庭德育的缺失。作为父母应发现孩子身上的优点，建立孩子积极的道德品质，培养出积极乐观的孩子，都是当前家庭德育应当关注和思考的问题。

1. 建立积极家庭教育模式

基于积极心理学理念构建积极的家庭教育模式，在家庭教育中，父母要关注、培养孩子身上的优势和积极道德品质，重点培养孩子 6 大美德 20 项积极道德品质。具体到智慧层面的培养，父母要关注孩子创造力、好奇心、好学品质的培养。本文研究发现父母对孩子创造力和好奇心方面的发展是忽略的，父母应鼓励孩子尝试新事物，鼓励孩子动手探索，并且多与孩子进行交流，尝试用多种方法解决问题。在勇气层面，父母要注重孩子意志力、勇敢、坚韧、抗挫折能力、诚信的培养，鼓励孩子表达自己真实的想法。传统上，父母被认为是家庭的权威，父母要对孩子进行指导和帮助，这一理念忽视了孩子在家庭系统中对父母的影响作用，仅把孩子假定为弱小的，是需要父母指导的，而忽略了孩子作为个体独立的一面。父母应持有平等的立场去理解孩子，对孩子的想法少做对或错二元对立的评价，在沟通中理解孩子的想法、情感、需要和动机。在仁爱层面，父母需要以身作则，对孩子进行真诚的回应，使孩子内在生成关爱、善良的品质。在公正层面，重点培养孩子的领导力，父母引导孩子独立解决问题，如引导孩子规划自己的学业、娱乐活动等方面。同时父母应加强公正的意识，同时将这种积极道德品质潜移默化地传递给孩子。在修养层面，培养孩子谦虚的品质，中国传统文化强调"满招损，谦受益"，重视谦虚品质的培养，但是长期以来人们将谦虚理解为自贬。比如，在听到对方说"你很棒"的时候，人们往往采用否定的态度回应，以表达自己的自谦。谦虚强调的是对自己有清醒的认识，同时欣赏他人的优点。当得到来自他人的夸赞时，可以坦然表达"谢谢你的夸奖"。自制、审慎的品质往往与遵守规则有关，家长在家庭教育过程中要培养孩子自控能力和延迟满足的能力，对于孩子想要得到的东西，可以和孩子讨论"这件东西你真的需要吗？如果不要会有什么影响？"在卓越层面，培养孩子发现美和表达美的能力，培养孩子乐观的品质。孩子的乐观一部分是从父母及老师那里学来的，所以父母必须成为孩子乐观的榜样。[①]

---

① 马丁·塞利格曼，莉萨·杰克科斯. 教出乐观的孩子［M］. 北京：北京联合出版公司，2017：112.

父母要培养自身共情的能力，充分地表达对孩子真实的理解，使孩子在潜移默化中学会对他人具有同理心，理解他人的想法、情感，并学会与他人沟通。

同时应注重培养孩子积极的情绪体验并建立积极的亲子关系。亲子关系是一种重要的人际关系，亲子关系中要注重亲子沟通，开展积极的倾听，如果父母不能真正倾听自己的孩子时，孩子会陷入被人误解的痛苦、不安和焦虑中，当父母不带着评判去理解孩子的感受和想法时，孩子会感受到父母的理解和接纳，从而产生更多的亲密、关怀、同情和爱，更少的焦虑和指责。① 而且倾听也把解决问题的责任留给了孩子。此外，在沟通中避免批评、辱骂和威胁，以及建议和说教。

2. 建立积极的家校合作模式

法国著名启蒙家孟德斯鸠说"我们的教育来源有三：一是来自学校，一是来自家庭，另一种来自教师。"在学校开展积极道德教育的同时，家庭方面也应积极配合和支持，家庭德育也应更好的得到学校德育的引导。应拓宽家长参与学校教育的领域，建立积极的家校合作模式。鼓励家长参与学校教育，建立教师与家长沟通交流的畅通渠道，教师与家长形成平等合作的伙伴关系，使家长明确自身的义务与责任，以保证家校合作能够顺利开展及有效的延续下去，摆脱以往教师向家长"告状"的家校沟通模式。在家校合作中教师应起主导作用，主动的进行沟通交流，积极解决问题，形成健康的合作关系，保障家校之间合作顺利。同时要建立和完善家校合作制度，使家长和学校形成良好的合力。

---

① 刘丽琼. 积极取向的家庭教育［M］. 北京：科学出版社，2017.

结 语

　　积极道德教育是积极心理学理论、方法和成果在道德教育领域的延伸和应用，用以探索新的德育思维模式和实践策略，积极道德教育思想为道德教育提供了全新的视角，在某种程度上体现了对德育理论的创新。积极心理学的研究集中在美德、积极情绪体验、积极支持系统和积极关系的建立这几个方面，在各自的研究领域取得了丰富的成果，同时美德、积极情绪体验、积极支持系统和积极关系这三个方面又是相互联系的。具体来说美德建立在积极情绪体验的基础之上，美德增强了个体获得积极情绪体验的可能性，积极支持系统和积极关系为美德的发展和积极情绪体验提供了支持。这些研究成果对于积极道德教育具有重要的启发和应用价值。

　　积极道德教育在国内的研究尚处在初级阶段，有大量亟待解决和回答的问题。本研究在积极心理学视角下从积极道德教育目标、积极道德教育内容、积极道德教育方式三个方面，从"是什么？""怎么样？""如何做"三个角度对积极道德教育进行了较为全面的研究。

　　研究首先回答了"是什么"的问题。"是什么"回答了"积极道德教育的目标是什么？"的问题。在回答这个问题之前，对积极道德教育的内涵，尤其是对"消极"和"积极"进行了厘清。通过理论梳理，在社会建构论等理论的基础上提出"消极"和"积极"之间不是"转向"的关系，而是"转化"的关系，通过言语化的方式实现对"消极"和"积极"的建构，完成从"消极"到"积极"的转化。这是本研究一大贡献，对积极道德教育的关键问题进行了回答，对这个问题的回答也为后面的研究奠定了基础。同时提出了积极道德教育积极性、体验性、关系性、转化性、可操作性的特点。

　　重点关于"积极道德教育的目标是什么"的问题方面，本研究通过理论梳理和文献分析，基于积极心理学理论相关研究内容和研究方法，将积极道德品质作为道德教育目标，但是积极心理学研究 6 大美德和 24 项积极特质，这24 项优秀特质哪些是属于道德意义上的？换句话说这些积极特质哪些是属于道德品质？积极道德教育要培养人的哪些道德品质？采用实证研究的方法，在自编《中小学生积极道德品质问卷》的基础上探索验证了构想的积极道德教育目标的结构，确定了 6 大美德 20 项积极道德品质。

从"怎么样"的角度，本研究主要通过《中小学生积极道德品质问卷》调查了当前中小学生积极道德品质发展的现状，并对其进行了分析。

从"如何做"的角度，在对德育课程内容和德育课堂教学的应然和实然状态进行了研究的基础上，分别探讨了建立从"教材"到"学材"的德育课程内容实现积极道德教育目标的策略；从师生关系的角度，建立从"讲授"到"体验"的德育课堂师生互动，实现积极道德教育目标的策略；从"消极"到"积极"的转化视角下积极应对师生冲突实现积极道德教育目标的策略。并且对德育研究者、教育行政和管理部分、各级学校、教师、家长提出相应的建议。

以上研究是对积极道德教育的理论探究和实践探索作出的贡献，积极道德教育作为全新的德育理念，需要开展大量深入的研究，由于研究者研究能力有限和研究框架所限，本研究尚有许多不足和未回答的问题。从内容上来说：（1）每个积极道德品质的内涵是什么？在挖掘内涵的基础上如何结合学生的年龄发展特点纵向逐层深入，使积极道德品质作为德育课程内容的内在线索，并符合学生的道德心理发展特征。（2）6 大美德 20 项积极道德品质里，核心品质是哪个？共情既具有道德品质的特点，又具有建立积极关系、激发积极情绪体验的特点，能不能作为积极道德品质的核心品质？还需要在未来进行深入研究。（3）研究未对积极道德教育的评价方式进行探讨，在未来的研究中应该关注这个方面，形成积极道德教育目标、积极道德教育内容、积极道德教育方法和积极道德评价的完整机制，完善积极道德教育理念。（4）除了学校德育课程以外，在学校环境里还有更多可待探讨的领域，如校园文化、学校德育制度和学校德育管理等因素都会对积极道德品质产生影响，这也是有待探讨的问题。（5）除了学校环境，家庭方面和社会方面都是积极道德教育目标实现的重要领域，也是值得研究的领域。从方法上来说：（1）构建 6 大美德 20 项积极道德品质目标体系和学生道德品质发展特征的研究是分别基于 600 人的样本量进行的分析，样本量有些少，在未来的研究中应加大样本量，加入诸如城乡、民族等更多变量进行验证和探索。（2）未来的研究应考虑多方法的使用，如行动研究法，以及研究开发提高教师积极情绪体验、共情能力、对话能力的具体培训方案。这些都是以后深入研究的方向和领域。在吾辈的探索下，不断丰富积极道德教育的理念和实践策略，使积极道德教育在落实"立德树人"根本任务方面，和提高德育实效性方面作出应有的贡献，使积极道德教育成为一种德育新理论成为可能。

参考文献

（一）著作类

［1］周围．积极道德教育——积极心理学视域下的道德教育［M］．北京：中国文史出版社，2014.

［2］檀传宝，王啸．中外德育思想流派［M］．北京：人民教育出版社，2015.

［3］［捷］夸美纽斯．大教学论·教学法解析［M］．任钟印译．北京：人民教育出版社，2006.

［4］张焕庭．西方资产阶级教育论著选［M］．北京：人民教育出版社，1979.

［5］［美］杜威．道德教育原理［M］．王承绪等译．浙江：浙江教育出版社，2003.

［6］［德］雅斯贝尔斯．什么是教育［M］．邹进译．北京：生活·读书·新知三联书店，1991.

［7］郭本禹．道德认知发展与道德教育［M］．福州：福建教育出版社，1999.

［8］檀传宝．德育原理［M］．北京：北京师范大学出版社，2007.

［9］朱小蔓．关心心灵成长的教育　道德与情感教育的哲思［M］．北京：北京师范大学出版社，2012.

［10］［美］克里斯托弗·彼得森．积极心理学［M］．北京：群言出版社，2010.

［11］［英］蒂娜·瑞伊，露丝·麦康威尔．运用积极心理学提高学生成绩［M］．北京：中国青年出版社，2017.

［12］老子．老子（二十五章）［M］．太原：山西古籍出版社，1999.

［13］庄子．庄子．大宗师［M］．北京：经济管理出版社，2004.

［14］孔子．论语［M］．北京：中国社会科学出版社，2003.

［15］简明．伦理学词典［M］．兰州：甘肃人民出版社，1987.

［16］别尔嘉耶夫．人的奴役与自由［M］．贵州：贵州人民出版社，1994.

［17］赵汀阳．论可能生活［M］．北京：中国人民大学出版社，2011.

［18］顾明远．教育大辞典［M］．上海：上海教育出版社，1998.

［19］中国大百科全书出版社编辑部．中国大百科全书：教育卷［M］．北京：中国大百科全书出版社，1985.

［20］胡手荣．德育原理［M］．北京：北京师范大学出版社，1989.

［21］孙喜亭．教育原理［M］．北京：北京师范大学出版社，1993.

［22］檀传宝．学校道德教育原理［M］．北京：教育科学出版社，2000.

［23］储培君．德育论［M］．福州：福建教育出版社，1997.

［24］胡厚福．德育学原理［M］．北京：北京师范大学出版社，1997.

［25］施良方．课程理论——课程的基础、原理与问题［M］．北京：教育科学出版社，1996.

［26］廖哲勋，田慧生．课程新论［M］．北京：教育科学出版社，2003.

［27］班华．现代德育论［M］．合肥：安徽人民出版社，2001.

［28］佘双好．现代德育课程论［M］．北京：中国社会科学出版社，2003.

［29］王鉴．课堂研究概论［M］．北京：人民教育出版社，2007.

［30］［美］麦瑞尔姆．质化方法在教育研究中的应用：个案研究的扩展［M］．于泽元译．重庆：重庆大学出版社，2008.

［31］魏贤超．德育课程论［M］．哈尔滨：黑龙江教育出版社，2004.

［32］鲁洁．德育社会学［M］．福州：福建教育出版社，1998.

［33］托马斯·里克纳．美式课堂：品质教育学校方略［M］．海口：海南出版社，2001.

［34］刘建华．师生交往论——交往视野中的现代师生关系研究［M］．北京：北京师范大学出版社，2011.

［35］陶新华．教育中的积极心理学［M］．上海：华东师范大学出版社，2017.

［36］佐斌．师生互动论：课堂情境中师生互动的心理学研究［M］．武汉：华中师范大学出版社，2002.

［37］肯尼斯·J·格根．关系型存在：超越自我与共同体［M］．杨莉萍译．上海：上海教育出版社，2017.

［38］赵万里．科学的社会建构［M］．天津：天津人民出版社，2002.

［39］胡塞尔．现象学的观念［M］．倪梁康译．上海：上海译文出版社，1986.

［40］胡塞尔．纯粹现象学通论［M］．北京：商务印书馆，2002.

［41］钟启泉．课程论［M］．北京：教育科学出版社，2007.

［42］Seligman M EP. 学习乐观——成功人生的第 3 个要素［M］．洪兰译.北京：新华出版社，1998.

［43］任俊．积极心理学［M］．上海：上海教育出版社，2006.

［44］鲁洁，王逢贤．德育新论［M］．南京：南京江苏教育出版社，2002.

［45］［德］康德．实践理性批判［M］．邓晓芒译．北京：人民出版社，2003.

［46］［美］纳斯鲍姆．善的脆弱性［M］．徐向东等译．南京：译林出版社，2006.

［47］柏格森．道德与宗教的两个来源［M］．贵阳：贵州人民出版社，2007.

［48］［美］斯蒂文森．伦理学与语言［M］．姚新中等译．北京：中国社会科学出版社，1991.

［49］［美］ThomasL. Good，Jere E. Brophy．透视课堂［M］．陶志琼译．北京：中国轻工业出版社，2013.

［50］奥田真丈．现代学校教育大事典：第 5 卷［M］．东京：行政出版公司，1993.

［51］王海明，孙英．美德伦理学［M］．北京：北京大学出版社，2011.

［52］王跞．小学生积极心理品质培养的行动研究［M］．重庆：西南师范大学出版社，2017.

［53］朱小蔓，金生鈜．道德教育评论［M］．北京：教育科学出版社，2009.

［54］侯杰泰，温忠麟，成子娟．结构方程模型及其应用［M］．北京：教育科学出版社，2004.

［55］林崇德．品德发展心理学［M］．上海：上海教育出版社，1991.

［56］张廷国．重建经验世界——胡塞尔晚期思想研究［M］．武汉：华中科技大学出版社，2003.

［57］寇彧．思想品德教学心理学［M］．北京：北京教育出版社，2001.

［58］哈佛委员会．哈佛通识教育红皮书［M］．李曼丽译．北京：北京大学出版社，2010.

［59］《小学品德与生活课程标准》（2011 版）.

［60］《小学品德与社会课程标准》（2011 版）.

［61］《初中思想品德课程标准》（2011 版）.

［62］［美］内尔·诺丁斯．学会关心：教育的另一种模式［M］．于天龙译．北京：教育科学出版社，2003.

［63］檀传宝．走向德育专业化［M］．上海：华东师范大学出版社，2012.

［64］檀传宝．教师职业道德［M］．北京：北京师范大学出版社，2015.

［65］John. M. White&Gerald. D. M. 学校里的叙事治疗［M］．北京：中国轻工业出版社，2014.

［66］［美］内尔·诺丁斯．始于家庭：关怀与社会政策［M］．北京：教育科学出版社，2006.

［67］沈毅，崔允漷．课堂观察　走向专业的听评课［M］．上海：华东师范大学出版社，2008.

［68］米哈里·西卡森特米哈伊．心流［M］．北京：中信出版集团，2017.

［69］彭凯平．吾心可鉴：澎湃的福流［M］．北京：清华大学出版社，2016.

［70］刘丽琼．积极取向的家庭教育［M］．北京：科学出版社，2017.

［71］檀传宝．浪漫：自由与责任［M］．上海：华东师范大学出版社，2012.

［72］马丁·塞利格曼，莉萨·杰克科斯．教出乐观的孩子［M］．北京：北京联合出版公司，2017.

［73］肯尼斯·J·格根．语境中的社会建构［M］．北京：中国人民大学出版社，2011.

（二）学位论文类

［1］焦金波．"生活理解"道德教育研究［D］．北京：中国矿业大学，2014.

［2］杨莉萍．社会建构论思想与理论研究［D］．南京：南京师范大学，2004.

［3］孙伟．积极德育价值取向初探——基于中学德育教师角度的思考［D］．北京：首都师范大学，2008.

［4］程玲．论积极心理学在初中思想品德教学中的运用［D］．重庆：重庆师范大学，2015.

［5］刘黔敏．德育学科课程：从理念到运行［D］．南京：南京师范大学，2005.

［6］佘双好．现代德育课程研究［D］．武汉：武汉大学，2002.

［7］任俊．积极心理学思想的理论研究［D］．南京：南京师范大学，2006.

［8］喻丰．美德的实证心理学研究：存在、涵义、分类及效应［D］．北

京：清华大学，2014.

　　［9］罗正鹏．当前中国教育危机探究——基于以人为本的视角［D］．武汉：华中师范大学，2015.

（三）期刊类

　　［1］田慧生．落实立德树人根本任务·全面深化课程教学改革［J］．课程·教材·教法，2015（1）.

　　［2］鲁洁．德育课程的生活论转向——小学德育课程在观念上的变革［J］．华东师范大学学报，2005（3）.

　　［3］朱小蔓，王慧．关于大中小学德育课程衔接的思考［J］．课程·教材·教法，2014（1）.

　　［4］郑敬斌，王立仁．德育衔接问题研究述评［J］．上海教育科研，2012（2）.

　　［5］俞国良．中小学德育工作指南的心理学解读［J］．基础教育参考，2017（19）.

　　［6］陈桂生．聚焦"德育目标"［J］．教育发展研究，2008（15）.

　　［7］高德毅，宗爱东．从思政课程到课程思政：从战略高度构建高校思想政治教育课程体系［J］．中国高等教育，2017（1）.

　　［8］钱广荣．不良品德形成与道德教育的相关因素分析［J］．合肥师范学院学报，2009（4）.

　　［9］扈中平，刘朝晖．对道德的核心和道德教育的重新思考［J］．华东师范大学学报（教育科学版），2001（2）.

　　［10］陆有铨．"道德"是道德教育有效性的依据［J］．中国德育，2008（10）.

　　［11］冯铁山，栗洪武．论先秦儒家的诗意德育［J］．教育研究，2009（8）.

　　［12］辛治洋．道德内容的绝对性与相对性——兼论道德教育中"对话"的基本内涵［J］．教育研究，2012（6）.

　　［13］肖川．主体性道德人格教育：概念与特征［J］．北京师范大学学报（社会科学版），1999（3）.

　　［14］王沛．道德人格的社会认知观及其对德育实践的启示［J］．安徽师范大学学报（人文社会科学版），2013（6）.

　　［15］王晓莉．"立德树人"何以可能——从道德教育角度的审思与建议

[J]. 全球教育发展，2014（2）.

[16] 鲁洁. 边缘外　外在化　知识化——道德教育的现代综合症 [J].
教育研究，2005（12）.

[17] 钟晓琳，朱小蔓. 德的知识化与德育的生活化：困境及其"精神
性"问题 [J]. 课程·教材·教法，2012（5）.

[18] 冯建军. "德育与生活"关系之再思考兼论——"德育就是生活德
育" [J]. 华中师范大学学报，2012（4）.

[19] 钟晓琳，朱小蔓. 再论德育中的"知识"——基于义务教育品德课
程改革的反思 [J]. 课程·教材·教法，2014（6）.

[20] 单晓红. 新课标思想品德教材存在的共性问题及对策分析 [J]. 教
育研究，2013（1）.

[21] 班华. 德育目标应有的要求：民族精神与世界精神统一 [J]. 道德
教育研究，2013（6）.

[22] 周晓宜. 积极德育理论的思维度分析及其启示 [J]. 北京青年政治
学院学报，2013（2）.

[23] 杜振吉. 近三十年来关于道德本质问题的研究综述 [J]. 道德与文
明，2010（2）.

[24] 吕前昌. 悖离与重建：走向生命关怀的道德教育 [J]. 理论月刊，
2010（7）.

[25] 冯建军. 走向道德的生命教育 [J]. 教育研究，2014（6）.

[26] 唐代兴. 道德与美德辨析 [J]. 伦理学研究，2010（1）.

[27] 余光. 德育原理研究对象初探 [J]. 华东师范大学学报（教育科学
版），1987（4）.

[28] 王林义，龙宝兴. 重新认识德育课程 [J]. 课程·教材·教法，
2005（9）.

[29] 葛柏炎. 构建积极德育体系　提高德育有效性 [J]. 江苏教
育，2010.

[30] 苏奕. 从未成年人道德教育角度看积极德育与消极德育 [J]. 思想
理论教育，2004（10）.

[31] 范丹，董海霞. 积极德育研究的基本现状与发展趋势 [J]. 商丘师
范学院学报，2015（5）.

[32] 陈海贤，张帆，梁社红等. 积极心理学在思政教育中的应用研究
[J]. 兰州教育学院学报，2014（9）.

［33］邓金云，杨晓红．积极心理学在中学思想政治教育中的应用［J］．社会心理科学，2015（12）．

［34］陈光全，杜时忠．德育课程改革十年：反思与前瞻［J］．课程·教材·教法，2012（5）．

［35］韩华球．文化视域下我国德育课程改革反思［J］．教育学报，2014（2）．

［36］朱小蔓，其东．面对挑战：学校道德教育的调整与革新［J］．教育研究，2005（3）．

［37］李敏，朱小蔓．德育进步与教育改革引领下的初中思想品德课程发展［J］．当代教育科学，2011（22）．

［38］朱小蔓．当前中国中学道德教育课程标准及其创新方式［J］．全球教育展望，2004（4）．

［39］邓达．生活德育课程原型：个体道德知识的生成与解放［J］．西南大学学报（社会科学版），2011（5）．

［40］严仲连．德育课程及其特质［J］．湖南师范大学教育科学学报，2004（3）．

［41］刘阅，张富国，郑经斌．我国先行德育课程评价［J］．东北师大学报（哲学社会科学版），2014（3）．

［42］孙彩平，赵伟黎．在"过好自己的生活"之后——深化小学德育课程与教材改革的新思路［J］．华东师范大学学报（教育科学版），2016（1）．

［43］郑经斌，王立仁．德育课程内容改革误区及匡正［J］．中国教育学刊，2013（12）．

［44］孙彩平．小学德育教材中儿童德育境遇的转变及其伦理困境［J］．华中师范大学学报（人文社会科学版），2016（3）．

［45］胡金木．变革中的小学德育课程的文本分析［J］．教育研究与实验，2010（2）．

［46］吴煜姗，高德胜．见真，见善，见美——谈统编小学《道德与法治》教材中所蕴含的教育思想［J］．中小学德育，2017（8）．

［47］梁发祥．人教版初中《思想品德》教材人物选取的"去农化"倾向及矫正［J］．内蒙古师范大学学报（教科版），2008（12）．

［48］申卫革．我国德育政策的去成人化转向——基于小学德育课程的分析［J］．教育科学，2012（1）．

［49］王耘，王晓华，张红川．3-6年级小学生师生关系：结构、类型及

其发展 [J]. 心理发展与教育, 2001 (3).

[50] 张勉. 中小学师生关系的调查研究 [J]. 心理发展与教育, 1993 (4).

[51] 姚计海, 唐丹. 中学生师生关系的结构、类型及其发展特点 [J]. 心理与行为研究, 2005 (4).

[52] 邹泓, 屈智勇, 叶苑. 中小学生的师生关系与其学校适应 [J]. 心理发展与教育, 2007 (4).

[53] 王后雄. 课堂中师生冲突心理因素分析及应对策略 [J]. 教育科学, 2008 (1).

[54] 汪昌华. 小学课堂师生冲突产生的过程与机制 [J]. 中国教育学刊, 2014 (12).

[55] 白明亮. 批评与反思师生冲突的社会学分析 [J]. 南京师大学报 (社会科学报), 2001 (3).

[56] 李克. 基于校本视角下的高校隐形德育课程的思考和分析 [J]. 学术论坛, 2016 (9): 172-176.

[57] 王凤玉, 单中惠. 试论 20 世纪西方课程论的心理学走向 [J]. 教育研究, 2008 (5).

[58] 周嵌, 石国兴. 积极心理学介绍 [J]. 中国心理卫生杂志, 2006 (2).

[59] 李义天. 道德心理: 美德伦理学的反思与诉求 [J]. 道德与文明, 2011 (2).

[60] 王鲁宁, 张金宝, 陈文玲. 关于青少年学校道德教育衔接问题的方法论探讨 [J]. 阿坝师范高等专科学校学报, 2009 (4).

[61] 高德胜. 法律教育与德育课程 [J]. 课程·教材·教法, 2016 (2).

[62] 沈贵鹏. 对初中《思想政治》的课程论思考——兼谈心理教育课程设计 [J]. 课程·教材·教法, 1999 (10).

[63] 班华. 对"心理——道德教育"的探索——兼论中国自己的心理教育之道 [J]. 教育科学研究, 2010 (1).

[64] 詹建华. 初中思想品德课渗透心理健康教育探微 [J]. 中小学心理健康教育, 2009 (8).

[65] 阎乃胜. 将人权教育融入中学德育课程之中 [J]. 教育科学研究, 2009 (9).

[66] 黄建忠. 思想品德课合作学习有效性探究 [J]. 思想政治课教学,

2013（12）.

[67] 许贵珍.思想品德实践课程建设［J］.思想政治课教学，2015
（10）.

[68] 鞠文灿."模拟听证"在德育课程中的教育价值［J］.课程·教
材·教法，2010（8）.

[69] 李才俊.基于地域文化的体验式德育课程设计初探——"文化生
活"综合实践活动课程的新视角［J］.课程·教材·教法，2010（7）.

[70] 管云峰.浅论思想政治课课堂提问的有效性［J］.思想政治课研究，
2009（5）.

[71] 王嘉毅，李海月，曾云.西北地区思想品德课程实施现状的调查研
究［J］.课程·教材·教法，2013（7）.

[72] 李克.高校隐形德育课程的目标指向分析［J］.广西民族大学学报
（哲学社会科学版），2015（6）.

[73] 班华.隐性课程与个性品德形成［J］.教育研究，1989（12）.

[74] 朱小蔓.课程改革中的道德教育和价值观教育［J］.全球教育展望，
2002（12）.

[75] 高兆明.道德责任：规范维度与美德纬度［J］.南京师大学报（社
会科学版），2009（1）.

[76] 王占魁."公平"抑或"美善"——道德教育哲学基础的再思考
［J］.教育研究，2011（3）.

[77] 康永久.道德教育与道德规范——对康德与涂尔干道德理论的反思
［J］.教育学报，2009（6）.

[78] 燕国材，刘同辉.中国古代传统的五因素人格理论［J］.心理科学，
2005（28）.

[79] 钟启泉.课程的德育目标与方法［J］.中国德育，2013（10）.

[80] 江畅.论德性的项目及其类型［J］.哲学研究，2011（5）.

[81] 沐守宽，顾海根.美德形容词评定量表的编制及其信效度研究［J］.
中国临床心理学杂志，2010（3）.

[82] 孟万金.美国道德教育50年的演进历程及其启示［J］.教育研究，
2006（2）.

[83] 孟万金.中国传统德育观与当代西方德育观的比较［J］.教育研究，
1992（8）.

[84] 张向葵，盖笑松等.当前社会形势下儿童——老年助人行为发展的

实验研究 [J].心理发展与教育，1996（2）.

[85] 章乐，范燕燕.小学德育教材中的"问题"的比较研究：基于人教社两套小学三年级德育教材 [J].上海教育科研，2009（11）.

[86] 张君宝，詹世友.论美德的情、理相融之特质 [J].伦理学，2012（4）.

[87] 章乐.引导儿童生活的建构：小学《道德与法治》教材对教学的引领 [J].中国教育学刊，2018（1）.

[88] 高德胜.学习活动为核心建构小学《道德与法治》教材 [J].中国教育学刊，2018（1）.

[89] 檀传宝.德育教材编写应当恪守的基本原则 [J].课程·教材·教法，2014（6）.

[90] 刘峻杉.在德育目标设计中融于中华传统核心价值观 [J].课程·教材·教法，2015（8）.

[91] 詹世友，汤清岚.美德的内在结构及其塑造途径 [J].道德与文明，2009（3）.

[92] 黄翯青，苏彦捷.共情中的认知调节和情绪分享过程及其关系 [J].西南大学学报（社会科学版），2010（6）.

[93] 李辉，李婵，沈悦等.大学生共情对利他行为的影响：一个有调节的中介模型 [J].心理发展与教育，2015（5）.

[94] 丁凤琴，宋有明.感恩与大学生助人行为：共情反应的中介作用及其性别差异 [J].心理发展与教育，2017（3）.

[95] 丁凤琴，纳雯.真实急病情境下共情对大学生慈善捐助的影响：有调节的中介效应 [J].心理发展与教育，2015（6）.

[96] 陈宁，卢家楣，汪海彬.人际共情鸿沟可以跨越：以教师预测学生情绪为例 [J].心理学报，2013（2）.

[97] 李长伟.师生关系的古今之变 [J].教育研究，2012（8）.

[98] 朱晓宏.他者经验与儿童成长：师生关系的另一种解读——基于舍勒的情感现象学理论视域 [J].教育研究，2011（9）.

[99] 鲁洁.边缘化　外在化　知识化——道德教育的现代综合症 [J].教育研究，2005（12）.

[100] 张晓，王晓艳，陈会昌.气质与童年早期的师生关系：家庭情感环境的作用 [J].心理学报，2010（7）.

[101] 汪昌华.家庭背景对小学课堂师生冲突的影响 [J].教育学报，

2015（6）.

　　［102］肖凌，李焰．叙事治疗的西方哲学渊源［J］．心理学探新，2010
（119）.

　　［103］师保国，王黎静，徐丽，刘霞．师生关系对小学生创造力的作用：
一个有调节的中介模型［J］．心理发展与教育，2016（2）.

　　［104］周围．思维方式的变革与积极取向道德教育的构建［J］．中国德
育，2014（01）.

　　［105］柴楠，刘要悟．基于社会关系理论视角的师生关系研究［J］．中国
教育学刊，2012（5）.

　　［106］唐森，闫煜蕾，王建平．师生关系和青少年内化文化：自尊的中
介作用［J］．中国临床心理学杂志，2016（6）.

　　［107］马彩霞．立足积极心理学　积极转化后进生［J］．教育实践与研
究，2007（16）.

　　［108］潘希武．教师专业道德：师生关系现代性转型中的构建［J］．教育
学术学刊，2014（5）.

　　［109］何蓉，朱小蔓．论教师道德敏感性与学校德育改善［J］．教育科
学，2014（2）.

（四）外文文献

　　［1］Dewey. J. *Moral Principles in Education*［M］. Boston：Houghton Mifflin
Co，1909.

　　［2］Peters. R. S. Ethics and Education［M］. London：Allen and Unwin
Ltd. 1966：63.

　　［3］J. I. Goodlad. Curriculum Inquiry：The Study of Curriculum Practice［M］.
New York：McGraw-Hill Book Company，1979：60-64.

　　［4］Larson. ReedW. Toward a Psychology of Positive Youth Development［J］.
American Psychologist，2000（1）.

　　［5］Ryan. Richard M. Self－Determination Theory and the Facilitation of
Intrinsic Motivation，Social Development，and the Well-being［J］. American psy-
chologist，2000（1）.

　　［6］Pianta. R C，Steinberg. M，Rollins. K. The First Two Years of School：
Teacher－child Relationships and Deflections in Children's Classroom Adjustment
［J］. Development and Psychopathology，1995（2）.

[7] Pianta. R. C. Adult-child Relationship Processes and Early Schooling [J]. Early Education and Development, 1997 (1).

[8] Heather. A. Davis. Exploring the Contexts of Relationship Quality between Middle School Student and Teacher [J]. The Elementary School Journal, 2006 (3).

[9] Seligman M EP, Csikszentmihalyi M. Positive psychology: An introduction [R]. American Psychologist, 2000 (1).

[10] Seligman M EP, Tracy A. S. Positive psychology progress [R]. American Psychologist, 2005 (5).

[11] Park. N. , Peterson. C. Character Strengths and Happiness among Young Children: Content Analysis of Parental Description [J]. Journal of Happiness Studies, 2006 (7).

[12] Nansook Parka, Christopher Peterson. Moral Competence and Character Strengths among Adolescents [J]. Journal of Adolescence, 2006 (6).

[13] A. Carr. Positive psychology: The Science of Happiness and Human Strengths [J]. Psychologist, 2004 (4).

[14] Sheldon K. M, King. L. Why Positive Psychology is Necessary [R]. American Psychologist, 2001 (3).

[15] Park. N. , Peterson, C. , Seligman. M. P. Strengths of Character and Well-being [J]. Journal of Social and Clinical Psychology, 2004 (5).

[16] Epstein M. H, Mooney P. , Ryser G. , Pierce C. D. Validity and Reliability of the Behavioral and Emotional Rating Scale: Youth Rating Scale [J]. Research on Social Work Practice, 2004 (5).

[17] Gottfredson D. C. , Gottfredson G. D. , Hybl L. G. Managing Adolescent Behavior: A Multiyear, Multischool Study [J]. American Educational Research Journal, 1993 (1).

[18] Gilligan C. In a Different Voice: Women's Conceptions of Self and Morality [J]. Harvard Educational Review, 1977 (4).

[19] Goubert. L. , Craig K. D. , Vervoort. T. etal. Facing Others in Pain: the Effects of Empathy [J]. Pain, 2005 (3)

[20] Hoffman M. L. Empathy and Moral Development: Implications for Caring and Justice [M]. Cambridge, UK: Cambridge University Press, 2001.

[21] Telle. N. T. , Pfister. H. R. Not Only Miserable Receive Help: Empathy

Promotes Prosocial Behavior Toward the Happy [J]. Current psychology, 2012 (4).

[22] Stephan W. G. Finlay F. The Role of Empathy in Improving Intergroup Relations [J]. Journal of Social Issues, 1999 (3).

[23] Flynn, B. M.. The Teacher – child Relationship, Temperament, and Coping in Children With Developmental Disabilities. Unpublished doctoral dissertation. Columbia University, 2000.

[24] Rydell. A. M. , Bohlin. G. , Thorell L. B.. Representations of Attachment to Parents and Shyness as Predictors of Children's Relationships with Teachers and Peer Competence in Preschool [J]. Attachment and Human Development, 2005 (2).

[25] Oren. M.. Child Temperament, Gender, Teacher – child Relationship, and Teacher–Child Interactions. Unpublished Doctoral Dissertation. The Florida State University, 2006.

[26] Myers. S. S. , Pianta. R. C. Developmental Commentary: Individual and Contextual Influences on Student – Teacher Relationships and Children's Early Problem Behaviors [J]. Journal of Clinical Child and Adolescent Psychology, 2008 (3).

[27] Stright. A. D. , Gallagher, K. , Kelley, K.. Infant temperament Moderates Relations between Maternal Parenting in Early Childhood and Children's Adjustment in First Grade [J]. Child Development, 2008 (1).

[28] Batson. C. D. , Early. S. , Salvarani. G. Perspective Taking: Imagining How another Feels versus Imagining How You Would Feel [J]. Personality and Social Psychology Bulletin, 1997 (7).

[29] Peart. N. A, Campbell. F. A.. At – riskStudents' Perceptions of Teacher Effectiveness [J]. Journal for a Just and Caring Education, 1999 (3).

[30] Batson. C. D. , Eklund. J. H.. An Additional Antecedent of Empathic Concern: Valuing the Welfare of the Person in Need [J]. Journal of Personality and Social Psychology, 2007 (1).

[31] George L. Redman. Study of the Relationship of Teacher Empathy for Minority Persons and Inservice Human Relations Training [J]. The Journal of Educational Research, 1977 (4).

[32] Feshbach N. D.. Empathy in Children: Some Theoretical Empirical Considerations [J]. Counseling Psychologist, 1975 (2).

[33] Sharon Tettegah, Carolyn J. Anderson. Pre-service Teachers' Empathy and Cognitions: Statistical Analysis of Text Data by Graphical Models [J]. Contemporary Educational Psychology, 2007 (1).

[34] Warner R. E.. Can Teacher Learn Empathy [J]. Education Canada, 1984 (1).

[35] Pierce. C.. Importance of Classroom Climate for At-risk Learners [J]. Journal of Educational Research, 1994 (1).

附　录

附录一　中小学生积极道德品质调查问卷

亲爱的同学：

你好，这是一份调查问卷，我们会对你所填写的内容绝对保密。问卷不计姓名，选项也没有对错之分，结果只作为研究用。问卷中有72道题，每道题对应5个选项，分别是（1）非常不像我、（2）比较不像我、（3）一般、（4）比较像我、（5）非常像我。请你仔细阅读每一道题，根据该项陈述在多大程度上像你来做选择，然后在相应数字下打√。

特别提醒：每题只能选择一个选项，不可多选和漏选，并注意不要看错，也不要丢题。

谢谢你的合作！

一、个人基本情况

1. 你的性别是：
（1）男　　　　　　　　（2）女

2. 你的民族是：
（1）汉族　　　　　　　（2）少数民族_____（写上具体民族）

3. 你所在的年级：
（1）小学一年级　　　　（2）小学二年级　　　　（3）小学三年级
（4）小学四年级　　　　（5）小学五年级　　　　（6）小学六年级
（7）初一　　　　　　　（8）初二　　　　　　　（9）初三
（10）高一　　　　　　　（11）高二　　　　　　　（12）高三

4. 你的学校是：

（1）重点学校　　　　　（2）普通学校

5. 你和谁生活：

（1）和父母一起生活　　　　　　（2）单亲，随父母一方生活

（3）跟随爷爷奶奶或者姥姥姥爷生活　（4）其他

6. 是否独生子女：

（1）是　　　　　　　（2）否

7. 你父亲的职业是：

（1）管理人员（机关干部、经理）　　　（2）军警（军人、警察等）

（3）员工（工人、职员、服务人员）　　（4）农民（农民、农民工）

（5）知识技术人员（教师或科研人员、医生、工程师、建筑师等）

（6）商人（个体经营、自由职业等）　　（7）其他

8. 你母亲的职业是：

（1）管理人员（机关干部、经理）　　　（2）军警（军人、警察等）

（3）员工（工人、职员、服务人员）　　（4）农民（农民、农民工）

（5）知识技术人员（教师或科研人员、医生、工程师、建筑师等）

（6）商人（个体经营、自由职业等）　　（7）其他

9. 你父亲的学历是：

（1）小学　　（2）初中　　（3）高中（中专）　　（4）大专

（5）本科　　（6）硕士　　（7）博士

10. 你母亲的学历是：

（1）小学　　（2）初中　　（3）高中（中专）　　（4）大专

（5）本科　　（6）硕士　　（7）博士

二、单项选择（请你看多大程度上像你，在数字下面打√）

（1）非常不像我　（2）比较不像我　（3）一般　（4）比较像我
（5）非常像我

1. 伤害我的人如果向我道歉了，我依然能与他们交朋友。

　　　　　　　　　　　　　　　　　（1）（2）（3）（4）（5）

2. 学会一个新东西会让我感到非常兴奋。　（1）（2）（3）（4）（5）

3. 当我做决定的时候，我会多想一想，想清楚再做。

　　　　　　　　　　　　　　　　　（1）（2）（3）（4）（5）

4. 当我看到漂亮的风景时，我会停下来欣赏一会儿。

　　　　　　　　　　　　　　　　　（1）（2）（3）（4）（5）

5. 我对各类事物都感兴趣。　　　　　　（1）（2）（3）（4）（5）

6. 比赛时，即使我们小组面临失败，我也会遵守规则，公平竞争。

　　　　　　　　　　　　　　　　　（1）（2）（3）（4）（5）

7. 如果我的好朋友欺骗了我，我不会再和对方做朋友。

　　　　　　　　　　　　　　　　　（1）（2）（3）（4）（5）

8. 为了使自己摆脱麻烦，我会说假话。（1）（2）（3）（4）（5）

9. 不管何时何地，我都爱我的家人。（1）（2）（3）（4）（5）

10. 无论做什么事，我都会坚持完成。（1）（2）（3）（4）（5）

11. 我认为自己拥有的优势或特长可以向别人炫耀。

　　　　　　　　　　　　　　　　　（1）（2）（3）（4）（5）

12. 人们经常说我所提出的建议很好。（1）（2）（3）（4）（5）

13. 如果集体做了决定，即使我不同意，我也会执行。

　　　　　　　　　　　　　　　　　（1）（2）（3）（4）（5）

14. 只要我认为正确的事情，我就会去做。（1）（2）（3）（4）（5）

15. 看到或听到美妙的美术、音乐作品，我会感到心情舒畅。

　　　　　　　　　　　　　　　　　（1）（2）（3）（4）（5）

16. 即使当我确实擅长某些东西时，我也不会炫耀。

　　　　　　　　　　　　　　　　　（1）（2）（3）（4）（5）

17. 除了我的父母，生命中还有很多人值得我感谢。

　　　　　　　　　　　　　　　　　（1）（2）（3）（4）（5）

18. 无论何时我做事情都会竭尽全力。（1）（2）（3）（4）（5）

19. 如果有人伤害了我，我也会找机会伤害他。（1）（2）（3）（4）（5）

20. 我擅长组织大家活动。　　　　　　（1）（2）（3）（4）（5）

21. 当别人说对不起时，我会再给他们一次机会。

　　　　　　　　　　　　　　　　　（1）（2）（3）（4）（5）

22. 不论事情现在看起来有多困难，我都会努力想办法解决。

　　　　　　　　　　　　　　　　　（1）（2）（3）（4）（5）

23. 尝试多次都失败以后，我通常会选择放弃。（1）（2）（3）（4）（5）

24. 小组活动时，别的同学总会让我来负责。（1）（2）（3）（4）（5）

25. 即使当我真的生气时，我也能控制自己的情绪。

　　　　　　　　　　　　　　　　　（1）（2）（3）（4）（5）

26. 同学遇到困难或问题时，通常会找我出主意。

　　　　　　　　　　　　　　　　　（1）（2）（3）（4）（5）

27. 即使当我的家人和我吵架了，我依然爱他们。

(1) (2) (3) (4) (5)

28. 到目前为止，我所获得的成功都是我个人努力的结果。

(1) (2) (3) (4) (5)

29. 即使我真的立刻想做某件事，我也能等待合适的时间。

(1) (2) (3) (4) (5)

30. 我总是积极主动地参加各种集体活动。　(1) (2) (3) (4) (5)

31. 即使会被反对，我也会支持正确的事情。　(1) (2) (3) (4) (5)

32. 我经常会提出处理事情的许多种不同方法。　(1) (2) (3) (4) (5)

33. 我不擅长组织小组活动。　(1) (2) (3) (4) (5)

34. 我有非常适合自己的学习方法。　(1) (2) (3) (4) (5)

35. 为了得到我想要的，我会说谎。　(1) (2) (3) (4) (5)

36. 在做出最后的决定之前，我会考虑所有的可能性。

(1) (2) (3) (4) (5)

37. 我对别人总是很友善。　(1) (2) (3) (4) (5)

38. 伙伴们一起玩时，大家都自愿听我指挥。　(1) (2) (3) (4) (5)

39. 我通常能了解我的感觉怎样，以及为何有这种感觉。

(1) (2) (3) (4) (5)

40. 我清楚的知道我的理想。　(1) (2) (3) (4) (5)

41. 我喜欢尝试不一样的方式来做事情。　(1) (2) (3) (4) (5)

42. 我对许多事物和事情总能提出许多问题和质疑。

(1) (2) (3) (4) (5)

43. 我认为小组中每个成员的意见都应得到重视。

(1) (2) (3) (4) (5)

44. 我答应别人的事情总是能做到。　(1) (2) (3) (4) (5)

45. 当别人不高兴时，我经常很难觉察到对方情绪的变化。

(1) (2) (3) (4) (5)

46. 我总是能够完成自己所制订的学习计划。　(1) (2) (3) (4) (5)

47. 当我看到需要帮助的人，我会尽力而为。　(1) (2) (3) (4) (5)

48. 我对于将要学习的知识都充满了好奇。　(1) (2) (3) (4) (5)

49. 我会通过行动让家人和朋友感受到我对他们的爱。

(1) (2) (3) (4) (5)

50. 即使不同意对方的观点，我依然会听对方把话说完。

(1) (2) (3) (4) (5)

51. 我觉得自己身上有很多需要提高的地方。　　　(1)　(2)　(3)　(4)　(5)

52. 我要求每个人遵守规则，即使是我的朋友也不例外。

　　　　　　　　　　　　　　　　　　　　　(1)　(2)　(3)　(4)　(5)

53. 我觉得能够帮助别人是一件很快乐的事情。　　(1)　(2)　(3)　(4)　(5)

54. 想到那些帮助过我的人，我总是心怀感激。　　(1)　(2)　(3)　(4)　(5)

55. 多数场合我都能如实表达我的真实感受。　　　(1)　(2)　(3)　(4)　(5)

56. 我喜欢独自一个人做事情。　　　　　　　　　(1)　(2)　(3)　(4)　(5)

57. 我对我的未来充满希望。　　　　　　　　　　(1)　(2)　(3)　(4)　(5)

58. 我经常因最初考虑不周全而做一些让自己后悔的事情。

　　　　　　　　　　　　　　　　　　　　　(1)　(2)　(3)　(4)　(5)

59. 哪怕和对方想法不一样，我也不会辱骂或者伤害对方。

　　　　　　　　　　　　　　　　　　　　　(1)　(2)　(3)　(4)　(5)

60. 无论是考试，还是做作业，我都会仔细认真检查无误后才上交。

　　　　　　　　　　　　　　　　　　　　　(1)　(2)　(3)　(4)　(5)

61. 我很清楚我在追求什么。　　　　　　　　　　(1)　(2)　(3)　(4)　(5)

62. 无论是我写作业还是完成一件事情，我除了做完，还想做得美观好看。

　　　　　　　　　　　　　　　　　　　　　(1)　(2)　(3)　(4)　(5)

63. 即使会感到害怕，我也会接受挑战。　　　　　(1)　(2)　(3)　(4)　(5)

64. 目前的学习生活让我感到沉重、劳累、又无趣。

　　　　　　　　　　　　　　　　　　　　　(1)　(2)　(3)　(4)　(5)

65. 我的生活是有目标的。　　　　　　　　　　　(1)　(2)　(3)　(4)　(5)

66. 我很少向别人说谢谢。　　　　　　　　　　　(1)　(2)　(3)　(4)　(5)

67. 我喜欢听课、做题、思考、讨论问题。　　　　(1)　(2)　(3)　(4)　(5)

68. 我能控制好我玩游戏或者娱乐的时间。　　　　(1)　(2)　(3)　(4)　(5)

69. 对于未来我很迷茫。　　　　　　　　　　　　(1)　(2)　(3)　(4)　(5)

70. 我会用合适的方式向帮助过我的人表示感谢。

　　　　　　　　　　　　　　　　　　　　　(1)　(2)　(3)　(4)　(5)

71. 在面对自己喜欢的东西时，我要忍一忍看要不要得到。

　　　　　　　　　　　　　　　　　　　　　(1)　(2)　(3)　(4)　(5)

72. 能引起我浓厚兴趣的事物不多。　　　　　　　(1)　(2)　(3)　(4)　(5)

问卷到此结束，谢谢你的合作！

附录二　道德品质词专家评定表

请您按这些词是否属于道德品质词进行判定，如果是请在词后面打对号。

	是		是		是		是
务实的		热情的		顺从的		随和的	
自信的		贤能的		懂事的		洒脱的	
爽快的		怜悯他人		出色的		感恩的	
儒雅的		优秀的		耿直的		贞烈的	
仔细的		好胜的		仁爱的		聪明的	
遵纪守法		敬业的		清廉的		纯洁的	
虔诚的		文静的		豪爽的		守信的	
仗义的		自豪的		小心的		敏捷的	
直率的		顽强的		精明的		文雅的	
谨慎的		忠贞的		稳重的		有好奇心	
和善的		睿智的		仗义的		有远见的	
冷静的		有义气的		大方的		严谨的	
好学的		雄辩的		温和的		镇定的	
磊落的		诚实的		憨厚的		幽默的	
勤奋的		认真的		会审美的		理智的	
有活力的		独立的		风趣的		英明的	
礼貌的		乖巧的		勤劳的		正直的	
谦让的		超脱的		无私的		质朴的	
有韧性的		友好的		庄严的		乐观的	
无欲无求		大度的		执着的		体谅的	
开明的		慈爱的		真诚的		自我牺牲	
亲切的		率真的		豁达的		专一的	

	是		是		是		是
节制的		活泼的		服从的		善良的	
克制的		自律的		忍耐的		有荣誉感	
机灵的		热心的		刚正的		创新的	
关怀他人		朴实的		淳朴的		坚强的	
有信念的		雅致的		端庄的		有领导力	
坦荡的		知错就改		细致的		有条理的	
殷勤的		灵活的		坚定的		慷慨的	
嘴稳的		渊博的		努力的		廉洁的	
传统的		友善的		得体的		共情他人	
独特的		有爱心的		自尊的		尽职的	
实在的		整洁的		同情他人		正义的	
负责的		刚烈的		平和的		勇敢的	
高尚的		合群的		机警的		麻利的	
有毅力的		果断的		高雅的		公平的	
厚道的		敏锐的		踏实的		满怀希望	
恭敬的		忠诚的		俭朴的		老实的	
谦虚的		有理想的		可敬的		审慎的	
宽容的		从容的		通情达理		信任他人	

附录三 师生互动课堂行为观察的课前访谈

第一部分 基本信息

访谈时间

访谈地点

教师信息

	性别	所授年级	专职（兼职）	学历	专业	德育课教龄	（兼职教龄）

第二部分 访谈提纲

1. 对于德育课，您主张怎样的教学理念？

2. 您平时上课中多会采用什么教学方法？

3. 您看重师生互动吗？

4. 您在德育课的授课过程中会注意到学生的情绪反应吗？

5. 您在上课过程中能敏感得觉察到学生感到无聊、乏味等情绪吗？如果觉察到，你会怎么做？

6. 您在上课过程中能敏感得觉察到学生兴奋、高兴等情绪吗？您认为学生的这些情绪是因为什么引起的？

7. 您期待的课堂学生情绪状态是什么样的？

8. 您上课过程中您的情绪状态经常是什么样的？

9. 您在学生回答完问题之后，一般会采用什么样的表扬方式呢？

10. 相比较学生的情绪体验，您更注重完成课堂内容吗？

11. 相比较学生的情绪体验，您更注重课堂纪律吗？

附录四　课堂师生冲突访谈提纲

第 1 部分　基本信息

访谈时间

访谈地点

教师信息

	性别	所授年级	专职（兼职）	学历	专业	德育课教龄	（兼职教龄）

第二部分　访谈提纲

1. 在你的任教过程中，有没有发生师生冲突的情况？
2. 师生冲突的原因是什么？
3. 师生冲突由哪些事件引发？
4. 课堂师生冲突多是什么形式的？
5. 发生师生冲突的时候，老师会如何处理？
6. 什么情况下会变成严重的冲突？
7. 课堂师生冲突会对老师有哪些影响？
8. 课堂师生冲突会对学生有哪些影响？
9. 师生冲突对学生的哪些道德品质有影响？
10. 德育课老师处理课堂师生冲突时，面对的困难是什么？

第三部分　情境访谈

假如遇到以下两种情境，您平常会怎么说？同时请您对情境中的老师的处理办法进行打分，满分是 10 分。

情境一：老师上课时在黑板上写字的时候，乙同学戳了甲同学，甲同学转身用书打了乙同学。如果是您看见以后会怎么做？您平常会怎么说？

请您对如下老师的做法进行打分（满分 10 分）：

（1）老师"你刚才打人的时候，我想你可能觉得很生气，很愤怒，你觉得你被他冒犯了，你一时火冒三丈，就打了他，老师理解的对吗？"之后再倾听学生的表达，再跟学生探讨"但是你打人的行为是不对的，现在你觉得除了打人，你可以怎么做呢？"

（2）老师"你打了同学，你说你当时脑子突然一热没控制住自己，那我想，你肯定在过去也有过很愤怒的时候，你肯定有控制住自己的时候，你当时是怎么做的？"

（3）老师"你打了同学，我很感谢你可以和我谈这件事，我们可以一起来面对这个事情，我想，你一定有你的理由，你能跟我说说你为什么打他吗？"

情境二：甲同学打伤了乙同学，他找到的理由是乙经常欺负其他同学。如果是您看见以后会怎么做？您平常会怎么说？

请您对如下老师的做法进行打分（满分 10 分）：

（4）老师可以对甲同学说"你打人的行为是错误的，但是我知道你的本意不是打人，而是不想让同学影响你或者欺负你。"

（5）老师"如果你长大了，见到别人受欺负，你这个行为就属于见义智为，所以要把好的行为用在正确的地方。"

（6）老师。"你打人这种做法是不对的，你想想怎么样不采用这种方法，也能让乙不再欺负其他同学？"